Becoming an Ownersumer
in an Iconic World

doDRESS

doDRESS

두드레스
© 박창규, 2025

1판 1쇄 인쇄 2025년 8월 29일
1판 1쇄 발행 2025년 9월 9일

지은이 박창규

발행인 박창규
편집 K 표지 및 본문 디자인 Misoso_de

펴낸곳 (주)아바타메이드
출판등록 2025년 7월 14일 제2025-000057호
주소 서울시 광진구 능동로 120, 공 A-1416호
전화 070-7779-5029
팩스 02-6007-9828
이메일 info@avatarmade.io
홈페이지 www.avatarmade.io

ISBN 979-11-993873-0-0 03320

△ AVATARMADE

이 책은 (주)아바타메이드와 저자의 계약에 따라 발행한 것이므로 본사의 서면 허락 없이는
어떠한 형태나 수단으로도 이 책의 내용을 이용하지 못합니다.
책값은 뒤표지에 있습니다.

Ownersumer

Create Share & Own

두드레스
doDRESS

어너슈머가 되는 아이코닉 세상

박창규

Becoming an Ownersumer in an Iconic World

ICONIC

프｜롤｜로｜그

모두가 내 삶의 주인이 되는
아이코닉 세상

    나는 기성복이 싫다. 누군가 만들어놓은 옷에 나를 겨우 맞추고 나서 만족해하고 자랑하는 것이 싫다. 남자들은 빨간 바지를 입지 않는 세상에 태어났지만, 빨간색을 너무 좋아하는 나는 그게 입고 싶어서 직접 만든 빨간 바지를 입고 다니는 공대생이었다. 그래서 지금 '두드레스 doDRESS.me'라는 패션 플랫폼 사업을 한다.

    나는 기성교육도 싫다. 누군가 만들어놓은 교육 시스템에서 공부하고, 누군가 만들어놓은 평가 시스템으로 우수한 학생이라 평가받는 것도 싫다. 전공과목을 들어야만 졸업하는 세상에서 대학을 다녔지만, 타과 과목을 더 듣고 싶었던 나는 학부 평균 학점이 2.68밖에 되지 않는 공부 못하는 대학생이었다. 그런데 박사도 교수도 되고, 대통령 표창도 받고, 세계 100대공학자에 두 번이나 이름을 올렸다.

  나는 산업화가 만든 기성세상에서 대중으로 치부되는 것이 싫다. 산업혁명 이전 인간은 개인 스스로가 모든 활동의 주체였다. 컨텍스트 context를 파악하고, 디자인하고, 직접 만들었다. 우리는 각각 크리에이터들이었다. 개인의 다양성과 창의력이 중요했던 세상이, 300년도 채 안 되는 산업혁명을 지나 생산성과 효율성이 중요한 산업화 사회로 급격히 바뀌면서 우리는 주어진 것에 나를 맞추어야 하는 기성세상에서의 대중으로 전락했다.

  나는 우리에게 편리함을 가져다주는 생산성과 효율성도 물론 중요하지만, 우리가 살아 있음을 증명케 하는 다양성과 창의력이 훨씬 더 중요하다고 믿는다. 우리는 인간이기 때문이다.

  내 원래 본캐(본캐릭터)는 '대학 교수'다. 서른다섯 살이던 2000년부터 25년째 섬유공학과(현 재료공학과) 교수로 학생들을 가르치고 있다. 가르치는 일 외에도 2005년 세계 최초로 개인 맞춤형 디지털 패션 기술(아이패션)을 개발해 2012년까지 약 500억 원대 국책사업을 이끌었다. 2018년에는 공대 교수로는 드물게 교양대학 학장을 맡아 국내 대학 최초로 '마이크로레슨 Micro Lesson'과 '상허스콜라리움 Sanghuh Scholarium'을 도입하는 등 교양교육 혁신 플랜을 주도했다. 사업에 집중하고 있는 나에게 지금 교수는 부캐(부캐릭터)다.

나의 또 다른 직함은 국제표준화기구 ISO 기술위원회 의장이다. 2001년 한국 대표단으로 ISO 섬유기술위원회 총회에 처음 참석한 이후 현재까지 총 24건의 국제표준을 제안해 통과시켰다. 지금도 섬유환경 및 물리평가위원회 ISO/TC38/SC24 의장 chairperson, 디지털 패션 분과위원회 ISO/TC133/WG2 컨비너 convenor를 맡아 한국 주도의 글로벌 스탠더드를 만들어가고 있다.

나는 초등학생 때부터 매 학기 반장선거에 나설 만큼 리더가 되고 싶은 아이였다. 그러나 줄곧 부반장만 맡다가 드디어 고등학교 3학년 때 총학생회장의 꿈을 이뤘다. 1982년, 고등학교 2학년 학년장 시절에 학교 축제를 성공적으로 이끈 경험 덕분이었다. 당시 국내에 막 들어온 나이키 매장을 비롯해 학교 앞 떡볶이 가게와 문방구 등을 돌며 약 1,500만 원에 달하는 후원금을 모았다. 넉넉한 예산으로 풍성하게 진행된 축제는 역대 최다 방문객을 끌어모았고, 이후 나는 동네에서 꽤 잘

나가는 남학생이 됐다.

서울대학교 재학 시절의 내 별명은 '공대 빨간 바지'였다. 1986년 3학년 때 패션에 눈을 뜬 나는 바느질과 바지 패턴을 배우자마자 광장시장에서 직접 고른 새빨간 원단으로 좌우에 다트^{dart}가 4개씩 들어간 일명 '소방차 바지'를 만들어 입고 다녔다. '남자는 빨간 바지를 입으면 안 된다'는 편견을 넘어야 진정한 패션 디자이너가 될 수 있다고 믿었다. 금남의 구역인 서울대 가정대학(현 생활과학대학) 의류학과에서 최초로 수업을 들은 남학생으로 대학신문 기사에도 실렸다. 이때부터 나의 예명은 앙드레 김에서 영감을 받아 직접 작명한 세자르 박$^{Cezar\ PARK}$이 됐다.

1988년 학사학위를 받은 직후 만 23세부터 경원대학교(현 가천대학교)에서 강의를 시작했다. 우리나라에 최초로 개설된 '컴퓨터의상디자인' 과목을 맡아 또래 대학생 친구들을 가르쳤다. 이후 4년간 수업을 계속하는 동시에 석·박사과정을 거치며 섬유패션 전공자로는 처음으로 컴퓨터 그래픽, CAD/CAM, 데이터베이스, 로봇공학 등 IT 과목을 공부했다. 그 결과 1997년 섬유패션 분야 최초로 3차원 화상 분석과 인공지능^{AI}을 주제로 박사학위를 받았다. 이때 개발한 섬유 계측 장비는 한국 최초로 독일에 수출돼 상용화됐다.

  교수가 되고 나서 2006년에는 세계 최초로 3차원 인체 스캐닝 scanning과 아바타 avatar를 이용해 가상으로 옷을 입어보는 '아이패션 i-Fashion' 서비스를 선보였다. 가상거울 magic mirror 앞에 서서 옷을 비추면 나를 그대로 본뜬 아바타의 착장 모습이 출력되는 시스템인데, 당시 전 세계 50여 개국에 보도될 만큼 이목을 모았다. 내가 직접 네이밍한 아이패션은 '패션에 IT 기술을 접목해 창출되는 새로운 소비자 중심형 패션 산업'을 뜻하는 일반명사로 사용되고 있다. 현재 군 장병들이 착용하는 디지털 무늬 전투복도 아이패션 프로젝트로 탄생한 제품 중 하나다. 다양한 시범사업과 상용화를 통해 '패션의 미래'를 보여준 나는 40대 초반에 세계적인 대학과 기업에 러브콜을 받았다.

  이렇게 내 삶의 궤적을 말하는 이유는 잘난 척하기 위해서가 아니다. 나의 아이코닉을 설명하기 위해서다. 만약 누군가가 **내가 걸어온 길을 한마디로 표현하라고 한다면 '아이코닉 iconic'이라고 답할 것이다.** 일반적으로 아이코닉이라고 하면 유명 연예인이나 명품 브랜드를 떠올리지만, **내가 정의하는 아이코닉은 '대체 불가능함'이다.** 남들 눈치 보지 않고 내가 원하는 분야에서 독보적인 영향력을 발휘하는 사람, 따라 할 수 없는 독특함으로 자신만의 시그니처를 만들어가는 사람, 타인의 편견이나 부정적 시선에 아랑곳하지 않고 남들이 하지 않는 일에 도전하며 새로운 부를 축적하는 사람을 나는 '아이코닉'하다고 말한다.

최근까지 부자가 되는 지름길은 테슬라 *Tesla* 창업자 일론 머스크 *Elon Musk*나 아마존 *Amazon* 창업자 제프 베이조스 *Jeff Bezos*처럼 혁신을 주도하는 기업의 창업자가 되는 것이었다. 그러나 탈중앙화 Web 3.0 시대에는 새로운 규칙과 새로운 가치를 만드는 개인들이 부자가 된다. 비트코인 *Bitcoin*과 이더리움 *Ethereum* 같은 가상화폐는 돈을 만드는 주체를 국가에서 개인으로 바꿨고, 블록체인 *Blockchain* 기술은 개인이 오너 *owner*인 토큰(코인)의 가치를 높여 새로운 부를 창출하는 토큰 이코노미를 만들고 있다. 인공지능 기술도 일반 대중이 아닌 오직 개인을 위하고 개인의 성공을 돕는 방향으로 발전하고 있다.

'개인화 *personalization*'와 '탈중앙화 *decentralization*'를 핵심으로 하는 4차 산업혁명은 세상의 주인을 소수의 공급자에서 수많은 개개인으로 되돌리고 있다. 이제 개인들은 공급자의 생산

과정에 적극적으로 참여하는 '프로슈머 prosumer'에 그치지 않고, 스스로 주인이 되어 새로운 방식의 소유와 가치 교환을 통해 비즈니스를 창출하는 '오너슈머 ownersumer'로 진화하고 있다. 아이코닉한 개인들이 직접 규칙을 만들고 새로운 부를 축적하는 진정한 개인의 시대가 열리고 있는 것이다.

나는 역사가 채 300년도 되지 않은 산업혁명의 편리함보다, 산업화 이전 수천 년의 세월 동안 개인들이 세상의 주인으로 살았던 방식에 더 큰 가치를 느낀다. 모두가 똑같은 기성품을 사용하며 정해진 규칙을 따르는 무색무취의 집단 대중으로서의 삶이 아니라, 모든 개인들이 각자의 컨텍스트에 따라 스스로 디자인하고 자유롭게 생산하던 크리에이터로서의 삶이 훨씬 더 값지다.

4차 산업혁명에 천착하는 이유도 공급자에서 또 다른 공급자로 주인 이름만 바뀌던 종전의 기술혁명과 달리, 처음으로 산업화 이전처럼 개인들이 다시 주인의 자리에 올라설 수 있는 거의 유일한 기회이기 때문이다. 4차 산업혁명은 이제 첫 발걸음을 뗐을 뿐이다. 단지 용어가 식상해졌다는 이유로 앞으로 펼쳐질 수많은 변화와 기회를 놓쳐버리는 건 안타까운 일이다. 내가 이 책을 쓰게 된 이유다.

요즘 내가 가장 공들이는 본캐는 '스타트업 CEO'다. 2022년 8월에 교수창업으로 아바타메이드 Avatarmade를 설립했고, 2023년 10월에는 Web 3.0 패션 크리에이터 협업 플랫폼 '두드레스 doDRESS'를 론칭했다. 두드레스는 누구나 자신만의 재능으로 옷 만드는 과정에 참여하고, 기여한 만큼 수익을 가져가는 개인 중심의 탈중앙화 패션 플랫폼이다. 두드레스는 기성복에 나를 맞추는 세상을 거부하고, 내가 직접 디자인해 세상에 하나뿐인 옷을 만들 수 있도록 한다. 현재 '나르시스 NARCIS'라는 스타일 분석 및 가상 착용 인공지능 옷장 서비스를 제공하며, 15개의 패션 브랜드와 60여 명의 국내외 아티스트가 크리에이터로 참여 중이다. 올해 초 '드레스 DRESS'라는 패션 토큰(코인)도 20억 개를 발행했고, 가을에는 글로벌 톱거래소에 상장시켰다. 그래서 내 부캐는 '패션 코인의 발행자 및 운영자'이기도 하다.

교양대학 학장을 하며 내가 깨달은 것 중 하나는 전문지식 못지않게 세상과 나 자신에 대한 이해가 중요하다는 것이다. 우리가 속한 세상이 그동안 어떤 변화를 거쳐왔고, 지금 어떻게 변화하고 있으며, 그 속에서 나는 어떤 역할을 하고 있는지를 알아야 내가 가진 지식도 쓸모가 생긴다. 그저 주어진 일을

반복하기만 하면 기계 부품이나 로봇과 다를 바가 없다.

 사회가 정한 규칙을 따르기만 하는 삶이 아니라 스스로 규칙을 정하고 새로운 가치를 창출하고 싶은 사람, 새로운 기술을 활용해 내 삶을 주도적으로 개척하고 싶은 사람, 나만의 아이코닉함으로 대체 불가능한 비즈니스를 만들고 싶은 사람에게 이 책이 작은 실마리가 되기를 바란다.

2025년 7월 건국대 연구실에서
아이코닉 세상을 꿈꾸며, 박창규

CONTENTS

프롤로그　모두가 내 삶의 주인이 되는 아이코닉 세상 › 005

BREAKING THE RULES

Chapter 1　규칙파괴 › 019
성공의 룰을 바꾸는 게임 체인저

01 탈중앙화 패션이 바꾸는 새로운 부의 미래
　세계 최고 부자는 패션 기업 오너들이다 › 021
　패션의 디지털 전환은 기회 › 025
　패션 기업의 미래는 Web 3.0 최적화에 있다 › 031
　이제 내가 브랜드 › 036
　패션은 이미 협업 생태계가 대세 › 041
　누구나 패션 크리에이터가 되는 '두드레스' › 047

02 규칙을 바꾸는 자가 세상의 주인이다
　도로의 규칙을 바꾼 자동차 › 053
　럭셔리에서 빅브랜드로, 그리고 패스트 패션으로 주인은 계속 바뀐다 › 057
　누구나 마음대로 돈도 찍어내는 세상이 됐다 › 062
　NFT와 메타버스의 규칙은 개인이 정한다 › 068
　규제는 화성에 호텔을 지을 수 없게 한다 › 073

03 다른 것을 대하는 규칙
　다른 것은 불량인 기성품 세상 › 079
　다른 것을 표준으로 만드는 자가 리더십을 갖는다 › 084
　개인화 시대에 다를 수밖에 없는 인간의 DNA › 089
　인공지능이 만들어내는 세상 › 094
　인문학을 이해하는 기술 사용자가 열매를 취한다 › 099

OWNERSUMER

Chapter 2 | 오너슈머 › 105
Web 3.0 시대에 필요한 리더십

01 인공지능이 구현하는 나만의 컨텍스트 시대
콘텐츠가 왕이라면 컨텍스트는 신이다 › 107
나를 주인으로 모시는 똑똑한 기계들이 몰려온다 › 112
나를 충분히 알려줘야 곱절로 돌려받는 시대 › 118

02 소유하며 소비하는 오너슈머가 온다
개미 떼가 공룡을 잡는다 › 125
주주행동주의와 크라우드펀딩 › 130
참여하고 보상받는 오너슈머 › 137

03 새로운 가치로 부를 창출하는 토큰 이코노미
토큰과 디앱의 결합이 경제의 미래를 바꾼다 › 144
주식에서 토큰으로 부의 공식이 바뀌고 있다 › 150
오너슈머가 부자가 되는 토큰 이코노미 › 155
유기묘 입양 캠페인과 두드레스 토큰 › 163

BESPOKE

Chapter 3 | 비스포크 › 169
내 삶의 진짜 주인으로 사는 법

01 다시 주인이 되기 위해 필요한 것들
큐리오 리스트: 궁금해야 주인이다 › 171
협업: 주인은 믿고 맡긴다 › 176
비스포크: 기성품 인생을 거부하라 › 184

02 개인화 시대에 나만의 힘을 되찾는 법
자유: 이스라엘 희년을 선포하라 › 189
가치: 무질서 속에서 나만의 가치를 찾아라 › 193
기술: 나만의 강력한 무기로 만들어라 › 197

03 슈퍼 개인이 되기 위한 세 가지 무기
혁신: 비정상은 새로운 정상이다 › 203
비교: 미래의 나와 경쟁하라 › 207
목표: 인생은 객관식이 아니라 주관식이다 › 211

ICONIC

부록
나의 자전적 이야기

아이코닉 › 215
대체 불가능한 나를 위한 성장 법칙, 두드레스

01 끝까지 가봐야 남다른 시야를 가질 수 있다
패션 디자이너에 도전장을 내민 공대생 › 217
국제복장학원에서 공부하며 깨달은 것들 › 222
작은 봉우리라도 정상에 올라야 다른 산들이 보인다 › 227

02 자기 분야에서 최초의 기록을 만드는 방법
세상에서 오직 나만이 해낼 수 있는 일 › 233
패션과 IT 융합의 전문가를 꿈꾸다 › 238
내가 중심이 되는 '아이패션' 시대를 열다 › 244

03 고통이 없으면 유니크함도 없다
세계 대학과 글로벌 기업의 찬사를 이끌다 › 251
'아바타메이드'로 패션의 중심 파리에 서다 › 256
더 잘하는 것보다 다르게 하는 것이 경쟁력이다 › 262
두드레스 네이밍에는 역사가 있다 › 269

| 일러두기 |
인명, 지명 등의 외국어와 외래어는 국립국어원 외래어표기법에 따르되
몇몇 경우는 관용적 표현을 따랐다.

ID # BREAKING THE RULES

Chapter 1

규칙파괴

성공의 룰을 바꾸는 게임 체인저

01

탈중앙화 패션이 바꾸는
새로운 부의 미래

세계 최고 부자는 패션 기업 오너들이다

최근 미국 주식의 대장주 자리는 이른바 '매그니피센트7 $^{M7:}$ $^{Magnificent\ Seven}$(황야의 7인)'으로 꼽히는 7개 기업이 독점하고 있다. 주식 좀 해본 사람이라면 익숙한 이름들, 바로 애플^{Apple}, 마이크로소프트^{Microsoft}, 알파벳^{Alphabet}(구글^{Google}), 아마존, 엔비디아^{NVIDIA}, 테슬라, 메타플랫폼스$^{Meta\ Platforms}$(페이스북^{Facebook})가 주인공이다.

그런데 인공지능 열풍이 거세게 불더니 2024년 상반기부터 주식 투자가 '팹4 $^{Fab\ Four}$'로 집중되기 시작했다. 인공지능 주도주로 꼽히는 엔비디아, 메타플랫폼스, 마이크로소프트, 아마존으로 전 세계 돈이 모여들고 있다. 마치 황야의 무법자 7인이 피 튀기는 경쟁을 벌이다 4인만이 살아남은 모양새다. 팹4는 'The Fabulous Four(굉장한 4인조)'의 줄임말로 멤버가 4명인 비틀스의 별명이기도 하다.

이렇게 주식 흐름만 보면 거대 기술 기업, 특히 인공지능 기업들이 세계 부의 판도를 쥐고 있는 것처럼 보인다. 하지만 알짜배기 부자는 전연 예상치 못한 곳에 자리하고 있다. 바로 패션 기업 오너들이다. 미국의 주요 경제전문지 〈포브스 Forbes〉가 2024년 4월 발표한 세계 부호 1위는 프랑스 명품 브랜드 루이비통 Louis Vuitton과 디올 Dior 등을 거느린 LVMH Louis Vuitton Moët Hennessy 그룹의 베르나르 아르노 Bernard Arnault 회장이다. 그의 자산 규모는 2,330억 달러(약 317조 원)에 이른다. 뒤를 이은 미국 전기차 기업 테슬라의 창업자 일론 머스크와 세계 최대 전자상거래 기업 아마존의 창업자 제프 베이조스의 자산은 각각 1,950억 달러(약 265조 원), 1,940억 달러(약 264조 원)로 1위와 상당한 격차가 있다.

베르나르 아르노 회장과 일론 머스크는 2017년부터 세계 부자 1위 자리를 놓고 엎치락뒤치락 경쟁해왔다. 둘의 순위가 금세 뒤바뀐다 해도 하등 이상할 게 없다. 그러나 인공지능이나 빅테크와 전혀 관련 없어 보이는 패션 기업 오너가 인공지능 열풍이 가장 거셌던 2023~2024년에도 2년 연속 세계 부호 1위 자리를 지킨 것은 놀라움을 자아낸다. 물론 세계 부자 순위표를 좀 더 들여다보면 전연 놀랄 일이 아니지만 말이다.

빅테크나 플랫폼 기업 오너가 즐비한 세계 부자들 사이에 아르노 회장 말고도 눈에 띄는 이름이 있다. 의류 브랜드 자라^{Zara}로 유명한 스페인 인디텍스^{Inditex} 그룹의 창업주인 아만시오 오르테가$^{Amancio\ Ortega}$ 회장이다. 〈포브스〉가 집계한 그의 자산은 1,030억 달러(약 140조 원)로 세계 부자 13위를 기록했다. 순위는 10위권 밖이지만 2023년 한 해 동안 세계에서 자산이 가장 많이 증가한 억만장자 6위에 올랐다.

아만시오 오르테가 회장은 2001년 처음 〈포브스〉 세계 부자 순위에 이름을 올린 후 스페인 부자 1등 자리를 장기 집권 중이다. 특히 2016년에는 철옹성 같던 마이크로소프트 창업자 빌 게이츠$^{Bill\ Gates}$를 밀어내고 세계 부자 1위를 차지해 세계를 놀라게 했다. 당시 그가 한 해에 낸 법인세만 16억 1,600만 유로(약 2조 원)로, 스페인 전체 세금의 약 2%를 웃돌 정도였다.

이웃 나라 일본의 부자 순위 1등도 패션 기업 오너다. 유니클로^{Uniqlo}를 운영하는 패스트리테일링$^{Fast\ Retailing}$의 창업자 야나이 타다시$^{Yanai\ Tadashi}$ 회장은 2025년 기준 451억 달러(약 62조 원)의 자산을 보유하고 있으며, 최근 1년 새 23억 달러가 증가했다. 그는 세계 부자 30위권 안팎에 위치한다. 그 덕분에 일본 최대 IT 기업인 소프트뱅크 그룹 손정의 회장은 2019년 4월 이후로 일본 부자 만년 2위에 머물고 있다.

이처럼 패션 기업 오너들이 세계 부자 대열에 자리 잡은 비결은 무엇일까. 답은 간단하다. **패션이 엄청난 고부가가치 산업이기 때문이다.**

2024년 6월 미국 〈월스트리트저널^{WSJ}〉은 '세상에서 가장 탐나는 핸드백의 미친 경제학 The crazy economics of the world's most coveted handbag'이라는 제목의 기사를 냈다. 한 줄로 요약하면 "프랑스 명품 브랜드 에르메스 Hermes 매장에서 버킨백 Birkin 을 사기만 하면 5분 만에 되팔아 돈을 두 배로 벌 수 있다"는 것이었다. 구찌 Gucci 나 버버리 Burberry 등은 재고 처리를 위해 할인 아웃렛 입점을 택한 반면, 에르메스는 직영 매장을 고수하며 구매 이력이 있는 고객 위주로만 제품을 판매해 오히려 가치가 높아졌다는 설명이다.

〈월스트리트저널〉은 에르메스 핸드백의 원가도 공개했다. 기사에 따르면 에르메스의 대표 상품 중 하나인 기본형 버킨백25는 매장에서 세전 1만 1,400달러(약 1,600만 원)에 판매되고 있다. 인스타그램이나 팝업스토어에서 리셀링되는 가격은 무려 3만 2,000달러(약 4,440만 원)에 이른다. 그러나 이 가방의 원가는 고작 1,000달러(약 140만 원)로 마진율이 무려 91.6%에 달한다.

그럼에도 명품백 사용자들의 반응은 시큰둥하다. 명품 브랜드의 가치는 높은 원가가 아니라 역사와 전통, 희소성, 투자 가치 등 무형 자산에 있다는 얘기다. 이를 증명하듯 수천만 원에 달하는 에르메스 핸드백의 2024년 4분기 매출은 전년 동기 대비 17.9% 증가했다. 보통 공장에서 대량으로 찍어낸 공산품은 100원에 팔면 5원이 남는다. 아무리 많이 남겨도 마진율이 15% 남짓이다. 명품 브랜드는 예외다. 단 5달러짜리 양가죽으로 핸드백을 만들어도 샤넬 Chanel 라벨이 붙는 순간 1,000만 원짜리 명품이 된다. 브랜드 가치가 높을수록 부르는 게 값이 된다.

물론 최근의 명품 과열 현상은 확실히 논란의 여지가 있다. 하지만 명품을 포함해 모든 패션 산업이 그만큼 고부가가치 비즈니스라는 점을 간과해선 안 된다. 명품과 대척점에 있는 글로벌 패스트 패션 브랜드 유니클로와 자라 창업자의 부자 순위가 이를 방증한다. 이렇듯 패션 산업은 유행이라는 이름에 걸맞게 항상 빠르게 변화해왔다.

그렇다면 우리의 질문은 다음의 두 가지여야 한다.

"패션 산업의 다음 먹거리는 무엇인가?"

"제2의 아르노 회장이 되려면 무엇을 해야 하는가?"

패션의 디지털 전환은 기회

독일에서 2010년에 시작된 '인더스트리 4.0'이 섬유패션을 포함한 제조 기반 산업의 화두가 되었고, 이어서 2016년 다보스 세계경제포럼에서 '4차 산업혁명'이 처음 언급되었다. 이후 이세돌 프로바둑 9단과 인공지능 알파고의 바둑 대결이 전 세계의 관심을 끌었다. 급기야 4차 산업혁명은 제19대 대통령 선거의 주요 공약으로 대두되면서 우리 사회에 큰 파장을 일으켰다. 모든 이들이 인공지능, 빅데이터, 로봇, 사물인터넷 등을 도입한다며 앞다투어 나서기 시작했다.

섬유패션 산업도 예외가 아니었다. 원사(실)에서 패션 유통에 이르는 산업 전 영역에 걸쳐 빅데이터 시스템을 구축하고, 인공지능 활용 방안을 모색하며, 스마트 섬유와 의류, 로봇을 활용한 스마트 팩토리 등을 도입하려는 움직임이 활발하게 일어났다. 나도 당시 4차 산업혁명 등을 소개하며 전국을 다니면서 수많은 강연을 했다.

그런데 2020년쯤부터 갑자기 '디지털 전환digital transformation'이라는, 한국어로 번역하기도 애매한 신조어가 등장하더니 이제는 마치 인더스트리 4.0과 4차 산업혁명 시대는 끝났고 새로운 시대가 열린 것처럼 모두가 떠들어댄다. 안타깝게도 인더스트리 4.0이나 4차 산업혁명은 이제 겨우 걸음마를 시작하는 수준이고, 디지털 전환은 새로운 것이 아니라 이미 십수 년 전부터 선진국들이 사용하던 용어다.

정부와 기업, 단체들이 너도나도 디지털 전환 전략을 내놓았다. 산업통상자원부는 2022년 2월 '섬유패션 디지털 전환 전략'을 발표했고, 과학기술정보통신부는 2024년 메타버스metaverse 산업 진흥을 위해 총 1,197억 원을 지원하겠다고 밝혔다.

이번에는 메타버스가 새로운 키워드로 주목받으면서 '메타패션'이 또 다른 화두가 되었다. 패션 산업에서 디지털 전환은 디자인, 기획, 생산, 유통으로 이어지는 가치사슬 전반에 걸쳐 일어나고 있으며, 빅데이터 분석으로 트렌드 변화를 감지하고 최적의 제품을 필요한 양만큼 만들어 고객이 원하는 방식으로 제공하는 것이 핵심이 되었다. 세계 최초로 RFID를 도입하고 POS를 통해 구매 데이터를 축적하면서 주 단위로 트렌드 변화를 반영한 디자인을 내놓아 시장을 선도한 스페인 자라의 인디텍스 그룹은 클라우드 컴퓨팅과 빅데이터 등을 활용해 디자인-물류-유통을 하나의 시스템으로 통합했다.

2025년 현재 상황을 들여다보면 확실히 달라진 것이 있다. 패션 임원의 50%가 인공지능 활용을 핵심 전략으로 간주하고 있으며, 트렌드 및 수요 예측부터 생산개발과 재고관리, 유통 최적화, 디자인 도구, 개인화된 구매 경험까지 패션 산업 전 과정에 대한 인공지능의 영향력과 활용도가 폭발적으로 증가했다. 미국 시장조사 기관 리서치앤드마켓 Research and Markets에 따르면 글로벌 패션 인공지능 시장은 2019년 2억 2,800만 달러(약 3,100억 원) 규모에서 2024년까지 연평균 40.8% 성장해 12억 6,000만 달러(약 1조 7,136억 원) 규모로 확대될 것으로 전망했다.

하지만 여기에 함정이 있다. 물론 새로운 기술이나 시대의 변화를 반영해 계획과 전략을 수립하고 실행하는 것은 매우 중요하다. 문제는 이러한 요소들을 제대로 이해하지 못한 채 성급하고 피상적으로 접근한다는 점이다. 시대적 흐름 속에서 등장하는 신기술은 한순간의 유행처럼 스쳐지나가는 트렌드 용어가 아니라 우리의 미래를 좌우할 중대한 전환점이다.

이러한 흐름이 생겨난 배경, 가치와 패러다임의 전환, 사회 구성원들의 역할과 책임 재조정, 그리고 향후 전망은 서로 긴

밀히 연결되어 있으며, 그 의미와 영향은 매우 다층적이다. 따라서 이처럼 거대한 변화는 인문학적·사회적 합의는 물론 법률과 교육 같은 기본적 토대 위에서 다루어져야 한다.

이를 패션에 적용한다면, 빅데이터가 과연 무엇이고 인공지능이 어떻게 산업경쟁력을 높이는지, 소비자에게는 어떤 변화를 가져다주는지 등을 기초부터 면밀히 공부하고, 현황을 파악해 미래를 예측한 후 우리의 현실을 고려한 전략을 수립해야 한다. 개인이든 기업이든 국가든 마찬가지다.

갑자기 디지털 전환 시대라느니, 메타버스가 뜨니까 메타패션도 뜬다느니 하는 것은 너무 가볍다. 여기저기 전략보고서에 등장하는 메타패션은 정의조차 불분명하다. 메타패션을 통해 옷을 팔겠다는 것인지, 디지털 콘텐츠 산업을 육성하겠다는 것인지도 명확하지 않다.

메타버스도 결코 가벼운 주제가 아니다. 메타버스 패션 시장은 2023년 150억 달러(약 20조 4,000억 원)에서 2030년 1,071억 달러(약 146조 원)로 성장할 것으로 예상되며, 모건스탠리는 2030년 메타버스 기반 디지털 패션 산업이 500억 달러(약 68조 원) 규모에 달할 것으로 전망했다. 그 배경에는 개인들이 만드는 탈중앙화 세상이 있고, 주어진 규칙을 거부하는 MZ세대들이 있다. 가상세계를 통한 새로운 사회적 소통 방식이 나타나고 있으며, 3차원 콘텐츠, 가상현실, 블록체인 등이 메타버스를 기술적으로 뒷받침하고 있다. 그런데도 우리의 메타패션은 아직 성급하고 피상적이다.

2024년 한국 패션 시장은 49조 5,544억 원의 규모로 전년 대비 2.3% 성장했다. 수치로만 보면 나쁘지 않지만, 패션 산업의 성장세는 저조한 상태를 유지하고 있으며, 패션 임원진 중 20%만이 시장 상황이 개선될 것이라고 예상한다. 패션 분야에서 소셜 커머스 매출은 2025년까지 전체의 5분의 1에 이를 것으로 보이며, 인스타그램 이용자의 70%는 소셜 미디어를 통해 다음 구매를 계획하고 있다.

이런 흐름을 단순히 기술 도입의 문제로만 볼 것이 아니라, 디지털 전환 시대에 나타난 소비자 행동과 라이프스타일의 근본적 변화로 이해해야 한다. 상황이 이러니 디지털 전환은 더욱 중요한 과제가 되었지만, 우리의 접근 방식은 여전히 아쉬운 부분이 많다.

디지털 전환은 기존의 디지타이징 digitizing, 디지털라이제이션 digitalization과는 다르다. 디지털 전환은 우리 생활의 모든 방면에 적용되며, 지금까지 존재하지 않았던 개념들이 새로이 탄생되는 거대한 변화다. 아날로그 음반이 CD로 바뀌고, 이어 스트리밍 서비스로 바뀌더니, 들어본 적도 없는 NFT non-fungible token로 음원을 사서 듣는 디지털 전환 시대가 오고 있다.

이러한 큰 흐름에 대한 전략은 충분한 시간을 가지고 기초부터 다져야 한다. 큰 흐름을 파악하고, 인문학적 고찰은 물론 이 생태계를 구성하는 이들의 사회적 합의가 필요하다. 단순히 인공지능을 도입하고, 3차원 아바타가 디지털 패션을 입고 메타버스에 진입한다고 해서 우리 섬유패션 산업이 경쟁력을 가질 수는 없다. 시대를 관통하는 철학이 있어야 한다.

그동안 우리가 이런 변화에 발맞춰 수립한 전략과 그 추진 결과를 보면 우리의 한계를 알 수 있다. 우리의 패션 산업은 많은 잠재력을 가지고 여러 시도를 했지만, 아직 그 흔한 글로벌 패션 브랜드 하나가 없다. 이는 우리가 항상 기술을 따라가기만 했지, 기술을 주도적으로 활용한 새로운 비즈니스 모델을 만들어내지 못했기 때문이다. 이런 일이 반복되어서는 안 된다. 무겁고 깊이 있게 제대로 된 전략을 수립하고 대응해야 한다.

패션 산업의 디지털 전환에서 가장 중요한 것은 기술 그 자체가 아니라 기술을 통해 어떤 가치를 창출해낼 것인가이다. 단순히 인공지능을 도입하고 메타버스에 진출했다고 성공하는 것이 아니다. 소비자의 진짜 니즈를 파악하고, 그것을 기술로 해결하며, 새로운 경험과 가치를 제공할 때 비로소 진정한 디지털 전환이 이루어진다.

흔히들 모르는 것을 안다고 착각하는 것이 가장 문제라고 한다. 패션 산업의 구성원 대부분이 여전히 인더스트리 4.0이나 4차 산업혁명 그리고 디지털 전환을 제대로 이해하지 못하면서도 안다고 착각하고, 일시적인 유행처럼 용어를 구사하며 전략을 수립한다면, 잠시 미래를 대비하는 것처럼 보일 수는 있어도 우리는 결코 새 시대의 진정한 주인이 될 수 없다.

2025년에는 인공지능이 실험 단계를 넘어 실제 비즈니스에서 가치를 창출하는 핵심 도구로 자리 잡고 있으며, 전 세계 조직의 인공지능 도입률이 75%에 달한다. 이제는 피상적인 접근이 아닌 근본적이고 체계적인 이해를 바탕으로 한 진정한 디지털 전환 전략이 필요한 시점이다.

그렇다면 우리의 질문은 다음과 같아야 한다.

"패션의 디지털 전환, 제대로 이루려면 무엇부터 해야 하는가?"

"진정한 디지털 패션 강국이 되려면 어떤 철학과 전략이 필요한가?"

패션 기업의 미래는 Web 3.0 최적화에 있다

2023년 초 베르나르 아르노 LVMH 회장이 후계자인 장녀 델핀 아르노^{Delphine Arnault} 등을 대동하고 한국을 방문했다. 그들은 2박 3일 일정으로 한국에 입점한 LVMH 계열 매장과 우리나라 유통 대기업을 두루 방문했는데, 잘 알려지지 않은 만남이 하나 있었다. 바로 알타바^{Altava}* 라는 스타트업이다.

알타바는 2018년 LVMH의 인큐베이터 프로그램인 'LVMH La Maison des Startups'를 통해 탄생한 메타버스 패션테크 기업이다. 명품 브랜드의 최신 패션을 3차원 버추얼^{virtual}(가상)

---

* 알타바가 발행한 TAVA 토큰(코인)의 추이를 보면, 개당 가격이 2022년 6월 6일 5.46달러로 상승세를 이어가다가 2025년 7월 3일 기준 0.01057달러로 급락했다. 지금도 활성화되고 있는지는 의문이다.

아이템으로 경험하고 이용할 수 있는 '알바타 AI' 플랫폼을 운영한다. LVMH를 비롯해 발망, 펜디, 프라다, 미우미우, 톰브라운 등 40개 이상의 명품 브랜드사를 고객 및 파트너로 보유하고 있다.

알타바의 비즈니스 모델은 둘로 구분된다. 기업 고객 대상으로는 아바타 및 디지털 쇼룸 제작, 버추얼 패션 아이템 론칭, NFT 발행 등을 제공한다. 플랫폼을 이용하는 패션 크리에이터에게는 메타버스에서 자신만의 3차원 패션을 쉽게 디자인하고, 자신의 디지털 패션 컬렉션을 홍보해 수익화할 수 있도록 관련 툴과 커뮤니티를 제공한다.

대략 훑기만 해도 최근 가장 떠오르는 기술들을 망라하고 있다. 세계 최고 부자의 관심사가 어디로 향해 있는지 짐작되는 대목이다. 실제로 2024년 8월 LVMH 그룹 최고 마케팅 책임자 CMO인 사샤 로월드 Sascha Rowold는 국내 언론과의 인터뷰에서 이렇게 말했다.

"명품 브랜드와 패션 시장이 더 발전하려면 기술 혁신을 통해 과거에는 상상조차 하지 못한 예술가, 문화 영역, 그룹 간 협업이 필수적이다. Web 3.0을 통해 명품 브랜드가 여태껏 가지 않았던 길을 개척하고 젊은 디자이너들과 협업할 방법을 찾고 있다."

최근 LVMH가 명품 브랜드 NFT를 발행하거나 자체 프로그램을 통해 패션테크 스타트업 육성에 나선 것은 이런 맥락에서다. 명품 브랜드가 앞으로도 계속 세계 패션 산업의 주도권을 쥐려면 Web 3.0 최적화가 필수라는 것이다.

패션 산업은 산업혁명과 궤를 같이하며 지금까지 세 번의 세대교체를 이뤄왔다. 먼저 1세대는 샤넬과 루이비통 등 유럽의 럭셔리 패션 기업이다. 영국에서 시작된 1차 산업혁명과 함께 각종 기계가 발명되면서 누구나 집에서 옷을 지어 입던 가내수공업 대신 소수의 전문가가 옷을 대신 만들어주는 고급 부티크가 패션 시장을 점령했다. 이들은 귀족의 전유물이던 럭셔리 패션을 대중에게 선보이며 고급 기성복 시장을 개척했다.

2세대는 나이키^{Nike}와 리바이스$^{Levi's}$ 같은 대중 패션 브랜드 기업이다. 2차 산업혁명으로 전기에너지가 등장하고 대량생산이 가능해지면서 거대한 의류 제조 공장을 소유한 기업들이 기성복 대중화를 이끌었다. 개인 의상실 대신 대형 공장에서 저렴하고 다양한 디자인의 옷들을 대량으로 찍어내며 월마트^{Walmart}와 까르푸^{Carrefour} 등 대형 할인 체인점을 중심으로 기성복 시장을 주도했다.

3세대는 자라, H&M, 유니클로로 대표되는 패스트 패션 브랜드 기업이다. 신상품 주기를 기존 5~6개월에서 1~2주로 단축시키며 다품종 대량생산 시대를 연 이들 기업은 정보통신기술을 적극 활용해 전 세계 매장과 유행 정보를 실시간으로 수집·분석하며 글로벌 패션 시장을 장악했다.

최근에는 플랫폼을 선점한 소수의 기업들이 패션 시장을 독점하는 추세가 지속되고 있다. 이제 사람들은 특정 의류 브랜드의 매장이나 홈페이지에 방문하는 대신, 무신사나 지그재그처럼 자기 취향의 브랜드를 모아놓은 편집형 패션 플랫폼에서 옷을 고른다. 여기저기 돌아다니며 비교할 필요 없이 한곳에서 자기 취향의 옷을 더 저렴하게 구입할 수 있기 때문이다. 이러한 편리함과 효율성 덕분에 패션 플랫폼 기업은 직접 옷을 만들지 않고 생산자와 구매자를 연결해주는 것만으로 3차 산업혁명 시대 패션 산업의 주인 자리를 꿰찼다.

그런데 언젠가부터 편리함과 효율성을 거부하는 사람들이 등장하기 시작했다. "왜 대형 플랫폼이 선택한 브랜드 중에서만 옷을 골라야 하지?" "왜 대형 브랜드 기업들이 디자인한 옷만 입어야 하지?" "왜 기성복 사이즈에 내 몸을 맞춰야 하지?" 그리고 때를 맞춰 이러한 질문에 답을 주는 새로운 기술이 나타났다. 인공지능, 블록체인, NFT, 메타버스 등 이른바 4차 산업혁명 기술을 통칭하는 Web 3.0의 출현이다.

Web 1.0은 인터넷 초창기를 떠올리면 쉽다. 기업이나 단체가 홈페이지를 만들어 글과 사진을 올리면 방문자는 '읽기'만 $^{read\ only}$ 가능했다. Web을 개별 기업들이 소유하던 시절이었다. Web 2.0은 우리에게 익숙한 플랫폼 방식으로 '쓰기' 기능이 추가$^{read\ and\ write}$됐다. 블로그, 인스타그램, 유튜브 등 다양한 플랫폼에서 누구나 자유롭게 글과 영상을 만들고 공유할 수 있다. 그 대신 Web을 구글이나 아마존 같은 소수의 플랫폼 기업이 소유한다.

그렇다면 Web 3.0은 어떨까? Web상에서 생성되는 콘텐츠나 제품의 소유권이 플랫폼 기업에서 개인으로 바뀐다. 단순히 읽기와 쓰기 수준을 넘어 Web에 참여하는 모든 개인이 콘텐츠나 제품을 '소유'하고 '통제'할 수 있게 된다 read, write and own. 쉽게 말해 지금까지는 소비자가 제품을 구매하고 후기를 다는 수준이었다면, Web 3.0 체제에서는 누구나 자기만의 브랜드나 제품을 만들고 판매하고 이에 대해 보상받을 수 있다. Web 2.0까지는 소비자로만 존재했던 개인들이 Web 3.0을 기점으로 자기 취향의 제품과 서비스를 직접 생산할 수 있게 되면서, 자기의 몫을 블록체인으로 직접 소유하는 새로운 경제 시스템의 주체가 되는 것이다.

그래서 Web 3.0을 한 줄로 요약하면, 인공지능과 블록체인 기반의 '개인화된 personalized 인터넷 환경'이자 '탈중앙화된 decentralized 디지털 경제 생태계*'라고 할 수 있다. 개인들이 자신이 작성한 데이터나 콘텐츠를 자유롭게 소유·관리·교류·거래할 수 있는 지능형 인터넷 환경에서 가상화폐, NFT, 메타버스 등을 활용해 새로운 가치를 창출하는 새로운 경제 시스템이 바로 Web 3.0이다.

역사적으로 패션 산업의 새로운 주인은 언제나 신기술의 주도권을 잡은 이들이 차지해왔다. 그들은 기계와 공장을 소유하거나 유통망과 플랫폼을 독점하는 방식으로 패션 산업의 꼭대기에 올랐다. 그러나 Web 3.0 시대는 다르다. 기술보다 철학

---

* 혹자는 '탈중앙화'라는 용어 대신 거대 플랫폼 기업으로부터의 독립을 뜻하는 '탈독점화 demonopolized'라는 말을 쓰기도 한다.

의 전환이 먼저다. 아무리 인공지능과 블록체인 기술을 완벽하게 적용했어도 개인화와 탈중앙화 철학이 빠지면 방향타를 잃어버린 배가 될 뿐이다.

지금처럼 기술의 변화가 급격한 때일수록 '도구'인 기술을 '목적'으로 착각하는 오류를 범하면 안 된다. 기술은 그저 거들 뿐, 소수의 브랜드, 유통 및 플랫폼 기업이 장악해온 패션 산업을 개인 크리에이터 중심의 협업 생태계로 바꾸는 것이 진짜 Web 3.0 시대에 최적화된 패션 기업이다.

이제 내가 브랜드

우리는 지금 브랜드 홍수 시대에 살고 있다고 해도 과언이 아니다. 아무리 좋은 서비스나 제품이 있다고 하더라도 브랜드 파워 없이는 성공하기 힘들다는 것이 오늘날의 정설이다. 따라서 스타트업을 포함한 기업의 대부분이 자사의 브랜드 인지도를 높이려고 총력을 기울이고 있다.

그런데 정말 흥미로운 것은 이런 브랜드 중심의 세상이 존재한 시기가 인류 역사에서 보면 극히 최근이라는 점이다. 우리는 언제부터 브랜드가 지배하는 세상에 살았을까? 조선시대에 유명했던 브랜드 3개만 말해보라. 고종황제가 즐겨 입었던 곤룡포나 명성황후가 주로 타고 다니던 가마의 브랜드가 무엇이었는지 알고 있는가? 외국도 비슷하다. 나폴레옹의 망토와 모자, 엘리자베스 1세의 화려한 드레스는 어느 브랜드였던가?

산업혁명 이전에는 나폴리피자, 순창고추장, 공부가주처럼 유명한 장인이나 지역을 이름으로 붙였을 뿐 브랜드란 것이 없었다. 개별 장인의 이름과 그들이 만든 제품의 품질, 그리고 입소문이 전부였다. 베네치아의 유리 장인, 피렌체의 가죽 장인, 그들 각각이 바로 브랜드 그 자체였던 것이다.

2008년 캐나다 맥길대학의 칼 무어 Karl Moore 교수는 〈브랜드의 기원 The birth of brand〉이라는 논문에서 브랜드의 기원을 BC 2250년경으로 제시하고, '불로 달구어 지지다'라는 뜻의 옛 노르웨이어인 brandr에서 비롯되었다고 주장했다. 가축을 인두로 지져 소유권을 식별한 행위에서 브랜드의 유래를 찾은 것이다.

어원은 그렇다 치더라도 현대적 브랜드가 본격적으로 등장한 것은 전기에너지의 등장으로 대량생산이 가능해진 2차 산업혁명 이후다. 잉여(과잉) 생산된 상품들이 라디오, TV 등 매체와 운송 수단의 발달에 힘입어 전 세계에 공급되기 시작하면서 기업들은 상품에 '브랜드'라는 이름을 붙였다. 기업들은 매출을 올리고 재고를 남기지 않기 위해 브랜드를 적극적으로 홍보했다.

더욱이 인터넷과 개인 미디어의 혁신 등 디지털 혁명이 일어나면서 기업의 브랜딩 및 마케팅은 기업의 거의 모든 활동이라고 해도 과언이 아닐 정도로 막대한 부분을 차지하게 되었다. 브랜드야말로 20세기 이후 산업화 사회가 만든 가장 큰 산출물 중 하나이다.

　기성품 세상에서 이렇게 탄생한 브랜드는 철저히 공급자인 기업 중심이다. 기업은 많은 공을 들여 미리 상품을 만들어놓고 소비자를 유혹한다. 기업들은 더 좋은 기술과 디자인, 더 나은 품질, 더 싼 가격 등으로 서로 경쟁하며 막대한 비용을 쏟아붓는다.

　또한 산업화 사회의 브랜드는 개인을 특정하지 않는다. 개개의 소비자들은 대중^{mass}으로 여겨진다. 결국 대중들은 유사한 상품을 사용하고, 브랜드의 위상을 자신들의 위상으로 여기며 자랑한다. 그래서 대중들은 같은 아이폰을 쓰고, 메르세데스를 타고, 나이키를 신는다. 심지어는 교육을 담당하는 대학이나 병을 치료하는 병원까지 브랜드 전국 순위를 매기며 경쟁한다.

　이런 브랜드 중심의 세상에서 소비자는 수동적인 존재였다. 기업이 제공하는 선택지 안에서만 고를 수 있었고, 자신의 개성을 표현하는 방법은 제한적이었다. 브랜드가 가진 이미지와 상징을 빌려 자신을 표현하는 것이 최선이었다.

　그런데 이런 브랜드의 개념이 오늘날 급속히 바뀌고 있다. 개인 미디어 장치와 무선통신, 그리고 SNS의 등장은 공급자인 기업 중심의 세상을 소비자인 개인 중심의 세상으로 전환하고 있다. 기업이 만들고 대중은 이용한다는 개념이 바뀌고 있는 것이다. 이에 따라 더 이상 대중에 머무르지 않는 개인들이 스스로 만들고 스스로 이용하는 산업화 이전의 방식이 되살아나고 있다.

　에어비앤비^{Airbnb}에는 힐튼^{Hilton}이나 메리어트^{Marriott} 같은 브랜드 호텔은 없다. 그저 지역별로 개인의 이름을 딴 호스트만 있을 뿐이다. 미디어 콘텐츠는 이미 공급자인 공중파나 유선방송국의 전유물에서 개인 유튜버들로 옮겨간 지 오래다. 여기에도 브랜드는 사라지고 그저 인플루언서들의 이름만 있다.

　또한 요즘 젊은이들이 줄 서는 맛집의 대부분은 기성 브랜드의 프랜차이즈가 아니라 셰프^{chef}의 존재감과 스토리가 있는 골목의 아담한 맛집들이다. 심지어 편의점에 가도 하이네켄이나 아사히 같은 브랜드 맥주 옆에는 듣도 보도 못한 동네 맥주들이 즐비하다. MZ세대들은 기성품에도 각자 열심히 '별다꾸(별걸 다 꾸미는)' 같은 커스텀을 하고, 크록스^{Crocs} 슬리퍼에는 별별 지비츠^{Jibbitz}를 달아 개성을 뽐낸다.

　이런 변화의 배경에는 기술 혁신이 자리하고 있다. 과거에는 상품을 만들고 유통하려면 막대한 자본과 인프라가 필요했다. 하지만 이제는 스마트폰 하나로 전 세계를 상대로 비즈니스를 시작할 수 있게 되었다. 3D 프린터로 개인 맞춤형 제품을 만들고, 온라인 플랫폼을 통해 직접 판매할 수 있다.

　블록체인 기술은 개인이 창작한 디지털 자산의 소유권을 보장해주고, NFT를 통해 새로운 수익 모델을 제시하고 있다. 메타버스에서는 가상의 공간에서 자신만의 브랜드를 구축하고 운영할 수 있다. 인공지능은 개인의 창작 활동을 지원하고, 맞춤형 서비스를 제공하는 도구가 되고 있다.

특히 주목할 점은 이런 기술들이 더 이상 대기업의 전유물이 아니라는 것이다. 개인도 충분히 활용할 수 있는 수준으로 접근성이 높아졌고, 비용도 크게 낮아졌다. 이는 산업화 시대의 진입 장벽을 무너뜨리고, 누구나 자신만의 브랜드를 만들 기회를 제공한다.

개인 브랜드 시대의 가장 큰 특징은 진정성 authenticity이다. 기업 브랜드가 마케팅 전략에 의해 만들어진 이미지라면, 개인 브랜드는 그 사람의 실제 경험과 가치관에서 나온다. 소비자들은 더 이상 완벽하게 포장된 브랜드 이미지에 매혹되지 않는다. 대신 진짜 이야기, 실제 경험, 그리고 인간적인 면모를 보여주는 브랜드에 끌린다.

또 다른 특징은 공감 empathy과 상호작용성 interactivity이다. 전통적인 브랜드가 일방적으로 메시지를 전달했다면, 개인 브랜드는 팔로워들과 지속적으로 소통하고 공감하며 상호작용한다. 댓글에 답하고, 라이브 방송을 통해 실시간으로 소통하며, 팔로워들의 의견을 제품이나 서비스에 반영한다.

전문성과 차별화도 중요한 요소다. 개인 브랜드는 특정 분야에서의 전문성을 바탕으로 구축된다. 패션, 요리, 운동, 투자 등 각자의 전문 분야에서 독특한 관점과 노하우를 제공함으로써 차별화를 꾀한다.

물론 여전히 훌륭한 기업에 들어가 대중을 위한 브랜드를 만들고, 브랜드 파워를 올리는 일은 매우 의미 있고 중요하다. 하지만 이제는 산업화를 뛰어넘어 다시 예전처럼 개인이 브랜드가 되는 세상이다. 콘셉트가 분명하고 스토리가 있는 나의 이름이 브랜드가 되는 일 또한 의미 있고 중요하며 훨씬 더 멋지기까지 하다.

 이런 변화는 단순히 개인에게만 기회를 제공하는 데 그치지 않는다. 기업도 트렌드에 발맞춰 새로운 전략을 수립해야 한다. 개인 브랜드와의 협업, 개인 맞춤형 제품 개발, 그리고 소비자와의 직접적인 소통 채널 구축이 필수가 되고 있다.

 앞으로는 기업 브랜드와 개인 브랜드가 경쟁하는 것이 아니라, 서로 협업하고 시너지를 만들어내는 새로운 생태계가 형성될 것이다. 기업은 플랫폼과 인프라를 제공하고, 개인은 창의성과 개성을 통해 새로운 가치를 창출하는 상생의 구조가 만들어질 것이다.

 결국 브랜드의 미래는 더 인간적이고, 더 개인적이며, 더 진정성 있는 방향으로 나아갈 것이다. 우리 모두가 자신만의 브랜드를 만들 수 있는 시대, 그것이 바로 지금 우리가 살아가고 있는 세상이다.

패션은 이미 협업 생태계가 대세

산업화 이전의 자급자족형 경제 시스템에서는 누구나 의사결정의 주체가 될 수 있었고, 다양성 *variety* 만이 존재했으며, 생산성 *productivity* 은 개념조차 없었다. 각 지역의 고유한 문화와 전통이 그대로 반영된 제품들이 만들어졌고, 개인의 창의성과 숙련도가 품질을 결정하는 핵심 요소였다.

그러나 산업혁명 이후 만들어진 대량생산 시스템은 이러한 다양성을 버리고 생산성을 극대화하는 방향으로 급속히 변화했다. 흩어져 있던 시스템을 하나로 모으고, 비용을 최소화하며, 효율성을 극대화하는 중앙집중식 centralization 시스템의 구축은 세상의 모든 부품과 제품을 대량으로 만들어냈다. 동시에 운송 수단의 혁신을 통해 이 상품들을 전 세계로 퍼 날랐고, 지역 간 경계를 허물며 글로벌 시장을 탄생시켰다.

오늘날은 전 세계 사람들이 같은 옷을 입고, 같은 물건을 사용하며 사는 것이 일상이 되었다. 이런 산업화의 일상화를 통해 세상은 브랜드화되었고, 이로부터 산업화 이전에는 존재하지 않던 글로벌 공룡 기업들이 등장했다. 현재 이런 공룡 기업들은 각 분야에서 경쟁자들을 제치고 최고의 중앙집중식 시스템(혹은 플랫폼)을 구축하여 실행하고 있다.

패션계는 이를 더욱 극명하게 보여주는 분야다. 산업화 이전에 귀족들만이 점유했던 오트쿠튀르 haute couture(16~18세기 유럽에서 유행한 귀족들의 최상급 맞춤복) 패션은 산업화를 맞아 일반인들도 입을 수 있는 프레타포르테 prêt-à-porter(고급 기성복)로 탈바꿈했다.

프레타포르테는 기본적으로 도매에서 대량 주문하고 유통하는 시스템이다. 보통 매년 S/S, F/W 두 시즌으로 나뉘어 출시되며, 오트쿠튀르와는 다르게 맞춤 제작이 아닌 표준 사이즈를 기반으로 대량생산된다. 이러한 시스템 변화의 선두주자로 등장한 패션계의 공룡 기업이 바로 프랑스 파리에 본사를 두고 있는 세계 불변의 패션 1위 기업인 LVMH 그룹이다.

이후 합성섬유의 기능성 향상 및 생산기술의 발전으로 패션은 더욱 대중화되었고 최대의 호황기를 누리며 인류의 입는 문화를 혁신적으로 바꾸었다. 이 시기에 나타난 대표적 패션 브랜드 공룡 기업이 바로 세계 패션계의 2위 기업인 나이키다.

나이키는 공급자와 소비자 간 응답 시간과 생산 체계 내에서의 시간을 줄이는 것을 주된 목표로 하는 린 생산 lean production 방식을 도입했다. 전 세계 협력 공장의 생산 및 원자재 구매 집중화를 구축하여, 생산 공정상 낭비를 없애고 샘플 제작 비용을 절감했다. 토요타 Toyota 자동차의 린 생산 방식처럼 주문된 상품만을 공급하여 생산을 수요에 맞추고, 효율성과 생산성에 집중하여 상품의 제조와 공급에서 발생하는 낭비를 줄이는 JIT just-in-time (적기 생산) 시스템을 실현해 패션에서의 품질관리와 대량생산 방식을 혁신했다.

이러한 중앙집중식 대량생산 시스템은 급기야 한 업체가 상품 기획부터 디자인, 생산, 유통, 판매까지 모든 과정을 일괄처리 하는 방식인 SPA Speciality retailer of Private label Apparel, 즉 패스트 패션으로 발전하게 되었다. 패스트 패션의 최고 기업은 단연코 자라를 보유한 인디텍스로, 인디텍스는 세계 패션 기업 중 3위를 차지하고 있다.

자라는 빅데이터 등을 통해 고객의 수요를 실시간으로 철저히 분석하고, 트렌디한 패션 디자인을 발굴해 즉시 제품을 디자인하며, 빠르면 4주, 늦어도 6주 안에 스케치뿐이었던 디자인을 최신 패션제품으로 생산해 매년 약 11,000개가 넘는 제품을 판매한다. 자라는 생산 주기가 짧은 만큼, 월 단위가 아닌 주 단위로 공급 업체에 주문을 넣고, 필요한 만큼만 생산해 가능한 무재고 상태를 유지하는 JIT 시스템을 최적화한 대표적인 중앙집중식 대량생산 모델이다.

다만 지금까지 언급한 공룡 기업들의 공통점은 여전히 생산성을 중요시하는 중앙집중식 시스템이라는 것이다. 그렇다면 앞으로 패션을 포함한 산업의 패권은 누구에게로 돌아갈 것인가? JIT보다 더 고도화되어 생산성을 최고로 향상한 중앙집중식 시스템이 그 자리를 차지할 확률은 거의 제로에 가깝다. 이미 자라가 달성한 패스트 시스템은 일부 개선improvement의 여지는 있을지언정 더 이상 혁신innovation할 여지가 없다.

실제로 최근 들어 패스트 패션의 한계점이 드러나고 있다. 환경오염, 노동력 착취, 획일화된 디자인으로 인한 창의성 부족 등이 소비자의 비판을 받고 있다. 특히 젊은 세대들의 소비 패턴은 개성과 지속가능성을 중시하는 방향으로 변화하고 있다. 이는 단순히 생산성만을 추구하는 중앙집중식 시스템의 한계를 보여주는 명확한 신호다.

이제 남은 자리는 인류가 구축해놓은 생산성 극대화를 뒤로 하고, 인류가 원래 갖고 있던 다양성의 가치를 복구하여 결합하는 자가 차지할 것이다. 공룡 브랜드 기업이 혼자 모든 것을 다 수행하는 중앙집중식 시스템이 아니라, 누구나 참여하고 서로 공유하며 협력하는 협업 collaboration 시스템만이 이를 가능하게 할 것이다.

이러한 협업 시스템은 서로 나누고 돕는, 인류가 원래 가졌던 DNA가 꿈틀대는 다양성, 그리고 산업화 이후의 기술이 구축해놓은 생산성이 만나는 지점에 있다. 여기서 중요한 것은 단순히 과거로 돌아가는 것이 아니라, 현대 기술의 장점을 활용하면서도 개인의 창의성과 다양성을 존중하는 새로운 형태의 생산 시스템을 구축하는 것이다.

이미 우리는 이런 변화의 조짐을 여러 분야에서 목격하고 있다. 오픈소스 소프트웨어 개발, 크라우드펀딩, 공유경제 플랫폼, 개인 창작자들의 부상 등이 모두 이러한 협업 시스템의 초기 형태들이다. 패션 분야에서도 독립 디자이너들의 온라인 플랫폼, 맞춤형 제작 서비스, 지속가능한 패션 브랜드들의 등장이 이러한 변화를 보여주고 있다.

수천 년간 인류가 추구해온 다양성의 세상, 이후 생산성만이 최고의 가치가 된 산업화 세상이 다시 만나 함께 지향해야 할 세상은 바로 공룡 기업이 아닌 개인들이 중심이 되는 개인화와 탈중앙화 세상이다.

이 새로운 세상에서는 소비자들이 단순히 제품을 구매하는 수동적 존재가 아니라, 제품의 기획부터 디자인, 생산, 유통에 이르기까지 전 과정에 참여하는 능동적 주체가 된다. 3D 프린팅, 인공지능 디자인 툴, 블록체인 기술 등은 이러한 개인화와 탈중앙화를 가능하게 하는 핵심 기술들이다.

특히 패션 분야에서는 개인의 체형, 취향, 라이프스타일에 완벽하게 맞춤화된 제품을 소량생산하거나, 심지어 주문 즉시 제작하는 시스템이 가능해지고 있다. 이는 대량생산의 효율성을 포기한 것이 아니라, 기술의 발전으로 소량생산도 경제적으로 가능해졌기 때문이다.

이 새로운 세상에서의 가장 큰 경쟁력은 협업 능력이다. 더 이상 한 기업이 모든 것을 혼자 처리하는 것이 아니라, 다양한 주체들이 각자의 전문성을 바탕으로 협력하여 더 나은 가치를 창출하는 능력이 중요해진다. 이는 단순히 외주를 주는 것이 아니라, 진정한 파트너십을 통해 함께 성장하는 생태계를 구축하는 것을 의미한다.

이미 협업 세상에서의 새로운 주인들이 나타나고 있다. 이들은 전통적인 기업 형태를 벗어나 네트워크 기반의 유연한 조직 구조를 갖추고 있으며, 혁신적인 기술과 창의적인 아이디어를 바탕으로 기존 산업의 판도를 바꾸고 있다. 패션 산업에서도 이러한 변화는 더욱 가속화될 것으로 예상된다.

결국 미래의 패션 산업은 개인의 창의성과 다양성을 존중하면서도, 기술을 통해 효율성을 극대화하는 새로운 형태의 협업 생태계로 진화할 것이다. 이 과정에서 가장 중요한 것은 다양한 주체들 간의 진정한 협업 능력이며, 이를 바탕으로 한 혁신적인 가치 창출이 새로운 시대의 핵심 경쟁력이 될 것이다.

누구나 패션 크리에이터가 되는 '두드레스'

서늘한 바람이 귓가를 간지럽히던 2023년 10월의 어느 날, 서울 성수동 자동차정비소 앞에 긴 줄이 늘어섰다. 내가 창업해 대표를 맡고 있는 Web 3.0 패션 크리에이터 협업 플랫폼 '두드레스'의 팝업스토어 입장을 위한 오픈런이다.

성수동은 '팝업의 성지'답게 연일 다양한 브랜드의 팝업스토어로 문전성시를 이룬다. 일주일에 적게는 50개, 많게는 100개가 넘는 새로운 팝업스토어가 고객을 맞이한다. 고작 2~3주 운영에 상상을 초월하는 임대료와 인테리어 비용이 들어가는데도 빈자리를 구하지 못해 발을 동동거리는 기업들이 수두룩하다. 신규 브랜드 론칭이나 신상품 출시를 앞두고 성공 가능성을 점쳐보는 테스트 베드이자, 팝업스토어를 놀이공간으로 여기는 MZ세대(밀레니얼세대와 Z세대)를 '찐 단골'로 확보할 수 있는 효과적인 수단이기 때문이다.

하지만 모든 팝업이 성공하는 건 아니다. 이름도 낯설고 규모도 작은 스타트업이 명품 브랜드가 즐비한 연무장길 골목에서 고객의 발길을 붙잡기란 쉽지 않다. 그 어려운 일을 해낸 당시의 쾌감은 말로 다 못 한다. 폐자동차 정비 공장을 통째로 빌려 직접 페인트를 칠해가며 정성껏 준비하고 큰돈도 썼는데 사람들이 안 오면 어떡하나 걱정하던 것도 잠시, 팝업스토어가 진행된 2주간 오픈런은 물론이고 종료 시간이 되기도 전에 대기 고객을 돌려보낼 만큼 핫플레이스가 됐다.

두드레스 팝업이 까다로운 MZ세대의 시선을 사로잡은 비결 중의 하나는 단연 '패션 스티커링 stickering'이다. 스티커를 붙이듯 내가 원하는 패션 브랜드 옷에 내 취향의 아티스트 그래픽을 마음대로 붙여 프린팅할 수 있는 서비스다. 최근 유행하는 '별다꾸'의 패션 버전이라고 생각하면 된다. 스마트폰 케이스나 텀블러, 노트북 등에 자신의 취향대로 스티커를 붙여 나만의 아이템으로 꾸미는 것처럼, 옷에도 나만의 개성을 살려 커스터마이징 customizing (자체 제작)하는 것이다.

특히 팝업스토어에선 디자인 커스텀을 완료하고 약 1시간만 기다리면 현장에서 바로 완성된 티셔츠를 받아볼 수 있도록 했다. 마치 오픈키친처럼 디지털 프린터기로 내 옷이 제작되는 과정을 구경하는 재미는 덤이었다.

유행에 민감하고 패션에 관심이 많아도 옷으로 나를 표현하는 방법은 제한적이다. 자기 취향과 가장 가까운 브랜드를 찾아내거나 여러 브랜드 제품을 그럴싸하게 조합해 코디네이션하는 정도가 최선이다. 다양한 경험을 중시하고 취향을 드러내는 데 거침없는 MZ세대가 지금껏 본 적 없던 나만의 옷을 커스텀하는 패션 스티커링 서비스에 매력을 느끼는 건 오히려 자연스럽다.

두드레스 doDRESS 는 동사 'do'와 'dress'를 합친 단어로 '누구나 옷으로 무엇이든 할 수 있다'는 의미를 담고 있다. 여기서 dress는 여성용 원피스가 아니라 '옷을 입다', '장식하다'라는 뜻의 동사를 말한다.

지금까지의 옷은 기업이 고용한 패션 디자이너가 디자인하고, 공장에서 생산한 후, 온·오프라인 매장에서 기성복으로 판매하는 방식이었다. 소비자인 개인은 만들어진 옷을 돈 주고 사는 것 말곤 할 수 있는 게 없었다. 그러나 두드레스에선 다르다. 두드레스 플랫폼에서 옷을 만들려면 내가 원하는 패션 브랜드의 옷을 선택할 뿐 아니라, 원하는 아티스트의 그래픽을 고르고, 각 그래픽이 스티커링될 위치와 크기까지 결정해야 한다. 나만의 옷을 디자인하는 과정 자체를 구매에 포함시켜 누구나 패션 크리에이터가 되도록 한 것이다.

나아가 한 벌의 옷을 만드는 과정도 잘게 쪼개서 수많은 개인이 공급자인 동시에 플레이어로 직접 참여할 수 있게 했다. 개인 아티스트는 자신의 그래픽을 두드레스 플랫폼에 올리고 고객의 선택을 받을 때마다 자신이 직접 설정한 몫의 저작권료를 받는다. 패션 브랜드 기업 혹은 디자이너도 두드레스 플랫폼에서 자사 아이템이나 디자인이 판매될 때마다 자기 몫의 돈을 받는다. 옷을 전혀 만들 줄 모르는 인플루언서도 직접 스티커링한 옷을 팔면 수익을 얻을 수 있다. 인공지능 스타일 추천 혹은 가상 착용 프로그램 개발자는 플랫폼에 기술을 제공해 고객들이 이용할 때마다 수수료를 받는다. **누구나 자기만의 재능으로 옷을 만들어 판매하는 과정에 참여하고, 기여한 만큼 수익을 가져가는 탈중앙화 패션 생태계를 만드는 것이 두드레스를 설립한 목적이다.**

단적으로 두드레스에 참여하는 아티스트 대다수는 이전까

지 패션과 아무런 연결고리가 없었다. 하지만 일러스트레이터, 웹툰 작가, 그래피티 아티스트, 펜화가, 조각가 등 작가만이 아니라 심지어는 셰프, 뮤지션, 시인까지 모두가 두드레스 플랫폼에서 자신의 작품이 고객의 선택을 받는 순간, 패션 크리에이터가 된다. 패션을 전혀 모르더라도 플랫폼 안에서 서로 다른 재능을 가진 플레이어들과의 협업으로 순식간에 옷 한 벌을 완성할 수 있다. 누구나 옷으로 자신의 세상을 표현하고, 옷으로 무엇이든 할 수 있는 곳, 누구나 자신만의 창조성을 발휘해 패션 크리에이터가 되는 공간이 바로 두드레스인 것이다.

두드레스 론칭 초기에는 인지도 없는 스타트업이다 보니 크리에이터를 섭외하는 데 꽤나 공을 들였다. MZ세대들이 좋아하는 톤앤매너 tone and manner 를 갖춘 패션 브랜드, 독창적이고 톡톡 튀는 아티스트, 팬덤을 거느린 인플루언서를 참여시키기 위해 정성 들인 제안서도 보내고 미팅에도 힘을 쏟았다. 특히 해외 아티스트의 경우 K-POP과 K-Food 열풍 덕분인지 긍정적인 반응이 줄을 이었다. 그리고 드디어 우리만의 시그니처인 패션 스티커링 서비스를 선보이자 인스타그램이나 블로그 등 다양한 채널을 통해 두드레스가 알려지기 시작했다. 고객들이 자기 취향의 그래픽으로 커스텀한 옷을 입고 SNS에 착용 인증 사진을 올리자 '좋아요' 수가 늘고 댓글이 달리기 시작했다. 뜻밖에 자기 취향의 아티스트를 발견한 사람들이 팬덤을 형성한 것이다. 크리에이터 이코노미의 핵심이 팬덤임을 고려할 때 구매력을 갖춘 팬들과 연결되는 두드레스는 매력적인 플랫폼일 수밖에 없다.

이러한 붐을 타고 최근에는 플레이어의 면면도 다양해지고 있다. 일례로 인플루언서들이 자신만의 정체성을 담아 커스텀한 옷을 홍보하고 판매해 수익을 창출하는 새로운 방식의 협업을 진행 중이다. 앞으로는 프리랜서로 활동하는 패션 디자이너가 새로운 디자인 시안을 올리고 고객이 선택하면 제조사가 그대로 만들어주는 서비스도 얼마든지 가능하다.

2025년 7월 현재 두드레스에 참여하는 패션 크리에이터 규모는 서비스 초창기임에도 15개 패션 브랜드, 60여 명의 아티스트로 몸집을 키워나가고 있다. 아티스트 국적도 아르헨티나, 이탈리아, 영국, 일본, 태국, 케냐 등 전 세계를 아우른다. 또한 엔터테인먼트사나 식음료 업체 등 대형 IP 보유 기업과의 협업도 기획 중이다. 이처럼 수많은 개인이 두드레스라는 탈중앙화 패션 플랫폼을 통해 각자의 재능으로 패션 크리에이터가 되고, 이로써 패션 산업의 주인을 기업에서 개인으로 회복시키는 것, 이것이 내가 두드레스를 시작한 이유이자 지속하는 힘이다. 아마 1~2년 후에는 수천 명, 아니 수만 명의 크리에이터가 참여하는 플랫폼으로 성장할 것이라 확신한다.

다른 패션 플랫폼과 경쟁해서 그들을 따라잡고 1등이 되는 건 나의 관심사가 아니다. 내 목표는 기존에 존재하지 않았던 새로운 Web 3.0 패션 생태계를 구축해 경쟁자 없는 글로벌 넘버원이 되는 것이다. 스티브 잡스 Steve Jobs가 그랬고 일론 머스크가 그랬듯, 지금까지 없었던 새로운 것을 만들고 남들이 불가능하다고 생각하는 것을 해내면 성공의 룰을 바꾸는 게임 체인저가 될 수 있다.

아르노 회장 같은 세계 1등 부자가 한국의 패션 산업을 주목하는 데는 반드시 그럴 만한 이유가 있다. 우리만의 창조적이고 역동적인 문화력과 세계적 수준의 패션 기술력, 여기에 K-Culture로 증명된 글로벌 영향력까지 더하면 한국에서 Web 3.0 시대의 패션 산업을 이끌어갈 리딩 기업이 탄생하는 것도 꿈같은 일만은 아닐 것이다. 이것이 진정한 K-Fashion이기도 하다.

02

규칙을 바꾸는 자가
세상의 주인이다

도로의 규칙을 바꾼 자동차

지금이야 자동차 없는 거리를 상상조차 할 수 없지만, 자동차가 도로의 주인이 되는 과정은 결코 녹록지 않았다. 프랑스 포병 장교였던 니콜라 퀴뇨^{Nicolas-Joseph Cugnot}는 무거운 대포를 쉽게 운반할 방법을 고심하다 1765년 개발된 증기기관 원리를 이용해 1769년 세계 최초의 증기자동차를 개발했다. 커다란 물 솥을 차량 앞에 싣고 증기의 힘으로 달리는 방식인데 상용화에는 실패했다. 대포를 싣지 않으면 차가 앞으로 기울어 운행이 쉽지 않았고 무게 때문에 속도도 잘 나오지 않았다. 설상가상으로 방향을 틀지 못해 돌담을 크게 들이박는 사고가 일어나 니콜라 퀴뇨는 2년간 감옥에 갇혀야 했다. 사람들에게 겁을 주는 무서운 기계를 만들었다는 것이 이유였다.

하지만 증기자동차는 이후 발전을 거듭했고, 1820년대에 이르러 영국에서 황금기를 맞았다. 영국은 증기엔진을 발명한 산업혁명의 발원지답게 세계에서 가장 빨리 증기자동차를 받아들였다. 그러나 생계를 위협받은 마차 업자들이 연일 시위를 벌였고, 압박을 느낀 영국 정부는 1865년 적기조례 Red Flag Act를 만든다.

이 법에 따라 증기자동차는 시내에서 마차보다 느린 시속 3.2km 이내로 달려야 했다. 1829년 당시 증기자동차의 최고 속도는 시속 24km였다. 또한 차 안에는 반드시 3명이 탑승하도록 했다. 이 중 한 명은 차가 움직일 때마다 낮에는 붉은 깃발을, 밤에는 붉은 등을 들고 주변 행인들에게 자동차가 지나가는 중임을 알리는 역할을 맡았다. 자동차가 사람보다 빨리 달릴 수 없게 한 것이다. 적기조례는 이후 1896년까지 30년 넘게 시행됐다.

이렇게 영국이 마차와 자동차의 대립으로 골머리를 앓는 사이, 바다 건너 독일에선 세계 최초의 가솔린 자동차가 개발됐다. 독일의 엔지니어 칼 벤츠 Carl Benz는 연구를 거듭한 끝에 1885년 가솔린을 연료로 하는 엔진 개발에 성공했다. 이후 1888년 독일 만하임에 세계 최초의 자동차 공장인 벤츠&시에 Benz&Cie를 설립했다.

그러나 독일 사람들의 반응도 영국과 다르지 않았다. 길가에 자동차가 모습을 드러내면 깜짝 놀라 도망치기 일쑤였고,

이상한 소리를 내며 달리는 쇳덩어리 괴물이라며 자동차를 '쇠당나귀'라고 부르기도 했다. 마차 업자들은 수시로 경찰서를 찾아가 "저 못된 쇠당나귀를 하루빨리 없애달라"고 호소했다.

이에 경찰서장은 칼 벤츠에게 "계속 자동차를 몰고 다니면 감옥에 가두겠다"고 을렀고, 칼 벤츠는 평소 친분이 있던 내무장관에게 해결을 요청했다. 결국 내무장관의 중재를 거쳐 앞으로 자동차를 마음껏 타고 다니는 대신 시내에서는 시속 6km, 시외에서는 11km 이상 달리지 않도록 규정을 만들었다.

한숨 돌리긴 했지만 이대로면 애써 발명한 자동차가 빛바랠 위기에 처할 것을 우려한 칼 벤츠는 상황 반전을 위해 꾀를 냈다. 우유 배달부와 미리 짜고 마차가 내무장관을 태운 자동차를 앞지르는 장면을 연출한 것이다. 우유 배달부와 주변 사람들은 "차라리 걷는 게 낫겠다"고 비웃었고, 차에 타고 있던 내무장관은 "당신이 그렇게 자랑하던 자동차 속도가 이것밖에 안 되냐"며 혀를 찼다. 그러자 칼 벤츠가 기다렸다는 듯 말했다.

"각하께서 정하신 속도입니다."

그날로 내무장관은 경찰들에게 자동차가 시속 6km 이상으로 달려도 단속하지 말라고 지시했고, 독일에선 속도제한 규제가 점차 자취를 감췄다. 참고로 독일의 아우토반^{Autobahn}은 속도제한 없는 고속도로로 유명한데, 칼 벤츠가 내무장관에게 "속도제한 없이 마음껏 달릴 수 있는 도로가 필요하다"고 제안한 것이 시초로 알려졌다.

　새로운 기술 문명인 자동차의 등장에 두 국가가 내보인 상반된 대응은 결국 국운을 갈랐다. 산업혁명의 발원지로 가장 먼저 자동차 산업을 시작했던 영국이 오히려 후발주자인 독일에 뒤처지는 결과를 맞은 것이다. 칼 벤츠가 설립한 메르세데스 벤츠 Mercedes-Benz 는 140년이 지난 지금도 독일을 대표하는 세계적 명차 브랜드로 인정받고 있다. 특히 독일이 세계 제일의 제조업 강자로 자리매김하는 데 핵심적 역할을 했다. 실제로 2020년 기준 독일의 자동차 산업 종사자는 80만 명으로, 독일 국민 100명 가운데 1명이 자동차 관련 직업을 갖고 있을 정도다.

　자동차가 등장하기 전까지 도로의 주인은 말과 마차였다. 조선시대 가마가 그랬듯 중세 유럽에서 마차는 귀족들만 탈 수 있는 권력의 상징이었고, 근대에는 돈 많은 사람만 탈 수 있는 부의 상징이었다. 대대로 귀한 대접을 받으니 말과 마차를 소유한 사람들도 막대한 부를 축적했으며, 도로 위의 모든 규칙은 말과 마차를 기준으로 만들어지고 사라졌다.

　마차를 압도해버리는 자동차의 등장에 마차 업자들이 목숨 걸고 반대한 것은 당연했다. 그동안 누려온 기득권을 빼앗길 게 뻔한데 가만히 있는 게 더 이상하다. 하지만 얼마나 빠르고 느리냐의 시간차만 있을 뿐 결국에는 사람에게 더 이로운 것이 승리하기 마련이다. 마차보다 빠르고 승차감도 좋은 자동차는 금세 사람들의 마음을 매료시켰고, 속도제한을 없애는

데 성공한 자동차는 도로의 주인 자리를 꿰찼다.

　지금도 신도시를 계획할 때 가장 먼저 자리를 선점하는 건 차가 다니는 도로다. 차도와 가까워 교통이 편리한 곳의 건물은 비싼 값에 거래되고, 차도보다 넓은 인도는 보기 드물다. 보행자의 안전보다 자동차의 편리함을 우선하는 도로교통법 조항들도 여전히 많다. 불과 얼마 전에도 아파트 단지나 대학 캠퍼스는 도로교통법상 도로가 아니어서 사람을 다치게 해도 가벼운 처벌에 그치고 있다는 언론 보도가 나와 공분을 사기도 했다.

　자동차는 도로의 주인 자리를 쉬이 내주지 않을 것이다. 자동차를 압도하는 새로운 탈 것이 나타나 자동차 중심의 규칙을 파괴하기 전까지는 말이다. 이는 산업혁명의 지난 역사가 이미 증명한 바다.

럭셔리에서 빅브랜드로, 그리고 패스트 패션으로 주인은 계속 바뀐다

세 차례에 걸친 산업혁명은 기술의 혁신과 그로 인한 사회·경제적 변화를 틈타 세상의 주인 자리를 차지하기 위해 소수의 공급자들이 벌인 권력 다툼의 역사라고 해도 과언이 아니다.

　1차 산업혁명은 세상의 주인 자리를 기계를 소유한 자본가가 빼앗는 과정이었다. 사람이 집에서 천을 짜고, 사람이 대장

간에서 철을 두드리던 가내수공업은 점차 사라지고 기계가 사람 손을 대신하기 시작했다. 논밭에는 씨앗과 거름 대신 공장과 창고가 들어섰고, 공장 주변마다 기계를 움직이는 노동자들로 북적였으며, 공장에서 찍어낸 상품들을 거래하는 시장이 자리 잡았다. 공장이 증가하는 속도보다 더 빠르게 사람들이 도시로 모여들었고, 공장을 소유한 자본가^{bourgeois}들은 돈을 갈고리로 쓸어 담으며 도시의 새로운 지배계급으로 급부상했다. 한마디로 세상의 주인이 '개인'에서 기계를 소유한 '자본가'로 바뀐 것이다.

이때 패션 업계에선 오늘날 유럽의 샤넬과 루이비통 같은 럭셔리 패션 브랜드가 시장 점령에 나섰다. 과거 왕족이나 귀족만을 위해 만들었던 최상급의 맞춤복 오트쿠튀르를 대중에게도 판매하며 옷의 개념을 '직접 만들어 입는 것'에서 '돈을 주고 사 입는 것'으로 변화시켰다. 이를 통해 럭셔리 브랜드 기업은 이제 막 형성되기 시작한 패션 시장의 헤게모니를 잡는 데 성공했다.

이와 함께 영국 런던의 해롯^{Harrods}, 프랑스 파리의 라파예트^{Lafayette}와 프랭탕^{Printemps}, 미국 뉴욕의 메이시스$^{Macy's}$ 등 대형 백화점과 부티크 로드샵이 생겨나며 럭셔리 브랜드와 고급 기성품을 전국으로 유통하는 역할을 했다. 물류의 흐름을 쥐락펴락하는 주인 자리에 오른 것이다. 이들 백화점은 오늘날에도 도심 한복판에서 당시의 위용을 자랑하고 있다.

2차 산업혁명은 더 많은 기계와 공장, 그리고 유통망을 장악한 자본가들이 설립한 빅브랜드 기업이 세상의 부와 권력을 독점하는 시대였다.

기계를 움직이는 동력이 증기엔진에서 전기에너지로 이동하면서 '전기 기계의 시대'가 도래했다. 전기 모터와 컨베이어 벨트는 기계 작업의 효율을 높이며 대량생산을 본격화했고, 석유 화합물을 연료로 하는 자동차와 비행기 등 운송 수단의 혁신으로 기성품의 신속한 공급망 확보와 유통이 가능해졌다. 대량생산과 대량소비가 맞물리며 더 많은 생산과 유통이 가능한 기업의 영향력이 급속도로 커졌다.

이때 패션 산업의 새로운 주도권을 쥔 건 미국의 갭 Gap, 리바이스, 폴로 Polo, 캘빈 클라인 Calvin Klein과 이탈리아의 베네통 Benetton, 영국의 막스앤드스펜서 Marks&Spencer, 닥스 DAKS, 그리고 프랑스의 라코스테 Lacoste 같은 대중적인 패션 빅브랜드 기업이었다. 기존 럭셔리 브랜드 기업들이 값비싼 맞춤복 오트쿠튀르 대신 상대적으로 저렴한 고급 기성복 프레타포르테를 선보이며 주인의 자리를 지키기 위해 분투했지만, 미국을 중심으로 확산된 대량 기성복의 공격에는 속수무책이었다.

유통업계도 새로운 주인을 맞게 됐다. 대량생산과 대량소비로의 변화는 미국의 월마트와 타깃 Target, 영국의 테스코 Tesco, 프랑스의 까르푸 같은 대형 할인 체인점의 등장으로 이어졌고, 가격 경쟁력에서 밀린 백화점과 부티크는 주인 자리에서 내려와야 했다. 또한 라디오와 텔레비전 등 미디어를 이용한 브랜드 홍보가 시작되면서 패션 브랜드 기업들은 국경을 벗어나 글로벌 인지도를 확보했다. 이는 운송 혁신에 힘입어 전 세계에 동일한 시즌에 동일한 기성복을 판매하는 기성복 전성기로 이어졌다. 이때부터 패션 빅브랜드 기업들은 독자적인 유통 체인망을 구축하기 시작했다.

2차 산업혁명 당시 유통의 변화는 월마트가 내건 슬로건 "Always Low Prices, Always(항상 저렴한 가격. 항상)"가 단적으로 보여준다. 1962년 샘 월튼 Sam Walton이 설립한 월마트는 2015년 아마존에 권좌를 내주기 전까지 저렴한 가격을 앞세워 전 세계 유통망을 점령했다. 2차 산업혁명이 이뤄낸 대량생산과 대량소비 시스템을 가장 효과적으로 활용한 결과였다.

3차 산업혁명은 디지털 플랫폼을 소유한 소수의 공룡 기업이 전 세계 기업을 집어삼키며 세상의 주인으로 등극하는 시대라고 할 수 있다.

디지털 혁명으로 불리는 3차 산업혁명은 컴퓨터와 인터넷 기술 혁신을 통해 모든 산업에서 다품종 생산을 가능하게 했고, 오프라인 기반이던 각종 제품과 서비스를 온라인으로 전환시켰다. 이전에는 물리적 실체로만 존재했던 종이(책), 그림(이미지), 화폐(동전과 지폐), 음반(테이프와 CD), 지도 등이 디지털 콘텐츠로 변환됐다. 그 결과 지폐가 없어도 결제하고, CD가 없어도 음악을 듣고, 전시회장에 가지 않아도 작품을 감상하는 디지털 문명이 일상에 자리 잡았다.

이 시기 패션 업계에선 역대급 권력 변화가 일어났다. 스페인의 자라, 스웨덴의 H&M, 일본의 유니클로 등 설립 당시만 해도 시골의 작은 가게에 불과하던 패스트 패션이 마치 블랙홀처럼 세상의 모든 패션 시장을 빨아들이며 새로운 주인으로 등장한 것이다.

기존의 패션 대기업은 5~6개월에 한 번씩 신상품을 기획하고 가격과 판매 수량을 결정한 후 물류, 유통, 홍보와 마케팅 등을 통해 이윤을 창출했다. 반면 자라는 연간 50회 이상, 일주일에 두 번씩 새로운 옷을 매장에 내걸었다. 이를 위해 상품 기획부터 디자인, 제조, 유통, 판매에 이르는 전 과정을 외주 없이 직접 총괄해 비용과 생산 시간을 절감했다. 또 다품종 소량생산 방식으로 재고 문제를 해결하고 돈 잡아먹는 물류 창고를 없애버렸다.

자라를 위시한 패스트 패션 기업들은 매주 신상품을 기획하고 온라인 플랫폼으로 세계 시장에 제품을 판매하는 혁신적 비즈니스를 도입해 패션 변방 기업에서 글로벌 브랜드로 급성장했다. 유니클로 야나이 타다시 회장의 40년 경영 철학인 "옷을 바꾸고, 상식을 바꾸고, 세상을 바꾼다"는 말처럼 옷의 개념을 바꾸고 패션에 대한 상식을 바꿔서 글로벌 패션 산업의 패권을 거머쥔 것이다.

유통 산업도 대대적인 세대교체가 이뤄진다. 패스트 패션 기업들을 주축으로 SNS 등을 통해 "Buy now, Wear now(지금 사고, 지금 입자)!" 같은 슬로건이 널리 퍼지고, 오프라인 대형 할인점에서 온라인 쇼핑몰로 구매 대이동이 일어나며 아마존이 독보적인 승자 자리를 차지했다.

매 산업혁명에는 주인을 뒤바꾼 핵심 키워드가 있다. 1차 산업혁명은 '기계화', 2차 산업혁명은 '대중화', 3차 산업혁명은 '정보화'다. 1차 때는 산업혁명 이전 수작업화를 파괴하고 기계화에 성공한 자본가가 주인이 됐고, 2차 때는 기계화를 압도해 대중화를 이룬 이른바 빅브랜드 기업이 주인이 됐으며, 3차 때는 대중화로 몸집이 커진 산업을 정보화 기반의 디지털 플랫폼 안으로 받아들인 기업이 주인의 자리에 올랐다.

혁명은 규칙을 바꾸고, 규칙을 바꾸는 자는 세상의 주인이 된다. 세 번의 산업혁명은 앞선 시대의 규칙을 파괴하고 새로운 규칙을 만들어 주인이 된 기업들의 역사이기도 하다.

그렇다면 이제 막 발걸음을 뗀 4차 산업혁명의 주인은 과연 누가 될까. 네 번째 산업혁명의 핵심 키워드인 '개인화'와 '탈중앙화'를 알면 이야기는 조금 쉬워진다.

누구나 마음대로 돈도 찍어내는 세상이 됐다

기존 질서를 무너뜨리고 새로운 질서를 세우는 혁명은 언제나 중앙 권력과 거리가 먼 개인들의 몫이었다. 멀게는 1789년 시민 계급이 절대 왕정에 저항해 새로운 공화정 체제를 세운 프랑스 대혁명이 그랬고, 가깝게는 1987년 전두환 독재 정부에 맞서 대통령직선제 개헌 등 민주화를 요구하는 시민들의 시위가 전국을 메운 6월 항쟁이 그랬다. 최근 12·3 계엄에 저항한 이들도 국회 앞을 가득 메운 시민, 즉 개인들이었다.

반면 '산업'혁명은 새로운 기계 문명의 등장과 함께 자본가와 중앙집중화된 공급자 기업이 주인 자리를 차지하기 위해 벌인 혁명이라는 점에서 궤를 달리한다. 산업혁명이 세 번에 걸쳐 이뤄지는 동안 개인들은 주인 자리를 빼앗기고 산업혁명마다 새로운 주인을 받아들이는 과정을 반복했다.

그런데 네 번째 산업혁명에 이르러 산업화 이전에 인류가 살아왔던 방식인 '개인화'와 '탈중앙화'가 재등장했다. 이는 변방의 개인들이 늘 빼앗기기만 했던 주인의 자리를 되찾을 기회가 왔음을 의미한다. 나는 개인화와 탈중앙화 시대가 시작됐음을 보여주는 단적인 예가 바로 비트코인으로 대표되는 가상자산(가상화폐)이라고 생각한다.

내가 처음 비트코인을 알게 된 건 2009년 가을경이다. 사토시 나카모토 Satoshi Nakamoto가 비트코인 백서 〈비트코인: 개인 대 개인 전자화폐 시스템 Bitcoin: A Peer-to-Peer Electronic Cash System〉을 발행한 때가 2008년 10월이니까 꽤나 초기에 접한 셈이다. 개인 인체 정보 데이터의 보안 문제를 연구하다 우연히 블록체인 기술을 알게 됐고, 연구원들과 함께 관련 커뮤니티 활동을 하면서 당시 소니 바이오 VAIO 노트북으로 4개월간 비트코인을 채굴했다. 채굴이라는 개념도 없었을 때 하루에 5~6개씩 채굴하며 약 600개 정도의 비트코인을 손에 넣을 수 있었다.

2025년 7월 3일 기준 비트코인 시세가 개당 1억 4,800만 원쯤 되니까 지금껏 들고 있었다면 약 900억 원 정도의 돈을 벌었을 것이다. 그러나 비트코인의 첫 거래일은 1년여가 흐른 2010년 5월이었고, 피자 두 판을 사 먹으려면 무려 1만 비트코인이 필요했다. 비트코인이 있어도 막상 할 수 있는 게 없다 보니 초기 채굴자들이 그러했듯 나 역시 존재를 잊고 있다가 수명이 다한 노트북을 폐기하면서 비트코인도 사라졌다. 어쩌면 팔자를 고칠 수도 있었던 그때의 비트코인은 이제 흔적조차 없다.

내가 다시 비트코인을 접한 건 2018년 모 패션뷰티 기업의 코인 공개 ICO: Initial Coin Offering 의 자문 역을 맡으면서다. 가상자산 전문가라고 자신을 소개한 의욕 넘치는 젊은 사업가는 블록체인 기반의 패션뷰티 플랫폼을 만들어 키우고 싶은데 자신은 패션뷰티 분야의 문외한이니 교수님이 자문을 해달라며 도움을 요청했다.

2017년 하반기부터 많은 기업들이 코인 발행을 통해 자금 조달에 성공하며 가상화폐 시장이 빠르게 성장했고, 특히 2017년 12월에는 비트코인 가격이 개당 1만 9,783달러(약 2,700만 원)로 사상 최고치를 기록하며 연일 호황 분위기였다. 가능성이 충분하다고 판단한 나는 세계 최초의 패션뷰티 코인을 발행하겠다는 포부로 꽤나 열심히 파고들었다. 2019년 국내거래소 상장에는 성공했지만 국내외 여건의 변화로 코인 시장은 반토막 나며 급락했고, 해당 코인도 어느 순간 소리 없이 자취를 감췄다. 이 코인은 한때 장중에서 1달러를 찍었는데, 당시 2억 개의 코인을 가지고 있던 나는 숫자상으로는 2억 달러(약 2,720억 원)를 보유한 적이 있었던 셈이다. 물론 내 코인은 1년 록업 *lockup*이 걸려 단 한 개도 팔지 못했다. 이후 2020~2022년에 한 번 더 유사한 프로젝트에 자문 역으로 참여할 기회가 있었지만, 코인으로 돈이나 벌어보려는 얄팍한 시도임을 알고 접었다.

모험은 실패로 끝났지만 수확은 값졌다. 어설프게 알던 블록체인과 가상화폐에 관해 기술과 개념은 물론이고 지향하는 가치, 글로벌 환경에서의 성공 방법과 부작용에 이르기까지 생태계 전반을 두루 이해하는 기회가 됐다. 무엇보다 블록체인 철학이 지향하는 개인 중심형 사회나 탈중앙화 시스템, 토큰(코인) 이코노미 등이 나의 철학과 상당 부분 교집합을 이룬다는 것도 확인할 수 있었다. 결론부터 말하면 나는 블록체인과 가상화폐의 미래를 긍정적으로 예측하는 전문가 중 한 명이다.

역사적으로 모든 국가의 화폐는 철저하게 중앙정부가 관리해왔다. 법정화폐의 발행권은 그 나라 정부와 중앙은행이 독점한다. 만약 누군가가 규칙을 어기고 마음대로 화폐를 발행하면 위조지폐범이 된다. 범죄자가 되는 것이다.

그런데 가상화폐의 등장으로 이 규칙이 간단히 깨져버렸다. 이더리움처럼 오픈소스 플랫폼을 활용하면 누구나 코인을 자유롭게 발행할 수 있다. 비트코인이나 이더리움처럼 고가에 거래되는 건 하늘의 별 따기겠지만, 발행 목적과 거래 방법 등에 따라 새로운 가치를 만드는 것은 얼마든지 가능하다. 이는 우리에게 전하는 바가 크다. "이제 돈도 내가 직접 만들겠다"는 새로운 규칙의 선언이기 때문이다.

이미 코인 등의 가상자산을 주식처럼 사고파는 사람들이 국내에만 1,000만 명에 육박한다. 금융정보분석원^{FIU}이 발표한 〈2024년 하반기 가상자산 사업자 실태조사〉에 따르면, 2024년 하반기 기준 국내 가상자산 투자자(이용자)는 상반기 대비 192만 명(25%) 늘어난 970만 명으로 조사됐다. 이는 주식 투자자 1,410만 명의 2/3 수준이다. 특히 국내 가상자산 시가총액은 107조 7,000억 원으로, 상반기 56조 5,000억 원 대비 91% 증가했고, 하루 평균 거래액도 상반기 대비 22% 증가한 7조 원 규모에 달한다.

물론 이 중엔 한 방을 노리는 도박성 투자자도 있을 것이고, 재반등을 기다리는 장기 투자자도 있을 것이다. 그럼에도 확실한 건 코인을 구매한 경험을 가진 사람이 무려 970만 명이나 되고, 그중 상당수는 코인이 단순한 투자 아이템이 아니라 탈중앙화 금융 시스템이라는 것을 이해하고 있다는 점이다.

이더리움은 2015년 러시아계 캐나다인 비탈릭 부테린$^{Vitalik\ Buterin}$이 불과 19세에 설계한 블록체인 시스템이자 동명의 가상화폐다. 비트코인에 이어 가상화폐 시가총액 2위인 이더리움은 2025년 7월 3일 기준 개당 350만 원 선에서 거래되고 있다. 부테린은 자신이 발행한 이더리움을 대략 4조 원가량 보유한 것으로 알려졌다. 새로운 규칙을 실행하는 사람이 부러움의 대상이 되는 이유다. 이더리움과 2009년 발행된 비트코인과의 가장 큰 차이점은 화폐 기능 외 다른 기능이 있는지 여부에 있다.

비트코인은 처음부터 은행의 개입이나 수수료 없이 개인과 개인 간^{P2P} 안전하고 쉬운 금융 거래를 목적으로 결제나 거래 시스템 같은 화폐 기능에 집중해 설계됐다. 반면 이더리움은 개인들이 자유롭게 탈중앙화 생태계를 활용할 수 있도록 다양한 애플리케이션 플랫폼을 확장하는 데 주력한다. 제3의 인증기관 없이 조건만 충족하면 개인 참여자 간 계약이 자동으로 이뤄지는 '스마트 콘트랙트$^{smart\ contract}$', 그림이나 영상 같은 디지털 아트워크의 고유성과 소유권을 보장하고 안전한 거래를 지원하는 '대체 불가능 토큰$^{NFT:\ non\text{-}fungible\ token}$' 등이 대표적이다.

스마트폰이 무선으로 통화만 가능한 휴대폰에서 출발해 카메라, 내비게이션, 뮤직플레이어, 게임기, 번역기 등 복합 기능을 수행하는 전자기기(하드웨어)로 진화한 것처럼, 가상화폐도 개인 간 거래 목적의 화폐(돈)로 시작했으나 점차 계약서, 증명서, 주식, 멤버십, 입장권, 교환권 등 다양한 기능을 추가하며 탈중앙화 디지털 코드(소프트웨어)로 진화하는 중이다. 이더리움이 코인 발행을 오픈소스로 공유하는 것도 같은 맥락이다. 돈도 마음대로 찍어낼 정도로 개인들의 파워가 커지는 것이 블록체인이 지향하는 가치이기 때문이다.

기술의 진보는 이미 산업화가 만든 중앙집중식 공급자 중심의 세상을 다시 개인 중심의 탈중앙화 세상으로 되돌리는 방향으로 나아가고 있다. 지금 이 변화를 눈치채지 못하고 재빨리 대응하지 않으면 모두가 주인이 되는 개인의 세상에서 나홀로 뒤처질지 모른다.

NFT와 메타버스의 규칙은 개인이 정한다

현재 NFT와 메타버스는 화려한 부활을 꿈꾸고 있다. 2022년은 'NFT의 해'였다고 해도 과언이 아니다. 2021년 3월 디지털 아티스트 비플 Beeple 이 뉴욕 크리스티 온라인 경매에 올린 NFT 아트 〈매일: 첫 5000일 Everydays: The first 5000 days〉이 무려 6,934만 달러(당시 약 785억 원)에 낙찰되며 수많은 NFT 작품이 새로운 투자 상품으로 주목받았다. 그중에서도 지금까지 내 기억 속에 또렷한 작품 하나가 있다. 2022년 1월 인도네시아 대학생이던 술탄 구스타프 알 고잘리 Sultan Gustaf Al Ghozali 가 NFT 거래 플랫폼 오픈씨 OpenSea 에 내놓은 셀카 모음집이다.

고잘리는 2017년부터 5년간 매일 찍은 셀카 933장을 '고잘리 에브리데이 Ghozali Everyday' 라는 이름의 NFT로 발행했다. 이걸 누가 살까 싶으면서도 혹시나 하는 마음에 오픈씨에 올렸는데, 장당 평균 0.247이더리움(당시 약 806달러)에 판매됐다. 933장이 완판되며 고잘리가 번 돈은 대략 14억 원에 달한다.

비결은 그의 무표정이었다. 5년간 변함없이 영혼 없는 표정인 셀카가 SNS에서 화제를 모으며 너도나도 구매하기 시작했다. 당사자조차 트위터에 "왜 내 사진을 사는지 모르겠지만 사 줘서 고마워"라는 감사를 남길 정도였다.

　나와 평소 교류가 있던 한 교수님이 그즈음 은퇴했는데 고잘리 이야기를 듣더니 작은 용기를 내보셨다. 산책을 하다가 경치가 하도 좋아 찍은 사진 몇 장을 NFT로 발행해서 오픈씨에 올린 것이다. 설마 이게 팔릴까 했는데 며칠 만에 장당 5,000원에 사고 싶다는 연락을 받았다고 한다. 교수님은 당시의 소회를 이렇게 전했다.

　"이 지구상에 그걸 원하는 사람이 있을지 없을지 어떻게 알아? 일단 팔아봐야 알지."

　지금까지 그림 작품을 판매하려면 미술대전 같은 권위 있는 대회에서 상을 받고 갤러리의 검증을 거쳐 컬렉터의 선택을 기다려야 했다. 그러나 NFT는 기존의 아트 거래 규칙을 완전히 바꿔버렸다. 오픈씨 같은 NFT 플랫폼에선 수상 실적이나 중개인의 검증 없이도 누구나 자기 작품을 자유롭게 판매할 수 있다. 남들이 볼 땐 완성도가 떨어지고 투자성이 없어 보여도 지구상에 이 작품이 가치 있다고 생각하는 단 한 명만 있으면 거래가 이뤄진다.

　NFT는 단순히 아트워크의 고유성과 소유권을 보장해주고 안전한 거래를 도와주는 기술에 국한되지 않는다. 내 그림을 판매할지 말지부터 만약 판매한다면 얼마를 받을지, 심지어 몇 명한테 팔지까지 온전히 내가 결정하는 '개인화'로의 전환을 NFT 기술이 구현한다는 것이 핵심이다. 지금까지 당연하게 여겨왔던 갤러리 같은 중앙형 시스템으로의 권리 위임을 거부할 수 있는 기술적 토대가 자리 잡기 시작한 것이다.

지금까지 영상 콘텐츠로 돈을 버는 방법은 중앙화 플랫폼인 유튜브에 영상을 올린 후 구독자 수, 좋아요 수, 조회 수 등을 늘려서 유튜브가 정한 규칙에 따라 광고 수익을 배당받는 것이었다. 그러나 앞으로 블록체인 시스템의 용량과 속도 등의 문제가 해결되면 NFT가 유튜브를 대신하게 될 것이다.

영상 콘텐츠를 NFT로 발행해 탈중앙화 플랫폼에 올린 후 소유권 또는 대여권 등을 제공하는 방식으로 개인들에게 판매하면 된다. 더 이상 저작권도 보호받지 못한 채 유튜브라는 중개 플랫폼에 의존하지 않아도 NFT 직거래를 통해 콘텐츠에 대한 자유로운 거래와 정당한 보상이 가능해지는 것이다.

한때 거품처럼 부풀었다 한순간에 쪼그라든 메타버스도 개인들이 자유롭게 콘텐츠를 생산하고 거래하며 수익을 창출하는 개인화 이코노미 플랫폼으로 탈바꿈해 진화하는 중이다. 2025년 1분기 일간 활성 이용자 ^{DAU}가 9,700만 명에 달하는 글로벌 메타버스 서비스인 로블록스 ^{Roblox}는 이용자가 직접 만든 3D 아바타와 디지털 의류 및 액세서리 등을 마켓플레이스에 등록해 수익을 창출하는 '크리에이터 이코노미 $^{creator\ economy}$' 생태계를 구축하고 있다. 매일 수천 명의 이용자가 마켓플레이스를 방문해 아바타 커스텀으로 시간을 보내고 있으며, 2023년에는 연간 16억 개의 디지털 패션 아이템이 거래됐다.

로블록스와 마찬가지로 게임으로 시작해 메타버스 플랫폼으로 업그레이드 중인 마인크래프트^{Minecraft}와 포트나이트^{Fortnite}, 국내에선 3D 아바타 소셜 플랫폼 제페토^{Zepeto} 등이 10~20대 잘파세대(Z세대와 알파세대)를 주축으로 자신의 창작물로 수익을 창출하는 새로운 경제 시스템을 만들어가고 있다. 글로벌 금융기업 골드만삭스는 전 세계 크리에이터 이코노미 시장 규모가 2023년 2,500억 달러(약 342조 9,250억 원)에서 2027년 4,800억 달러(약 658조 4,160억 원)까지 성장할 것으로 예측한 바 있다.

메타버스는 일각의 우려처럼 결코 가볍지 않다. 메타버스가 탄생한 배경과 지향하는 가치에는 개인들이 만드는 탈중앙화 생태계가 있고, 그 중심에는 기성세대가 만들어놓은 세상을 거부하는 잘파세대가 있다. 앞으로 메타버스는 개인들이 자기만의 규칙대로 세상을 창조하고 스스로의 힘으로 새로운 경제 생태계를 만들어가는 가장 큰 무대가 될 것이다.

물론 부정적인 시각도 만만찮다. NFT와 메타버스 열기가 차갑게 식자 언론에선 기다렸다는 듯 닷컴버블$^{dot\text{-}com\ bubble}$이 재연된 것이란 기사를 쏟아냈다. 닷컴버블은 컴퓨터와 인터넷이 새로운 기술로 주목받기 시작한 1995년부터 2000년까지 인터넷 관련 기업들이 우후죽순 생기고 투자가 몰렸다가 거품이 꺼지며 하루아침에 기업도 돈도 증발해버린 현상을 말한다. 최근 몇 년 사이 인공지능, 블록체인, NFT, 가상화폐, 메타버스 등 새로운 기술이 등장할 때마다 여지없이 닷컴버블이

고개를 내밀며 거품론이 힘을 얻었다.

그러나 요즘 핫한 '생성형 인공지능'도 불과 몇 년 전까지 거품 논란에 시달렸다. 인공지능은 이미 1950년대 앨런 튜링$^{Alan\ Turing}$ 등에 의해 이론적 개념이 정립됐고, 1997년에는 IBM의 체스 인공지능 딥블루$^{Deep\ Blue}$가 처음으로 인간 챔피언을 이기며 사람보다 똑똑함을 증명했다. 그러나 당시만 해도 인공지능 기술의 진일보를 받아들일 만한 환경과 인프라가 부족했고, 컴퓨팅 파워가 따라주지 못해 응용 사례를 만드는 데도 실패했다. 인공지능이 제법 쓸모 있어지고 관련 기업들에 투자가 쏠리기 시작한 건 센서의 보급과 대용량 스토리지, 무선통신 기술, 클라우드 컴퓨팅 등 최근 몇 년 사이 기술 환경이 크게 개선되면서부터다.

NFT와 메타버스도 마찬가지다. 지금은 시장이 주춤하며 대다수 기업들이 어려움을 겪고 있지만, 이 또한 새로운 혁신에 정착하는 과정일 뿐이다. 아마존과 구글 같은 글로벌 공룡 기업들이 닷컴버블 시대에 탄생해 위기를 딛고 결국엔 세계 시장을 점령한 것처럼, 지금의 냉각기도 개인화와 탈중앙화 철학을 제대로 갖춘 플레이어를 골라내는 과정으로 봐야 한다.

세상은 늘 그렇듯 새로운 기술이나 시스템이 도입되면 초기에는 혼란을 겪지만, 마침내 자정 능력을 발휘해 인류의 진보를 향해 간다. 지금 당장은 플랫폼 기업들의 위세가 계속될 것처럼 보이지만, 결국 기술은 개인들이 주인이 되는 개인화 이코노미 플랫폼을 구축하는 방향으로 나아갈 것이다. **NFT와**

메타버스, 그리고 코인과 토큰도 탈중앙화 세상에서 개인 중심의 생태계를 받쳐주는 가장 강력한 프레임이 될 것이다.

기존 질서를 뒤흔드는 커다란 변화가 찾아올 때마다 누군가는 그 변화를 기회로 바꿔 막대한 부를 창출하고, 누군가는 새로운 리더십을 발휘해 주도적으로 변화를 이끌어간다. 그러나 대다수는 우왕좌왕 눈치만 보다가 어영부영 아까운 시간만 흘려보낸다. 주어진 기술과 도구를 적극 활용해 스스로 가치를 창출하는 크리에이터가 될 것인가, 아니면 남이 정해준 규칙을 따르기만 하다가 제 발로 주인의 자리를 걷어찰 것인가? 선택은 온전히 자신의 몫이다.

규제는 화성에 호텔을 지을 수 없게 한다

2024년 10월, 일론 머스크의 스페이스X ^{SpaceX}가 스타십 ^{Starship} 로켓의 5차 시험 발사에서 역사적인 성과를 거뒀다. 70미터 높이의 1단 로켓 슈퍼 헤비 $^{Super\ Heavy}$를 발사대에서 정확히 회수하는 데 성공한 것이다. 이는 화성 식민지화라는 머스크의 원대한 비전에 한 걸음 더 다가선 순간이었다. 그는 페이팔 ^{PayPal}의 전신이 된 온라인 결제 서비스 회사 엑스컴 $^{X.com}$(이후 eBay에 매각)과 민간 우주 기업 스페이스X를 창립했고, 트위터 ^{Twitter}를 440억 달러에 인수했으며, 전기자동차 기업인 테슬라의 회장이기도 하다.

또한 시속 1,280km(마하 1.06)의 속도를 낼 수 있는 진공 튜브 고속철도인 하이퍼루프 Hyperloop, 대형 언어 모델 LLM에 기반한 챗GPT ChatGPT를 제공하는 오픈AI OpenAI 등에 투자하고 있다. 최근에는 엑스AI xAI를 통해 챗GPT와 경쟁하고 있는 그록AI GrokAI 모델을 선보이며 인공지능 분야에도 진출했다. 그야말로 손대는 것마다 화제가 되는 미다스 Midas의 손을 가진 이 시대의 리더이다.

특히 스페이스X는 우주로의 수송 비용을 획기적으로 절감하고, 화성에 호텔을 지어 식민지화하겠다는 목표 아래 '화성 개척용 우주선'이라는 프로젝트에 착수하여 눈부신 성과들을 내고 있다. 재사용 로켓 기술로 우주 발사 비용을 90% 이상 절감했고, 국제우주정거장 ISS에 승무원을 정기적으로 수송하는 것은 물론, 스타링크 Starlink 위성 인터넷 서비스를 통해 전 세계 어디서나 고속 인터넷을 사용할 수 있게 만들었다. 머스크가 제시한 화성 식민지 계획은 단순한 상상이 아니다. 2026년 첫 무인 화성 탐사선 발사를 시작으로, 2029년 유인 화성 탐사, 그리고 2050년까지 100만 명이 거주하는 화성 도시 건설이라는 구체적인 로드맵을 가지고 있다.

이런 머스크의 시도들에 존경과 찬사를 보내지 않을 수 없다. 인류는 이런 불가능해 보이는 과제에 도전해 수많은 좌절과 절망을 겪으면서 새로운 도약을 이루어냈기 때문이다. 신대륙을 발견한 콜럼버스처럼 누군가는 도전해야 하고, 누군가는 이 도전에 실패를 겪어야 한다. 다만 뜻밖의 성공을 이루어냈을 때 보상은 상상하지 못할 정도로 클 것이다. 실제로 우주 산업은 이미 수조 달러 규모의 시장으로 성장했고, 우주 관광, 우주 호텔, 소행성 채굴 등 새로운 비즈니스 모델들이 속속 등장하고 있다.

그런데 여기서 흥미로운 질문이 제기된다. 만약 머스크가 실제로 화성에 호텔을 짓는다면, 이는 합법적인 사업일까? 답은 국가별 규제 체계에 따라 극명하게 갈린다. 미국에서는 합법이지만, 한국에서는 불법이다. 전반적으로 미국은 네거티브 규제 negative regulation를 사용하고 있고, 한국은 포지티브 규제 positive regulation를 사용하고 있기 때문이다. 얼핏 보면 포지티브가 좋아 보이지만 혁신가의 측면에서 보면 포지티브 규제는 그야말로 죽음의 규제나 다름없다.

미국의 네거티브 규제는 유턴 금지 표지판처럼 하지 말라는 것만 안 하면 된다. 즉, 금지조항만 없으면 다 해도 된다는 이야기이다. 따라서 '화성에 호텔을 짓는 것에 대한 법이 없으니 해도 된다'가 된다. 네거티브 규제의 철학은 '신뢰 trust'다. "너를 믿으니 다 해도 되는데, 이것만은 하지 말아줘!"이다. 이런 환경에서 아마존의 제프 베이조스는 블루 오리진 Blue Origin을 통해 우주 관광 사업을 시작했고, 리처드 브랜슨은 버진 갤럭틱 Virgin Galactic으로 우주여행 서비스를 상용화했다.

그런데 한국의 포지티브 규제는 유턴 표지판처럼 하란 것만 해야 한다. 즉, 하라는 규정이 없으면 아무것도 하지 말라는 이야기이다. 이를 어기면 불법이다. 따라서 '화성에 호텔을 짓는 것에 대한 법이 없으니 하면 안 된다'가 된다. 포지티브 규제의 철학은 '불신distrust'이다. "너를 믿지 못하겠으니, 시키는 것, 하라는 것만 해!"이다. 이런 환경이니 우주 호텔은커녕 드론 택배나 자율주행차 상용화조차 수년간 지연되고 있다.

포지티브 규제는 국가의 기강이 아직 덜 잡힌 혼란스러운 사회에서 주로 채택하는 방식이다. 상대적으로 미국을 중심으로 한 선진국의 네거티브 규제는 과감한 도전, 혁신 등을 추진할 때 리더들이 주로 채택한 방식이다. 과거 한국이 전쟁과 혁명 등 극심한 혼란 속에서 강력한 경제발전을 추진해야 했던 개발도상국일 때는 포지티브 규제가 더 효과적일 수 있었다. 그러나 지금 같은 글로벌 환경에서 혁신을 통한 리더십을 발휘하고자 할 때는 하라는 것만 해야 하는 포지티브 규제는 결코 적합하지 않다.

더욱이 4차 산업혁명 시대를 맞아 기술 발전 속도가 기하급수적으로 빨라지고 있다. 법과 제도가 기술 발전을 따라가기도 벅찬 상황에서, 모든 것을 미리 규정하고 허가받아야 하는 포지티브 규제는 혁신의 발목을 잡는 족쇄가 되고 있다. 반면 네거티브 규제는 기본적으로 자유를 보장하되 꼭 필요한 부분만 제한하기 때문에, 예상치 못한 혁신 기술이 등장해도 유연하게 대응할 수 있다.

블록체인에 이어 생성형 인공지능 같은 혁신 기술들이 속속 등장하고 있다. 네거티브 규제 기반의 미국 등 선진국은 비트코인이나 이더리움 같은 가상화폐의 ETF Exchange Traded Fund(상장지수펀드) 등을 승인하며 제도적 지원을 준비 중이다. 심지어 미국은 우주 자원 채굴권까지 민간기업에 부여하는 법안을 통과시켰다. 이에 반해 국내의 경우, 가상자산 ETF 승인 논의는 아직도 제자리걸음일 뿐만 아니라, 2024년 7월 19일부터 시행된 '가상자산이용자보호법'은 결국 사업자들을 못 믿겠으니 하라는 것만 하라는 전형적인 포지티브 규제의 형식이다. 실제 글로벌 가상자산 거래소에서마저도 꼭 한국 사람인지를 확인하는 과정을 거친다. 각종 규제 때문이다.

생성형 인공지능 분야의 상황도 마찬가지다. 미국에서는 오픈AI의 챗GPT가 생성한 콘텐츠에 대해 저작권법상 '인간이 아닌 주체가 창작한 작품'으로 분류하여, 저작권은 인정하지 않지만 자유로운 사용은 허용하고 있다. 이를 바탕으로 수많은 인공지능 스타트업들이 다양한 비즈니스 모델을 실험하고 있다.

그러나 한국은 더욱 신중한 접근을 취하고 있다. 저작권법상 인공지능 생성물에 대한 명확한 규정이 없어, 기업들은 법적 리스크를 우려해 소극적으로 대응하고 있다. 문화체육관광부는 2025년 3월 '인공지능-저작권 제도개선 협의체'를 새롭게 출범시켜 지속적인 정책 개선을 추진하고 있으나, 산업계와 저작권자 간의 이해관계 조율 등 아직 해결해야 할 과제들이 남아 있어 여전히 앞날이 불확실하다.

실리콘밸리의 성공 비결 중 하나는 '빠른 실패, 빠른 학습 Fail Fast, Learn Fast' 문화다. 스타트업들이 새로운 아이디어를 자유롭게 실험할 수 있는 환경이 조성되어 있고, 규제 당국도 이를 적극 지원한다. 반면 한국에서는 새로운 시도가 기존 법령에 저촉될 가능성을 먼저 고려해야 하므로, 혁신의 속도가 현저히 느려질 수밖에 없다.

디지털 전환과 글로벌 경쟁이 가속화되는 현재, 한국도 규제 패러다임의 전환이 시급하다. 샌드박스 제도의 확대, 규제 특례 적용 범위의 확장, 그리고 무엇보다 '허용 우선, 문제 발생 시 대응'이라는 네거티브 규제 철학의 도입이 필요하다. 그래야만 한국 기업들도 합법적으로 화성에 호텔을 지을 수 있는 날이 올 것이다.

03

다른 것을 대하는 규칙

다른 것은 불량인 기성품 세상

인류 최초의 기성품을 꼽으라면 그리스 신화에 등장하는 '프로크루스테스Procrustes의 침대'가 아닐까 싶다. 프로크루스테스는 바다의 신 포세이돈의 아들로 힘센 거인이자 강도였다. 그는 아테네 인근 케피소스 강가에 살며 주변을 지나는 나그네들을 상대로 돈을 빼앗고 악행을 일삼았다. 가장 악취미는 하룻밤 재워준다며 나그네를 집으로 유인해 자신이 직접 만든 철제 침대에 묶는 것이었다. 키가 큰 사람은 침대 밖으로 튀어나온 머리나 다리를 잘라 죽이고, 키 작은 사람은 침대 길이에 맞게 다리를 잡아 늘여 죽였다. 물건에 사람을 맞춘 첫 번째 기록이다.

잔인하고 폭력적인 이야기로 들리지만 실상 '프로크루스테스의 침대'는 우리 도처에 있다. 당장 지금 입고 있는 옷과 신발부터 편의점에서 산 음료수, 책상 위에 올려놓은 가방과 시계, 노트북, 스마트폰 등 주변 모든 것이 기성품이다. 공장에서 찍어낸 똑같은 물건들이 우리의 일상을 가득 채우고 있다. 기성품 아닌 것을 골라내기가 곤란할 정도다.

기성품은 산업혁명이 탄생시킨 최고의 발명품으로 손꼽힌다. 산업혁명 이전에는 가족들이 입는 옷을 '엄마*'가 직접 만들었다. 엄마는 가족들의 체형이 어떠한지, 무슨 색을 좋아하는지, 어떤 스타일을 선호하는지, 주로 어디를 오가고 누구를 만나는지를 잘 알았다. 그래서 가족 개개인을 위해 맞춤형으로 디자인하고, 체형에 맞게 천을 자르고 실로 꿰매서 나에게 꼭 맞는, 세상에서 단 하나뿐인 옷을 만들었다.

그러다가 18세기 중반 영국을 중심으로 산업혁명이 일어나고 기계가 등장했다. 사람 대신 기계가 실과 직물을 짜고, 천을 재단해 옷을 만들기 시작했다. 엄마가 만들어주던 '나만의 옷'이라는 개념이 사라지고, 똑같은 옷을 대량으로 찍어내는 '기성복'의 개념이 생겨났다. 기성복*ready-to-wear*은 누구나 바로 사서 입을 수 있도록 표준화된 치수로 미리 만들어놓고 판매하는 옷을 말한다. 바야흐로 물건에 내 몸을 맞추는 기성품의 시

---

* 여기서 '엄마'는 나를 가장 잘 알고 나를 위한 최적의 맞춤형 옷을 만드는 사람을 상징적으로 표현한 용어일 뿐, 옷은 엄마만 만들어야 한다는 고정된 성 역할이나 차별적인 젠더 의식을 반영한 것이 아님을 밝힌다.

대가 시작된 것이다.

산업화 시대에는 기성품을 대량으로 생산하는 과정에서 한 치의 오차 없이 동일한 규격과 품질로 제작하는 것이 최고의 선으로 여겨졌다. 세 차례의 산업혁명은 생산성과 효율성을 극대화하기 위해 최소를 투입해 최대를 산출해내는 기술을 발전시켜온 역사라고 할 만하다.

1903년 미국 포드^{Ford} 자동차를 설립한 헨리 포드$^{Henry\ Ford}$는 1908년 이른바 '포드 시스템'으로 제작한 세계 최초의 대량생산 자동차를 선보이며 '마이카$^{My\ Car}$ 시대'를 개척했다. 숙련공 옆에서 어깨너머로 배우는 기존의 도제 방식 대신, 자동차 제조 공정을 세분화하고 표준화한 후 컨베이어 벨트(이동식 조립 라인)로 작업하는 방식을 도입해 생산 속도를 획기적으로 높이고 가격도 크게 낮췄다. 이를 통해 비숙련공도 단기간 훈련 후 바로 현장에 투입될 수 있었다.

일본 토요타 자동차는 1970년대 낮은 생산성과 쌓인 재고로 도산 위기에 처하자 다품종 소량생산 체제에서도 생산성과 효율성을 극대화하는 '토요타 시스템$^{TPS:\ Toyota\ Production\ System}$'을 도입했다. 각 공정별로 필요한 부품을 필요한 때에 필요한 양만 투입하는 'JIT(적기 생산)' 방식으로 재고를 없애고 생산 기간을 크게 단축했다. 그 결과 원가절감과 품질향상으로 세계 최고의 글로벌 경쟁력을 갖출 수 있었다.

1973년 최초의 휴대폰을 개발한 미국 모토로라^{Motorola}는 1987년 불량률을 줄이기 위해 '6시그마$^{six\ sigma}$' 기법을 창안했다. 제품 간의 품질 차이, 즉 시그마(표준편차)를 줄이는 것이 핵심이다. 제품 공정 100만 개 중 불량품이 발생할 확률이 높은 공정을 통계적으로 분석해 해당 공정의 품질관리 기준을 표준화했다. 이를 통해 모토로라는 제품 100만 개당 불량품 숫자를 1987년 6,000개에서 1998년 3.4개로 크게 줄였다.

이것이 가능하려면 제조 환경이나 기계 상태는 물론이고 모든 작업자의 자세나 습관까지 로봇처럼 동일한 수준이어야 한다. 불량률을 극한으로 낮추고자 어마어마한 자금과 노력을 쏟아부었다는 뜻이다. 그 결과는 10년간 연평균 4억 8,000만 달러(약 6,585억 원)의 비용절감 효과로 이어졌다.

이처럼 대량생산 체제에서 불량품은 생산성과 효율성을 떨어뜨리는 주범이다. 그래서 모든 기업은 한 치의 오차 없이 규격대로 제품을 생산하기 위해 표준화에 집중했다. 쉬운 예로 기성복이 대중화에 성공한 것도 사이즈를 기업들이 스스로 표준화한 덕분이다. 일상에서 흔하게 접하는 S ^{small}, M ^{medium}, L ^{large} 등의 의류 사이즈나 240mm, 250mm, 260mm 같은 발길이 위주의 신발 사이즈가 대표적이다.

생산성과 효율성을 높이는 표준화는 기업의 경쟁력이자 국가의 경쟁력이기도 하다. 이에 각국 정부는 자국에 최적화된 각종 표준을 만들어 운용하고 있으며, 우리나라도 국가기술표준원 $^{KATS:\ Korean\ Agency\ for\ Technology\ and\ Standards}$이 그 역할을 맡고 있다. 일례로 국가기술표준원은 1979년부터 5년 단위로 한국인 인체 사이즈를 측정하고 통계를 내는 사이즈코리아 $^{Size\ Korea}$

사업을 진행 중이다. 국내 기업들은 사이즈코리아 통계를 기준으로 한국형 기성품 제작에 필요한 표준 사이즈를 결정한다.

그러나 국가별로 서로 다른 표준은 국제무역에 걸림돌이 됐고, 2차 세계대전 직후에는 피해 복구를 위한 자원 교류에 국제표준이 필요하다는 목소리가 모아졌다. 이에 각국 정부의 표준기구는 1947년 국제표준화기구 $^{ISO:\ International\ Organization\ for\ Standardization}$를 공식 출범했다. ISO의 주된 활동은 국가별로 상이한 표준을 조율하고 통일시켜 전 세계에 통용되는 국제표준을 만드는 것이다. 현재까지 ISO가 만든 국제표준은 약 2만여 개에 달한다.

이따금 언론에서 ISO 뒤에 다양한 숫자가 붙고 '인증 획득'이라고 쓰인 기사를 볼 수 있는데, 이는 그 분야의 국제표준 기준을 통과했음을 뜻한다. ISO 9001(품질경영시스템 국제표준), ISO 27001(정보보안경영시스템 국제표준), ISO 37001(부패방지경영시스템 국제표준) 등이 대표적이다. 최근에는 인공지능 관련 표준화가 활발해져 ISO/IEC 42001(인공지능경영시스템 국제표준) 인증도 늘어나는 추세다.

산업혁명의 시작과 함께 포드 자동차가 쏘아 올린 표준화 전쟁은 불량품은 줄이고 생산성은 높여 더 많은 이윤을 창출하려는 기업들의 이해득실과 맞물려 국제표준화로 귀결됐다. 그렇다면 개인화와 탈중앙화 시대에도 국제표준은 유효한 걸까? 개인들이 자유롭게 창조하고 거래할 수 있도록 인프라를 지원하는 것이 기업의 생존방식이 되고 있는 지금, 중앙집중식 산업화의 성과 중 하나인 '표준'이란 단어를 앞으로 어떻게 바라봐야 할까? 아이러니하게도 나는 이 질문의 답을 국제표준의 산실인 ISO에서 찾았다.

다른 것을 표준으로 만드는 자가 리더십을 갖는다

2001년은 대통령부터 기업인까지 한목소리로 '글로벌 스탠더드 global standard'를 외칠 때였다. 1997년 외환위기 당시 국제통화기금 IMF에 빌린 달러를 모두 갚자마자 이제는 국제기준에 맞게 기업들 체질 개선도 하고 글로벌 경쟁력도 갖춰야 한다는 목소리가 드높았다. 그러던 어느 날 나는 정부로부터 ISO 총회에 한국 대표단 자격으로 참석해달라는 요청을 받았다.

우리나라는 ISO가 설립되고 16년 만인 1963년 국가기술표준원의 전신인 표준국에 정회원 member body으로 가입했다. ISO에는 산업 전 분야 표준을 관리하는 만큼 기술위원회 TC: Technical Committee가 많은데, 우리는 그중 섬유패션 분야는 한 번도 참가한 적이 없었다. 그런데 당시 글로벌 스탠더드를 강조하던 정부가 표준화 지원 정책을 확대하면서 처음으로 참가 기회가 생긴 것이다.

2001년 5월 떨리는 마음을 안고 지구 반대편 남아프리카공화국 케이프타운으로 날아갔다. 국제표준화기구 섬유기술위원회*ISO/TC38* 총회가 열리는 호텔에 도착했는데, 회의장 책상 위에 나라별 국기와 국가명이 새겨진 명패가 나란히 놓여 있었다. 교수로서 숱한 국제 학회와 세미나에 참가해봤지만 모두 개인 자격이었기에 태극기와 KOREA라는 단어를 본 순간 부담감이 커졌다. 하지만 부담감이 무색하게도 회의가 진행되는 며칠간은 꿔다놓은 보릿자루처럼 각국 대표단이 수북이 쌓인 서류뭉치를 뒤적이며 치열하게 토론하는 모습을 그냥 지켜만 봤다. 회의에 참석하긴 했는데 무엇을 해야 할지도 모르고 토론 의제도 알 수 없었다.

나중에야 안 사실이지만, 새로운 국제표준이 제정되기까지 대략 2~3년이 소요된다. 먼저 전문가 회의나 총회에서 제안 내용을 구두로 발표해 안건 상정 여부를 결정한다. 동의를 얻으면 구체적인 내용을 제안서로 작성해 해당 기술위원회에 제출하고, 각국 전문가와 살펴본 후 수차례 피드백과 수정을 거친다. 그리고 다시 안건 상정 동의를 얻어 최종 제안서를 각국 전문가에게 보낸 후 다음 총회 자리에서 질의를 거쳐 투표로 결정한다. 첫 참석인 나로선 회의 내용을 파악하고 한국 측 의견을 개진하는 것이 애초에 불가능했던 것이다.

하지만 당시엔 몰랐으니 부끄럽기도 하고 자존심도 상했다. 나중엔 오기가 발동해 회의 마지막 날 차기 총회지를 결정할 때 손을 번쩍 들었다. 후보지였던 캐나다 대신 꼭 한국에서 열고 싶다고 강하게 어필했다. 다행히 조건부 승인을 받았고 2003년 제주도에서 섬유기술위원회 총회를 개최했다. 첫 개최다 보니 부족한 것도 많고 실수도 있었는데 그래도 진심이 통했는지 나름 성공적으로 마칠 수 있었다.

가장 큰 성과는 국내 섬유패션 분야 최초로 내가 제안한 국제표준안이 통과된 것이다. 2001년 회의 때 뭐라도 해야 할 것 같아 박사논문 주제를 구두로 설명했는데 반응이 좋아 제안서를 작성했고, 이후 의견 수렴 과정을 거쳐 2003년 제주도 총회에서 국제표준으로 채택됐다. 요약하면 사람의 육안으로 옷감의 구김 정도를 1~5등급으로 매겨 판별하는 기존의 국제표준 대신, 인공지능을 활용한 정량적 자동평가 시스템을 도입하자는 내용이다. 이러한 공을 인정받아 2004년 '표준의 날 대통령 표창'을 수상하기도 했다.

한국 주도의 국제표준 채택은 지금까지 선진국이 정한 국제표준을 잘 '따르기만' 했던 한국이 국제표준을 '만드는' 나라로 탈바꿈했다는 것을 의미한다. 이게 얼마나 대단할까 싶지만, 국제표준으로 채택되면 해당 국가는 그 분야의 산업을 선점할 수 있는 기회를 얻는다. 한번 만들어진 국제표준은 특허 등 지식재산권 확보로 이어지고, 지식재산권이 상품화로 연결되면 전 세계 기업으로부터 평생 로열티를 받을 수 있다. 직류와 교류 전기, 미터법과 파운드법, 컬러TV와 비디오와 컴퓨터 포맷 등 '표준 전쟁' 결과에 따른 기업의 흥망성쇠는 이미 잘 알려져 있다. 국제표준은 용어와 정의, 각종 시험·검사법과 공정 및 서비스 표준 등 그 적용 범위가 매우 넓다. 섬유패션 산업의 경우에도 품질 검사와 태그[tag] 표시, 염색 및 세탁 방법, 치수 등 모든 이슈를 다룬다.

우리나라에선 아직 낯설지만, 굴뚝산업이 망하고도 영국이 선진국 대열을 유지할 수 있는 건 로열티를 받는 국제표준을 대량으로 선점해놨기 때문이라는 말이 있을 정도다. 국가기술표준원에 따르면 국제표준의 경제적 가치는 무려 국내총생산^{GDP}의 1%에 달한다. 국제표준은 단순한 명예가 아니라 로열티라는 엄청난 부가가치를 창출하고 미래 산업의 글로벌 리더십을 확보할 수 있는 지름길인 셈이다.

내가 국제표준 제안에 적극 나선 것은 그래서다. 2003년 1호를 시작으로 지금까지 제·개정을 통틀어 내가 제안해 통과된 국제표준이 24건에 이른다. 1~2년 주기로 총회가 열리는 점을 감안하면 결코 적은 숫자가 아니다.

특히 2009년에는 디지털 패션 분야 국제표준의 필요성을 설득해 디지털 패션 분과위원회$^{ISO/TC133/WG2}$ 창립을 주도하고 첫 의장을 맡았다. 이후 2016년에는 영국·프랑스·일본 등 기존 표준제정국의 도움을 받아 우리 기술력이 바탕이 된 3D 아바타와 디지털 의복 용어 및 정의에 관한 4건의 국제표준을 통과시키는 성과를 거뒀다. 앞으로 3D 아바타를 이용한 디지털 패션 서비스를 출시할 경우 관련 용어나 개념을 정의할 때 우리나라가 세계 기준이 된다는 뜻이다.

2020년부터 메타버스 개념이 대중화되고 최근에야 제페토 등 아바타 피팅 서비스가 등장했으니 당시에 우리가 제안한 표준은 시장을 앞서간 느낌도 있다. 그래서 2022년에 추가로 기성복과 맞춤복 쇼핑 서비스에 관한 표준을 제정했다. 다만 아직 널리 상용화된 서비스가 아니어서 의무가 아닌 권장사항으로 등록됐다. 앞으로 개인의 인체 정보를 반영한 아바타 서비스가 본격화되면 우리나라가 관련 산업에서 글로벌 리더십을 확보할 수 있게 될 것이다.

2001년 ISO 총회에 처음 참석할 때만 해도 30대 중반의 열정 넘치는 청년이었는데, 20여 년이 흐른 지금은 디지털 패션 분과위원회 의장, 섬유환경 및 물리평가위원회 ISO/TC38/SC24 의장, 2003년 이후 20여 년 만인 2023년 섬유기술위원회 총회 개최에 이르기까지 어느새 국제표준 분야의 전문가가 됐다. 개인의 성과라기보다는 우리나라 섬유패션 기술이 그만큼 세계적으로 인정받고 있음을 보여준 것이라 생각한다.

표준은 산업화 최고의 발명품이라는 말처럼, 기업의 생산성과 효율성을 극대화하고 전 세계 산업의 질서를 유지하는 역할을 맡고 있다. 이미 정한 표준을 무시하거나 거부할 수는 없다. 오히려 이런 표준을 나에게 유리하게 활용해야 한다.

기성품에서 개인 맞춤으로 세계의 중심이 빠르게 이동하고 있는 지금, 표준을 내 편으로 만드는 방법은 두 가지다. 하나는 개인 맞춤 중심의 새로운 생태계를 위한 국제표준을 적극적으로 만드는 것이고, 다른 하나는 새로운 표준을 방향타로 삼아 남들이 보지 못하는 독창적인 것을 찾아내고 세상에 없는 차별화를 만들어내는 것이다.

남이 만든 규칙을 잘 따르기만 하는 수동적 자세에서 벗어나, 규칙을 주도적으로 창조하는 사람이 우리 사회엔 많이 필요하다. 특히 개인화와 탈중앙화를 맞이하는 새로운 전환기에는 더욱 그러하다.

개인화 시대에 다를 수밖에 없는 인간의 DNA

DNA는 대부분 생명체의 유전 정보를 담고 있는 고분자 화학 물질로, 염색체의 주성분이다. 유전 정보를 보관하고, 세포분열을 통해 자신을 복제함으로써 부모의 특징을 자식에게 그대로 물려준다. 이런 DNA가 살아 있는 생명체에만 존재하는 것은 아니다. 실제로 맥킨지 McKinsey 글로벌 연구소의 2024년 보고서에 따르면, 성공적인 기업들은 평균 67년의 생명주기를 가지며, 그 주기 동안 태어나고 성장하고 소멸하며 살아 있는 유기체와 같은 특성을 보인다고 분석했다. 따라서 기업에도 DNA가 존재한다고 할 수 있다.

국내 부동의 1위 기업인 삼성그룹은 1938년 삼성상회, 1951년 삼성물산, 1953년 제일제당, 1954년 제일모직으로부터 출발한다. 이때 만들어진 삼성의 DNA는 일반적으로 삼성의 '제일주의'라고 불린다. 2023년 이재용 삼성전자 회장이 임직원에게 보낸 신년사에서 "우리는 항상 세계 최고를 지향해야 한다"고 강조했듯이, 반드시 1등을 해야 한다는 고유의 DNA가 2024년 기준 연 매출 279조 원, 글로벌 시가총액 순위 13위라는 오늘날의 삼성을 일구었다.

재계 4위의 LG그룹은 (주)럭키^{Lucky}와 금성사^{Goldstar}가 합쳐진 것이다. 화장품, 치약 등 생활용품과 TV, 냉장고 등 가전제품처럼 주로 고객이 생활 속에서 직접 접하는 제품들을 취급하다 보니, 자연스럽게 '인간 중심'이라는 기업의 DNA를 가지게 되었다. 'L'과 'G'를 원 안의 사람 얼굴로 형상화한 로고는 LG가 '고객을 위한 가치 창조'와 '인간 존중의 경영'이라는 DNA를 갖고 있음을 나타낸다. 실제로 2024년 LG전자는 전 세계 125개국에서 실시한 고객 만족도 조사에서 평균 86점의 높은 점수를 기록했다고 발표했다.

구글은 검색, 즉 사이버 공간상의 '위치 정보'를 찾아주는 서비스로 탄생한 IT 기업이다. 위치 정보를 찾아주는 구글의 DNA는 급기야 물리적인 실제 위치 정보를 찾아주는 서비스로 확장되어, 오늘날 구글맵$^{Google\ Maps}$ 서비스로 자연스럽게 연결되었다. 구글맵은 내비게이션뿐만 아니라, 식당이나 호텔의 예약 등 위치 정보와 관련된 모든 서비스를 가능하게 하는 거대한 플랫폼 생태계를 장악하고 있다. 2024년 기준 구글맵은 전 세계 월 10억 명의 사용자를 보유하며, 2억 2,000만 개의 사업장 정보를 제공하고 있다.

스티브 잡스의 애플은 '다른 것을 생각하라$^{Think\ Different}$'라는 차별화 DNA로 애플 사용자들이 자부심을 품게 하며 세계 1위 기업이 되었다. 팀 쿡$^{Tim\ Cook}$ 현 CEO는 2024년 개발자 콘퍼런스에서 "우리는 단순히 기술을 만드는 것이 아니라, 인간의 삶을 변화시키는 경험을 창조한다"고 말하며 잡스의 철학을 계승하고 있음을 보여주었다. 또한 수십 년간 세계 최대의 매출(2024년 6,800억 달러)을 자랑하는 월마트는 오프라인 대형 할인점의 막강한 구매력을 활용한 '상시 최저가$^{Everyday\ Low\ Price}$'의 DNA를 가지고 여전히 세계를 호령하고 있다.

세계 최대의 유통 기업인 아마존은 주목받지 못하는 다수가 핵심적인 소수(베스트 히트 상품)보다 더 큰 가치를 창출한다는 '롱테일$^{long\ tail}$ 제품 중심의 온라인 세상'이란 새로운 핵심 DNA로 월마트를 뛰어넘는 왕국을 일구었다. 창립자 제프 베이조스가 "아마존은 소수의 인기 상품에 집중하기보다는 다양한 상품을 제공하여 고객의 숨겨진 요구를 충족시키고, 시장 전체의 범위를 넓히고자 한다"고 밝힌 철학은 현재까지도 아마존의 모든 의사결정 과정에 반영되고 있다. 이 밖에도 에어비앤비나 우버^{Uber} 같은 기업은 '공유'라는 새로운 DNA를 장착하고, 최고를 '소유'하고자 하는 DNA를 가진 전통 레거시 기업들을 뛰어넘는 글로벌 기업이 되었다. 2024년 기준 에어비앤비는 전 세계 220개국 10만 개 도시에서 800만 개의 숙소를 연결하는 플랫폼으로 성장했다.

이렇듯 각 기업은 그들만의 새로운 DNA로 창업했고, 이를 발전시키며 경쟁력을 유지하고 있다. 그러나 한번 정해진 DNA는 자신을 복제하고 유전 정보를 유지하려는 속성으로 인해 변화하기가 어렵다. 하버드비즈니스스쿨$^{Harvard\ Business\ School}$의 클레이튼 크리스텐슨$^{Clayton\ Christensen}$ 교수가 제시한 '혁신가의 딜레마' 이론이 이를 잘 설명한다. 1990년대 당시 월마트가 아마존이 되지 못한 이유도, 힐튼 호텔이 에어비앤비로 진화하지 못한 것도, 코닥^{Kodak}이 디지털카메라 시대에 적응하지 못한 것도 모두 자신의 DNA를 바꾸지 못했기 때문이다. 코닥의 경우 1975년 세계 최초로 디지털카메라를 발명했음에도 불구하고, 필름 사업이라는 기존 DNA에 갇혀 결국 2012년 파산 신청을 하게 되었다.

세상이 바뀌면 기존의 세상을 지배하고 있는 생명체가 DNA를 바꾸어 적응하기보다는, 새로운 DNA를 가진 생명체가 등장해 세상을 새롭게 지배하곤 한다. 다윈의 진화론에서 말하는 적자생존^{適者生存}의 원리가 기업 생태계에도 동일하게 적용되는 것이다.

이제 우리는 다가오는 시대를 이끌 DNA에 어떤 속성들이 있을지 고민해봐야 한다. 세상의 변화는 우선 모든 행위의 주체가 되는 우리 인간에게 급격히 일어나고 있다. 인간의 DNA에는 '나'의 존재감을 자각하고, '내'가 수행의 주체가 되며, '나'를 표현하고자 하는 속성이 있다. 그러나 생산성과 효율성이 최고의 가치로 평가되는 산업화 사회에서 인간은 대중^{mass}으로 간주되며, '나'라는 존재감을 잃어버렸다.

맥킨지의 2024년 보고서에 따르면, 소비자의 78%가 개인 맞춤형 제품과 서비스를 선호한다고 답했으며, 이는 5년 전 대비 23% 증가한 수치다. 이제 잃어버렸던 인간의 '나'에 대한 DNA가 회복되고 있다. 특히 1990년대 중·후반 이후 태어나 디지털 환경에서 성장한 Z세대를 필두로 일어나는 변화에 주목해야 한다. 이들은 개성을 존중하며, 자신의 의견을 적극적으로 표현하고, 다양한 경험과 변화를 추구하며, 폭넓은 분야에 관심을 보이고, 자유로운 선택을 하는 특징을 지니고 있다.

딜로이트 Deloitte의 2024년 Z세대 글로벌 설문조사에 따르면, Z세대의 87%가 "개인의 가치관과 일치하는 브랜드를 선택한다"고 답했으며, 92%가 "소셜미디어를 통해 적극적으로 자신의 의견을 표현한다"고 밝혔다. 이들은 디지털 세상에서 숏폼 short form, 스트리밍 서비스 같은 다양한 콘텐츠를 생산하고 소비하며, SNS와 인공지능을 통해 적극적으로 정보를 얻고 소통한다. 실제로 틱톡 TikTok의 경우 2024년 기준 전 세계 월간 활성 이용자 MAU 10억 명 중 60%가 Z세대였다.

이처럼 개인들이 중심이 되는 세상이 오고 있다. 오픈AI의 샘 올트먼 Samuel H. Altman CEO는 2024년 세계경제포럼에서 "미래의 비즈니스는 각각의 개인 고객에게 맞춤화된 인공지능 솔루션을 제공하는 방향으로 진화할 것"이라고 전망했다. 따라서 이에 걸맞은 DNA를 가진 기업들이 등장할 것이다.

대량생산 시스템이 지배하는 기존 DNA에는 없었던 '맞춤 customization', '협업 collaboration', '소통 communication', '탈중앙화 decentralization' 등의 속성을 가진 새로운 DNA가 필요하다.

최근 엠테일러 MTailor, 예스플리즈 YesPlz, 스타일리스타 Stylista, 티AI TeeAI, 프린트풀 Printful 등 인공지능을 기반으로 한 개인 스타일링 서비스와 주문제작 기업이 늘어나고 있다. 테슬라 역시 일론 머스크의 엑스^X를 통한 적극적인 소통을 바탕으로 고객 피드백을 수렴해 제품 개발에 반영하는 '오픈 이노베이션' DNA를 보여주고 있다.

또한 블록체인 기반의 탈중앙화 자율조직^(DAO: decentralized autonomous organization) 개념을 도입한 스타트업들이 전 세계적으로 급속히 증가하고 있으며, 2024년 기준 약 4,000개의 DAO가 운영되고 있다. 이것이 새로운 세상에서의 DNA 혁신이며, 개인화 시대를 살아갈 기업들이 반드시 갖춰야 할 생존 조건이다.

인공지능이 만들어내는 세상

"세종대왕이 맥북^MacBook을 던진 사건에 대해 들어본 적이 있는가?" 이 질문에 대해 챗GPT는 "세종대왕의 맥북 던짐 사건은 조선왕조실록에 기록된 일화로, 15세기 세종대왕이 새로 개발한 훈민정음의 초고를 작성하던 중, 문서 작성 중단에 대해 담당자에게 분노해 맥북프로^(MacBook Pro)와 함께 그를 방으로 던진 사건입니다"라는 답을 내놓았다(〈조선일보〉 2023. 3. 5.). 이런 엉뚱한 답변을 '인터넷 밈^Meme'이라고 하며, 인공지능이 잘못된 정보를 사실인 것처럼 답변하는 현상을 '할루시네이션^hallucination(환각)'이라고 한다.

하지만 이런 초기 단계의 문제는 이미 급속도로 개선되고 있다. 챗GPT는 오픈AI가 2022년 11월 말 출시한 대화형 인공지능 챗봇으로, 방대한 양의 텍스트를 학습하는 대형 언어 모델로 만들어졌다. 구조적으로 100개의 레이어^{layer}에 1,000억 개의 뉴런^{neuron}이 있으며, 1조 개의 연결^{connection}이 존재한다. 현재 26개 언어를 지원하며, 한 번에 52쪽 분량인 2만 5,000개 단어를 입력해 질문할 수 있다. 더욱 놀라운 것은 오픈AI가 최근 발표한 GPT-4의 후속 모델들이 멀티모달$^{multi\ modal}$ 기능을 탑재해 텍스트뿐만 아니라 이미지, 음성, 동영상까지 통합적으로 처리할 수 있다는 점이다.

1997년 내가 박사논문으로 개발했던 인공신경망은 고작 3개의 레이어에 91개의 뉴런, 178개의 연결로 구성되었다. 실제 지능을 갖는 부분인 연결의 수가 178개 대 1조 개니, 당시와 오늘날의 인공지능을 비교한다는 것은 너무 민망하다. 당시 12대의 IBM PC/AT에서 3개월간 학습시켜 완성한 인공신경망은 지금 한 대의 컴퓨터로 수초도 안 걸려 완성할 수 있다. 물론 당시의 인공지능인 IBM의 딥블루도 러시아의 인간 체스 챔피언 가리 카스파로프$^{Garry\ Kasparov}$를 이기는 혁혁한 전과를 올렸지만, 그다지 주목받지는 못했다.

약 20년 후인 2016년 구글의 알파고^{AlphaGo}가 이세돌 바둑 9단을 이겼을 때만 해도 세상은 깜짝 놀랐지만, 결국 인간은 알파고에게 명예 프로 9단을 수여하고 바둑계에서 은퇴시킴으로써 인간의 위대함을 유지했다. 그때만 해도 인간은 인공지능을 통제할 수 있다고 믿었다. 하지만 이제 상황은 완전히 달라졌다. 챗GPT는 출시된 지 단 2개월 만에 월간 활성 이용자 1억 명을 돌파하며 역사상 가장 빠르게 성장한 소비자 애플리케이션이 되었다. 구글, 마이크로소프트, 아마존 등 빅테크 기업들은 각각 바드^{Bard}, 코파일럿^{Copilot}, 알렉사AI$^{Alexa\ AI}$ 등을 통해 인공지능 시장의 주도권을 잡고자 치열한 경쟁을 벌이고 있다.

이후 진화한 지금의 인공지능은 과학·기술 영역을 넘어 우리 일상생활로 파고들고 있다. 그런데 실제 1980년대 등장한 인공신경망의 오류 역전파 알고리즘$^{error\ back\text{-}propagation\ algorithm}$ 자체는 거의 변한 것이 없다. 다만 막대한 데이터 용량과 스토리지, 무선통신 등 컴퓨팅 파워의 급속한 진전으로 과거의 이론이 오늘날 실재적인 힘을 갖게 된 것이다. 특히 GPU(그래픽 처리 장치)의 병렬 처리 능력과 클라우드 컴퓨팅 인프라의 발달이 이런 혁신을 가능하게 했다.

생성형 인공지능 산업의 실제 비즈니스 사례를 살펴보면 그 성장세가 더욱 실감 난다. 2023년 11월 설립된 생성형 인공지능 동영상 플랫폼 피카^{PIKA}는 5,500만 달러의 투자금을 유치하며 창업 7개월 만에 3억 달러의 기업가치를 인정받았다. 비슷하게 텍스트를 동영상으로 변환하는 런웨이ML^{RunwayML}은 2023년 5억 달러의 기업가치로 1억 달러를 투자받았으며, 이미지 생성 인공지능인 미드저니^{Midjourney}는 월 구독자 1,600만 명을 확보하며 연 매출 2억 달러를 기록하고 있다. 생성형 인공지능이 만드는 대상은 챗GPT의 텍스트에서 달리$^{DALL\text{-}E}$, 미드저니 등의 이미지로, 때로는 음성으로, 또 동영상으로 진화하고 있다. 이들은 인간이 보기에는 다른 영역이지만, 컴퓨터 입장에서는 그저 0과 1로 조합된 같은 디지털 코드들일 뿐이다.

산업 현장에서도 생성형 인공지능의 활용이 본격화되고 있다. 광고업계의 경우, 영국의 글로벌 미디어 커뮤니케이션 서비스 기업인 WPP, 미국의 글로벌 광고 및 마케팅 기업인 옴니콤 Omnicom 등 글로벌 광고대행사들이 인공지능 생성 콘텐츠를 활용한 개인 맞춤형 광고 캠페인을 대규모로 운영 중이다. 코카콜라 Coca Cola는 2023년 'Create Real Magic' 캠페인을 통해 소비자들이 인공지능으로 직접 광고를 제작할 수 있는 플랫폼을 선보였고, 나이키는 인공지능 기반 개인 맞춤형 운동화 디자인 서비스를 도입했다. 게임 산업에서도 유니티 테크놀로지스 Unity Technologies는 '인공지능 마켓플레이스 AI Marketplace'를 통해 게임 개발자들이 인공지능으로 캐릭터, 배경, 스토리를 자동 생성할 수 있는 도구를 제공하고 있다.

바이런 George Gordon Byron이나 셰익스피어 William Shakespeare 같은 대문호들이 한 문장을 완성하기 위해 고뇌하는 깊이를 우리는 가늠하기 어렵다. 고흐 Vincent van Gogh 같은 걸출한 화가들은 작품 하나를 완성하기 위해 현장을 수없이 방문하고, 영감을 얻고 고뇌하며, 수년간 한점의 명화를 그린다. 그런데 생성형 인공지능이 만들어내는 시와 희곡, 그림은 채 1분도 걸리지 않는다. 거기에는 어떤 고뇌나 체험 따위는 존재하지 않는다.

그래서 우리는 이를 딥페이크^{Deep Fake}라고 부른다. 진짜와 똑같은 가짜다.

이런 논란에도 불구하고 실제로 많은 크리에이터들이 인공지능을 창작 파트너로 활용하며 새로운 형태의 예술을 창조하고 있다. 미국의 디지털 아티스트 레픽 아나돌^{Refik Anadol}은 인공지능을 활용해 빅데이터를 시각화한 작품으로 세계적인 주목을 받고 있으며, 그의 작품은 뉴욕 현대미술관^{MoMA}에 영구 소장되었다. 국내에서도 인공지능 화가 이루다가 그린 작품이 경매에서 4,500만 원에 낙찰되는 등 인공지능 예술의 상업적 가치가 입증되고 있다.

더 나아가 생성형 인공지능은 창작의 민주화를 가능하게 하고 있다. 과거에는 전문적인 기술이나 값비싼 장비가 필요했던 영상 제작, 음악 작곡, 그래픽 디자인 등이 이제 누구나 쉽게 접근할 수 있는 영역이 되었다. 중소기업이나 1인 창작자도 인공지능 도구를 활용해 대기업 수준의 콘텐츠를 제작할 수 있게 된 것이다. 실제로 틱톡, 인스타그램 등 소셜미디어에서는 인공지능으로 제작된 창작물들이 수백만 조회 수를 기록하며 새로운 문화 트렌드를 만들어가고 있다.

물론 딥페이크 기술의 오남용에 대한 우려도 여전히 존재한다. 가짜 뉴스나 허위 정보의 생산, 개인의 초상권 침해, 저작권 문제 등이 사회적 이슈로 떠오르고 있다. 이에 대응해 구글, 메타, 마이크로소프트 등은 '인공지능 파트너십^{Partnership on AI}'을 결성하여 인공지능 윤리 가이드라인을 제정했으며, 각국 정부도 인공지능 규제 법안 마련에 나서고 있다. 유럽연합의 '인공지능법 AI Act', 미국의 '인공지능 리더십 유지 행정명령 AI Executive Order' 등이 대표적이다.

앞으로 우리는 생성형 인공지능이 만드는 수많은 딥페이크를 통제할 수 없는 지경에 이를 것이고, 인간이 생성해낸 진짜보다 인공지능이 생성해낸 가짜가 난무하는 세상이 올 것이다. 이제는 딥페이크를 대하는 인간의 태도를 정해야 한다. 인공지능이 인간을 섬기며 돕는 새로운 규칙을 만들어야 한다. 그리고 인간이 해내는 것들에 비교할 수 없는 가치와 존엄성을 부여해야 한다. 현명한 인간이 해낼 것이라고 믿는다.

인문학을 이해하는 기술 사용자가 열매를 취한다

나는 공대를 나와 지금 공대 교수로 재직 중이다. 이런 나에게 특이한 이력이 하나 있다. 2018년부터 2020년까지 2년간 교양대학 학장을 맡은 것이다. 교양대학의 영어명인 'College of Liberal Arts'에서도 볼 수 있듯이 교양교육은 언어는 물론 인문학을 기반으로 한 역사학, 철학, 문학, 예술학, 과학철학 등의 교육을 담당하며, 그 중요성이 증가하는 추세다. 따라서 교양대학 학장은 대개 인문학 관련 교수님들이 맡아오던 게 관행이었다. 그런데 4차 산업혁명이 주요 이슈였던 당시 《4차 산업혁명 시대, 콘텐츠가 왕이라면 컨텍스트는 신이다》라는 도서를 출간한 게 계기가 되어, 공대 교수인 나에게 특이한 임무가 주어졌다. 교양교육에 별 개념이 없던지라 처음에는 막연했지만, 교양교육의 혁신이라는 주어진 과업을 하나하나 해가면서 많은 것을 배울 수 있었다.

당시 스탠퍼드대학의 디지털 휴머니티스 Digital Humanities 프로그램 책임자인 퍼트리샤 코언 Patricia Cohen 교수의 인터뷰가 인상적이었다. 그녀는 "21세기 인재는 기술을 다루는 손과 인문학적 사고를 하는 뇌가 조화를 이뤄야 한다"고 강조했다. 실제로 스탠퍼드대학의 컴퓨터과학과 졸업생 중 상당수가 철학이나 문학을 부전공으로 선택한 이유도 여기에 있다. 구글의 창립자 래리 페이지 Larry Page 가 스탠퍼드대학에서 컴퓨터과학을 전공하면서도 미디어아트와 인터랙션 Interaction 디자인에 깊은 관심을 보였던 것은 우연이 아니다.

기술을 습득하는 과정은 보통 그 기술의 전문지식을 배우고, 활용할 수 있는 능력을 갖추는 것으로 이뤄진다. 그 과정을 마치고 해당 분야에서 경력을 쌓으면 전문가가 된다. 이 사회에는 이미 이런 전문가들로 가득하다. 하지만 맥킨지 글로벌 연구소의 2023년 보고서에 따르면, 기술 분야 종사자 중 단순 기능 수행에 머무르는 사람의 비율이 78%에 달한다고 한다. 반면 기술의 본질적 가치를 이해하고 창의적으로 활용하는 인재는 전체의 12%에 불과하다.

그런데 30여 년간 지녀왔던 기술 전문가로서의 생각이 교양대학 학장 이후에 바뀌었다. **기술을 습득하기 전에 반드시 그**

기술의 탄생 배경과 발전 과정, 그리고 그 기술이 지향하는 가치와 세상을 알아야 한다는 것이다. 바로 기술에 대한 깊이 있는 인문학적 이해가 필요하다는 뜻이다. 이는 단순한 이론이 아니라 현실에서 증명되고 있다.

애플의 창립자 스티브 잡스가 리드칼리지 Reed College에서 캘리그래피 calligraphy 수업을 들었던 일화는 유명하다. 당시로서는 전혀 쓸모없어 보였던 서체와 타이포그래피 typography에 대한 이해가 훗날 매킨토시 Macintosh 컴퓨터의 혁명적인 폰트 font 시스템으로 이어졌다. 넷플릭스 Netflix의 CEO 리드 헤이스팅스 Reed Hastings는 스탠퍼드대학에서 수학을 전공했지만, 평화봉사단에 들어가 2년간 아프리카에서 교육 봉사를 하며 인간의 학습 욕구와 스토리텔링의 힘을 깨달았다고 고백한 바 있다. 이런 경험이 오늘날 넷플릭스의 개인화 추천 알고리즘과 오리지널 콘텐츠 전략의 철학적 기반이 되었다.

인공지능 기술을 습득하는 과정은 생각보다 복잡하지 않다. 인공지능 전문가가 되려는 학생들의 대부분은 파이썬 Python을 공부한다. 파이썬은 배우기 쉽고, 전문 프로그래머가 아니더라도 응용 프로그램을 만들 수 있다. 이미 많은 인공지능 프레임워크와 라이브러리 등의 도구가 개발되어 오픈소스 프로젝트로 제공된다. 이를 용도에 맞게 갖다 쓰기만 하면 된다. 블록체인도 솔리디티 Solidity 같은 전문 프로그래밍 언어를 배우면 된다. 이 과정을 거치면 인공지능과 블록체인 전문 기술자가 될 수 있다. 그런데 여기에 머무르면 단순 기술 노동자로 전락하고 만다.

실제로 오픈AI의 창립자 샘 올트먼은 스탠퍼드대학에서 컴퓨터과학을 전공하면서도 철학과 심리학에 깊은 관심을 보였다. 그는 "인공지능이 인간의 지능을 모방하려면, 먼저 인간의 인지과정과 의식의 본질을 이해해야 한다"고 말했다. 이런 철학적 사고가 GPT의 언어 모델 개발에 핵심적인 역할을 했다. 단순히 딥러닝 deep learning 알고리즘을 구현한 것이 아니라, 인간의 언어 사용 패턴과 의미 생성 과정에 대한 깊은 이해를 바탕으로 개발한 것이다.

이처럼 기술에 대한 인문학적 이해, 즉 "우리가 왜 인공지능을 해야 하나?"부터 "인공지능으로 우리는 어떤 문제를 해결해야 하나?"까지 인공지능의 세계관을 알면 기술 전문가의 톱 레벨로 오를 수 있다. 단지 주어진 문제를 풀어내는 것만이 아니라, 문제를 인식하고, 문제를 정의하고, 문제를 해결하며, 그 효과를 극대화할 수 있게 된다. 구글 딥마인드 DeepMind 의 CEO 데미스 허사비스 Demis Hassabis 가 실제 체스와 바둑의 역사, 게임 이론, 인지과학을 종합적으로 연구한 끝에 알파고를 개발한 것이 대표적인 사례다.

만약 인공지능으로 우리 집 주소를 알아내려고 하면 어떻게 될까? 물론 인공지능 기술자들은 그 문제를 풀어낼 수 있다. 차량 블랙박스와 CCTV에 찍힌 영상, 내 스마트폰에 기록된 이동 경로 등 빅데이터를 입력하면 우리 집 주소를 정확히 추론할 것이다. 그런데 이 방법은 틀렸다. 인공지능은 이런 일에 사용하라고 등장한 기술이 아니기 때문이다. 우리 집 주소는 그냥 저장된 DB에서 검색하면 나온다. 구구단이나 AND/OR 같은 논리연산의 문제를 굳이 인공지능으로 풀 이유가 없다.

인공지능은 인식, 진단, 추론 등과 같이 뭔가 알긴 알겠는데, 한마디로 딱 특정해서 말할 수는 없는 지식을 사용하는 데 쓰인다. 이세돌 프로 9단이 다음 수를 두기 위해 활용하는 것은 바둑 공식이 아니라 그의 뇌 어딘가에 분산되어 저장된, 한마디로 표현할 수 없는 그의 지식이다. 글자를 보고 'A'라고 읽거나, 음성을 듣고 'Yes'라고 대답하는 것도 한마디로 표현하기 어려운 인지의 문제이다. 특히 딥러닝 기반의 인공지능은 이런 걸 잘한다. 마이클 조던$^{Michael\ Irwin\ Jordan}$ UC버클리대학 교수는 "인공지능의 진정한 가치는 명시적으로 표현할 수 없는 암묵적 지식$^{tacit\ knowledge}$을 다루는 데 있다"고 말했다.

블록체인은 중앙집중식 시스템을 거부한다. 이더리움의 창시자 비탈릭 부테린이 철학과 경제학을 깊이 공부한 이유도 여기에 있다. 그는 "블록체인은 단순한 기술이 아니라 권력 구조와 사회 시스템을 재편하는 철학적 실험"이라고 정의했다. 블록체인으로 아무리 프로그래밍을 잘해도 그것이 탈중앙화 세상을 다루지 않는다면 이는 잘못된 접근이다. 다양성 대신 생산성을 중요시하면 그건 블록체인이 아니다. 블록체인은 자율적인 규제를 전제로 하는데, 그걸 중앙에서 통제하겠다고 나선다면 더 이상 블록체인을 하지 하겠다는 뜻이나 다름없다.

실제로 많은 기업들이 이런 인문학적 접근법을 통해 기술혁신의 성과를 내고 있다. 테슬라의 일론 머스크는 펜실베이니아대학에서 물리학과 경제학을 복수전공했지만, 개인적으로 철학과 역사학에도 깊은 관심을 보였다. 이후 그가 전기차를 단순한 친환경 운송수단이 아닌 '지속가능한 미래를 위한 철학적 선언'으로 포지셔닝한 것이 테슬라의 브랜드 가치를 크게 높였다. 아마존의 제프 베이조스가 프린스턴대학에서 컴퓨터과학을 전공하면서도 문학과 역사에 몰두했던 것이 아마존의 고객 중심 철학과 장기적 비전 수립에 영향을 미친 것도 같은 맥락이다. 이제 기술은 인문학과 연결되어야 한다. 기술 전문가는 인문학적으로 기술을 이해해야 하고, 인문학자는 기술의 사용자로서 기술의 활용법을 익혀야 한다.

영국 런던에 본사를 두고 있는 세계적인 회계·경영컨설팅 업체인 프라이스워터하우스쿠퍼스 ^{PwC}의 2024년 CEO 설문조사에 따르면, 향후 5년간 가장 경쟁력 있는 인재가 누구냐는 질문에 "기술적 전문성과 인문학적 사고를 동시에 갖춘 하이브리드 인재"라고 응답한 CEO가 89%에 달했다. MIT의 미디어랩 $^{MIT\ Media\ Lab}$과 스탠퍼드대학의 디스쿨 $^{Stanford\ d.school}$이 인문학과 공학의 융합 교육을 선도하는 것 또한 우연이 아니다. 이들 기관에서 배출된 인재들이 실리콘밸리의 혁신을 주도하고 있다. 결국 기술의 본질을 만지며 이용할 줄 아는 자가 그 기술이 꽃피운 열매를 가져갈 것이다.

OWNERSUMER

Chapter 2

오너슈머

Web 3.0 시대에 필요한 리더십

01

인공지능이 구현하는
나만의 컨텍스트 시대

콘텐츠가 왕이라면 컨텍스트는 신이다

마이크로소프트 창업자 빌 게이츠는 2023년 5월 "미래 최고 기업은 '개인 디지털 에이전트personal digital agent'를 만드는 회사가 될 것"이라고 단언했다. 개인 맞춤형으로 작동하는 고도의 인공지능 비서가 개개인의 필요와 습관을 파악해서 검색과 쇼핑 등을 대신하기 시작하면 구글이나 아마존 같은 기업은 필요 없어질 것이란 분석이다. 다만 영화 〈아이언맨〉에 등장하는 인공지능 비서 자비스 수준만큼 발전할 때까지는 시간이 꽤 걸리므로 그전까지 생성형 인공지능 기술을 기존 제품에 접목하려는 시도가 계속될 것으로 내다봤다.

그의 예상은 적중했다. 2025년 들어 구글과 오픈AI는 차세대 인공지능 모델을 선보이며 더욱 치열한 경쟁에 뛰어들었다. 구글은 2025년 5월 구글 I/O에서 제미나이 2.0 플래시 Gemini 2.0 Flash 시리즈를 발표했다. 빠른 응답 속도와 고성능 인공지능 기능을 결합해 실시간 애플리케이션 구축에 최적화된 모델이다. 제미나이 어드밴스드 Advanced에서는 딥리서치 Deep Research 기능과 100만 개의 토큰 컨텍스트 윈도우 Token Context Window를 통해 대량의 문서를 통합 분석할 수 있게 되었다. 음성만으로 매끄러운 대화와 구글 앱을 연동한 업무 지시가 가능한 것이 특징이다. 예를 들어 "동창 모임에 어울리는 1990년대 음악 목록을 만들어줘"라고 말하면 찰떡같이 알아듣고 플레이리스트를 만든다. 음성 명령만으로 자사 유튜브 뮤직에서 음악 재생이 가능하다. 또 유튜브 영상에 나오는 식당 목록을 구글 지도에 추가하거나, 구글 캘린더와 연동해 업무 미팅 일정을 등록할 수도 있다.

오픈AI 역시 2025년 2월부터 무료 버전과 플러스 버전에 o3-mini 모델을 적용해 성능을 크게 향상시켰다. 2024년 5월 공개된 GPT-4o 음성 모드는 텍스트 중심의 기존 챗GPT와 달리 사용자와의 음성 대화를 통해 문제해결형 답변을 내놓고, 50개 언어를 실시간으로 통역하는 기능을 갖췄다. 업로드된 이미지와 문서 등을 인식해 자연스러운 대화도 가능한데, 셀카를 보고 사람의 감정까지 감지한다. 2025년 4월 30일부터는 GPT-4가 완전히 GPT-4o로 교체되며, 쓰기, 코딩, STEM 등 모든 영역에서 향상된 성능을 보여주고 있다.

음성 인공지능 서비스가 처음 등장한 2016년만 해도 기대에 한참 못 미치는 수준의 성능이었다. 애플 시리^{Siri}, 아마존 알렉사^{Alexa}, 구글 어시스턴트^{Assistant}, 마이크로소프트 코타나^{Cortana} 등 글로벌 빅테크 기업들의 경쟁이 치열했지만, 말귀가 어두운 사람 같은 엉뚱한 답변과 오작동 때문에 시장에서 자취를 감췄다. 지금의 질적인 변화가 가능해진 건 '멀티모달$^{multi\ modal}$' 기술 덕분이다.

멀티모달은 '여러 가지'를 의미하는 멀티^{multi}와 '인체의 감각적 양상'을 뜻하는 모달리티^{modality}의 합성어다. 마치 사람처럼 텍스트는 물론이고 이미지, 비디오, 오디오 등 다양한 형태의 데이터를 동시에 분석하고 처리할 수 있는 인공지능을 말한다. 기존 텍스트 중심의 인공지능 챗봇이 사용자의 프롬프트^{prompt}(명령어)에 충실한 답변을 한다면, 멀티모달 인공지능은 텍스트와 이미지 등이 혼합된 정보를 종합적으로 분석해 맥락에 맞는 답을 내놓는다.

예를 들어 "내가 언제부터 피아노를 배웠지?"라고 질문하면 구글 드라이브나 아이클라우드^{iCloud} 같은 개인용 클라우드 스토리지에 저장된 사진과 영상 등을 훑어 가장 오래된 정보를 골라내는 식이다. 과거의 대화 내용이나 검색 이력 등을 기억했다가 "배고픈데 뭐 먹지?"라고 물어보면 "너 여기 치즈피자 먹고 싶어 했잖아"라며 취향을 반영한 브랜드와 구매 정보 등을 제공하기도 한다.

앞으로 음성 인공지능 비서 서비스는 구글과 오픈AI 모델로 양분될 모양새다. 가장 먼저 기술의 고도화를 이룬 데다 특장점도 뚜렷하다. 구글 제미나이가 실용적인 업무 실행에 초점을 맞췄다면, 오픈AI GPT-4o는 영화 〈그녀〉의 인공지능 사만다처럼 감정을 이해하고 표현하는 개인적 요소에 강점이 있다. 폐쇄적인 생태계를 고집해온 애플조차 오픈AI의 기술력에 심장부를 내준 것만 봐도 그렇다. 앞으로 후발주자는 구글과 오픈AI 두 갈래의 길을 더욱 풍성하게 만드는 역할을 하게 될 것이다.

흔히 4차 산업혁명을 대표하는 기술로 인공지능을 꼽는다. 2016년 1월 세계경제포럼에서 클라우스 슈밥 Klaus Schwab 회장이 4차 산업혁명을 처음 화두에 올린 후 그해 3월 구글 딥마인드의 바둑 인공지능 알파고가 인간 프로 바둑기사인 이세돌을 이기고, 이어서 구글과 아마존 등이 연달아 음성 인공지능 서비스를 출시하면서 '4차 산업혁명=인공지능'으로 각인된 효과가 크다. 그러나 인공지능 연구는 이미 1940년대에 태동했다.

영국의 수학자이자 과학자인 앨런 튜링은 1947년 지금의 인공지능 개념을 최초로 발표하고 1950년 〈컴퓨팅 기계와 지능 Computing machinery and intelligence〉이라는 제목의 논문을 내놓았다. "기계는 생각할 수 있는가 Can Machines Think?"라는 질문으로 시작하는 이 논문은 기계의 지능 여부를 판별하는 '튜링 테스트 Turing test'로 유명한데, 75년이 흐른 2025년에도 생성형 인공지능의 기술 수준을 판별하는 기준으로 활용되고 있다.

이후 컴퓨팅 파워의 한계로 오랜 겨울을 보내던 인공지능 연구가 다시 활기를 띤 건 1997년 IBM의 인공지능 체스 프로그램인 딥블루가 인간 세계 챔피언인 러시아의 가리 카스파로프를 이기면서다. 나 역시 1990년대 초부터 인공지능 기술을 파고들어 1997년 〈3차원 화상분석과 인공지능을 이용한 섬유제품 외관의 객관적 평가 방법〉이라는 박사논문을 발표했다.

가능성의 영역에 머물던 인공지능 기술이 종전의 기계 장치나 전기, 인터넷에 이어 역대 네 번째로 인류의 문명을 뒤바꾸는 혁명적 기술로 탈바꿈한 것은 컨텍스트 context 덕분이다. 인공지능은 수없이 생성되는 디지털 데이터로부터 개개인의 컨텍스트를 알아내고 활용하는 방향으로 발전한 덕분에 4차 산업혁명의 대표 기술이 될 수 있었다. 3차 산업혁명과 4차 산업혁명을 가르는 기준은 인공지능 기술 자체가 아니라 컨텍스트의 유무에 있는 것이다.

컨텍스트는 어떤 사물이나 대상 등이 서로 연결된 관계를 말한다. 우리말로 어떤 일의 맥락, 전후 사정, 정황, 배경, 환경 등을 뜻한다. '함께 엮다'라는 뜻의 라틴어 contextere에서 유래했다. 여러 가지 색실로 복잡한 무늬를 짜넣는 태피스트리를 묘사할 때 사용했는데, 시공간적 배경이나 사회·문화적 환경, 주변 상황 등이 서로 복잡하게 얽힌 독특한 구조를 뜻하는 단어가 되었다.

산업화 시대 중앙집중화 시스템에서는 '불특정 다수를 위한 객관적이고 보편적인 콘텐츠'만으로도 충분했다. 예를 들어 "오늘 뭐 볼까?"라고 질문하면 글자 그대로 요즘 인기 있는 드라마나 영화를 순위별로 알려주는 정도로 충분히 만족했다.

그러나 Web 3.0 시대 탈중앙화 시스템에서는 '오직 나만을 위한 개인 맞춤형 컨텍스트'가 작동한다. 그래서 똑같이 "오늘 뭐 볼까?"라고 질문해도 컨텍스트가 있는 인공지능은 질문자가 머무는 공간이나 시간대, 관심 있는 장르나 과거에 시청한 영화 등을 종합적으로 고려해 진짜 원하는 답변을 한다. "오늘은 가까운 영화관에서 오후 5시부터 〈아이언맨 2〉가 상영하니 관람하시면 어때요?"라고 권하는 식이다. "콘텐츠가 왕이라면 컨텍스트는 신이다"는 한마디로 "대중이 좋아하는 맛있는 김치찌개도 좋지만, 내가 좋아하는 김치찌개는 더 좋다"란 뜻이다.

지금 이 순간에도 셀 수 없이 쏟아져나오는 서비스들의 공통점은 하나로 귀결된다. 바로 '나'를 알아본다는 것이다. 18세기 이래 네 번의 진화를 거듭한 첨단 기술들이 드디어 정확히 '나'를 알아보기 시작했다.

나를 주인으로 모시는 똑똑한 기계들이 몰려온다

산업혁명 이전에 엄마[*]가 내 옷을 만들기 위해 가장 먼저 하는 일은 나의 컨텍스트를 파악하는 것이었다. 내가 선호하는 디

---

[*] 앞서 밝혔듯이 여기서 '엄마'는 상징적인 용어일 뿐, 옷은 엄마만 만들어야 한다는 고정된 성 역할이나 차별적인 젠더 의식을 반영한 것이 아님을 밝힌다.

자인, 좋아하는 색상, 목선이나 치맛단 스타일은 물론이고 내가 주로 하는 일, 자주 어울리는 사람과 장소의 분위기까지 고려해 가장 나다운 옷을 만들어줬다. 컨텍스트가 있었기에 엄마들은 단 하나뿐인 옷과 단 하나뿐인 맛, 단 하나뿐인 공간을 만들 수 있었다. 그래서 집집마다 모든 것이 달랐고, 옆집과 얼마나 다르냐가 그 집만의 능력이자 자랑거리였다.

그러나 기성품 사회, 대량생산 시스템, 산업화 시대에 컨텍스트는 조용히 자취를 감췄다. 이유는 간단하다. 돈이 들어서다. 똑같은 것을 더 많이 만들어 더 많이 팔수록 더 많은 부를 축적할 수 있는데, 일일이 개개인의 컨텍스트를 고려하면 그만큼 시간도 뺏기고 비용도 커지기 때문이다.

불특정 다수와 나를 구별할 수 있는 컨텍스트가 사라진 세상은 편했다. 직접 만드는 특별함보다 돈 주고 사는 편리함이 사람들을 압도했다. 나만의 개성과 취향을 드러내는 것보다 남들도 다 쓰는 기성품에 만족하는 것이 훨씬 안전하고 저렴하다는 것을 학습했다. 그렇게 인류는 '튀는 개인'보다 '평균 대중'으로 사는 것에 점점 익숙해졌다.

그런데 아이러니하게도 기술의 진보는 사라졌던 산업혁명 이전의 엄마들을 소환하기 시작했다. 그 시절 엄마처럼 내가 선호하는 디자인을 물어보고, 내가 좋아하는 색상을 궁금해하고, 목선이나 치맛단도 내 취향의 스타일을 찾아주기 시작했다. 이 역시 이유가 분명하다. 그래야 돈을 벌기 때문이다. 편리함이나 가성비보다 다양성과 차별화를 우선하는 사람들이 많아지면서 델컴퓨터, 배스킨라빈스, 이케아처럼 다양한 옵션을 제공하고 선택지를 늘리는 '대량 맞춤 mass customization'을 거쳐, 인공지능으로 개인의 컨텍스트를 콕 집어 반영하는 '개인 맞춤 personalized production' 시대가 열리고 있다.

2021년 9월 오픈한 인공지능 스타일링 앱 코콘 COCON은 "자신만의 본색 true color 대로 살 수 있는 세상을 만들자"는 구호 아래 개개인의 개성에 어울리는 옷을 추천해주는 서비스를 제공한다. 퍼스널 컬러 personal color(개인 신체가 지닌 고유의 색)와 얼굴 데이터, 체형 등을 분석해 또래보다 어깨너비가 얼마나 넓거나 좁은지, 체형의 장점을 살리는 디자인을 많이 판매하는 쇼핑몰은 어디인지 등 개인 맞춤으로 스타일 컨설팅을 받을 수 있다. 2024년에는 코콘 4.0 버전을 출시하며 더욱 고도화된 프리미엄 컨설팅 기능을 강화했다.

2023년 6월 문을 연 남성 패션 플랫폼 4910도 인공지능 개인화 서비스가 핵심이다. 패션 플랫폼 에이블리 ABLY가 운영하는 4910은 '10세부터 49세까지 폭넓은 남성 패션 취향을 반영한다'는 의미와 '사고 싶은(4910) 플랫폼'이라는 의미를 담았다. 약 25억 개의 취향 데이터를 학습한 인공지능 추천 알고리즘이 스트릿 중저가 브랜드부터 럭셔리 하이엔드 브랜드까지 고객 취향에 맞춰 추천해준다.

이제는 화장품도 초개인화 서비스가 낯설지 않다. 아모레퍼시픽은 2022년 2월 맞춤형 화장품 브랜드 커스텀미 Custom.me를 출시했다. 앱에 얼굴 사진을 올리면 인공지능이 주름, 색소

침착, 모공, 홍반(민감도) 등 피부 상태를 분석한 후 내 피부 타입과 라이프스타일에 적합한 성분을 조합해 오직 나만을 위한 화장품을 만들어 배송해준다.

개인 맞춤형 뷰티 플랫폼 잼페이스^{Zamface}는 2021년 9월부터 증강현실^{AR} 기술을 도입해 화면 속 내 얼굴 위에 립스틱이나 아이섀도 등 다양한 색조 화장품을 사용해볼 수 있는 퍼스널 컬러 매칭 서비스를 제공 중이다. 안면인식 기술을 활용해 나와 닮은 뷰티 유튜버를 찾아주고 나와 어울리는 메이크업 영상도 추천받을 수 있다. 현재 누적 가입자 수 250만 명을 돌파하며 MZ세대 여성 98%가 사용하는 필수 뷰티 앱으로 자리 잡았다.

스스로 건강을 챙기는 셀프메디케이션$^{Self\text{-}Medication}$ 문화가 확산되면서 개인별 맞춤형 건강기능식품(건기식)을 제공하는 서비스도 인기다. 현대백화점 계열 현대그린푸드는 2024년 7월 개인 맞춤형 헬스케어 서비스 그리팅 버틀러$^{Greating\ butler}$를 선보였다. 자체 개발한 영양 상담 인공지능 그리팅X^{GreatingX}가 개인별 영양 상태에 맞춰 체중 감량이나 피부 개선 등 목적에 따른 맞춤 식단을 설계해준다.

2021년 9월에 론칭한 개인 맞춤형 헬스케어 서비스 핏타민^{Fitamin}은 인공지능 기반의 설문과 약사 상담을 통해 개인 맞춤으로 영양제와 건기식을 소분해 정기구독 서비스로 제공한다. 필요한 만큼 원하는 날짜에 구독할 수 있고 현직 약사와 실시간 상담도 가능하다.

지금까지의 기술은 더 많은 사람들, 이른바 '평균 대중'이 좋아하는 것을 알아내는 데 유능했다. 하지만 앞으로의 기술은 오직 '나'에게만 집중한다. 누구나 보편적으로 좋아할 법한 옷이 아니라, 내 체형이나 취향 등을 분석해 내 마음에 쏙 드는 옷을 맞춤형으로 추천한다. 마치 엄마처럼 인공지능, 빅데이터, 사물인터넷, 클라우드 컴퓨팅 등 온갖 기술이 나를 궁금해하고 나에 대해 더 많은 정보를 알아내려 애쓴다.

그래서 나는 4세대 기술들의 총합을 '엄마 기계 Umma Machine'라고 이름 지었다. 내가 정의하는 엄마 기계는 '엄마처럼 개인의 컨텍스트를 알아내고, 이에 대응하는 기계'이다. 따라서 엄마처럼 모든 영역에서 나를 관찰하고 파악하고 이해하고 지원하는 것에 최적화된 각종 시스템과 장치, 소프트웨어, 하드웨어 등을 총칭한다. 여기서 인공지능이 그 핵심이며, 빅데이터 Big Data, 사물인터넷 IoT, 로봇 Robot, 클라우드 Cloud 등 첨단 기술을 총망라한다.

'엄마 기계'라는 용어는 2018년 3월에 펴낸 전작《4차 산업혁명 시대, 콘텐츠가 왕이라면 컨텍스트는 신이다》에서 처음 사용했다. 한창 집필 중이던 2017년은 4차 산업혁명에 대한 논의가 가장 뜨거울 때였는데 파고들수록 명확한 정의가 어려워 직접 만들자고 생각했고, 내가 가장 잘 아는 옷으로 산업혁명의 단계별 특징을 정리하면서 찾아낸 답이었다. 요약하면 다음과 같다.

산업혁명 이전은 엄마가 자녀의 컨텍스트를 파악해 수작

업 hand-made으로 세상에서 단 하나뿐인 옷을 만들어주는 '엄마Umma'의 시대였다. 이후 세 번의 산업혁명은 엄마 대신 기계가 기성복을 만드는 '기계Machine'의 시대, 전기에너지로 작동하는 모터와 컨베이어 벨트를 장착한 기계가 옷을 대량으로 찍어내는 '전기 기계Electric Machine'의 시대, 컴퓨터와 인터넷 기술로 움직이는 자동화 기계가 다품종 대량생산을 이뤄낸 '자동화 기계Automatic Machine'의 시대였다. 그리고 4차에 이르러 개개인의 컨텍스트를 파악하고 대응하는 데 유능한 기계들이 등장하면서 과거 산업혁명 이전의 엄마 역할이 부활했다는 의미로 '엄마 기계Umma Machine'의 시대라고 명명했다.

내 일상 스케줄을 관리해주는 비서 기계, 내 옷 스타일과 쇼핑을 도와주는 스타일리스트 기계, 내 건강을 챙겨주는 닥터 기계, 내 운동을 돕는 퍼스널 트레이너 기계, 내 자산을 관리해주는 자산 관리사 기계, 내 여행 계획을 짜주는 트래블링 기계 등 똑똑한 기계들이 넘쳐난다.

이후 7년이 넘는 시간이 흐르는 동안 엄마 기계를 표방한 수많은 기업들이 등장하고 사라졌다. 승패를 가른 건 역시 컨텍스트의 유무였다. 관성대로 소비자를 대중mass으로 여기며 그들 위에 왕처럼 군림하는 서비스는 사라졌고, 탈중앙화 흐름에 올라타 개인individual을 주인으로 섬기며 맥락 있는 제품과 서비스를 제공하는 충직한 하인 같은 기업들은 살아남았다.

엄마 기계는 앞선 세 번의 산업혁명이 켜켜이 쌓아올린 '개인의 실종'을 무너뜨리고 세상의 주인을 기계에서 '나'라는 개인으로 되돌리고 있다. 이제 우리가 할 일은 익숙했던 '평균 대중'에서 벗어나 엄마 기계들과 함께 '튀는 개인'으로서 다시 주인의 자리를 되찾는 일이다.

나를 충분히 알려줘야 곱절로 돌려받는 시대

2023년 강연에서 이런 질문을 받았다.
"생성형 인공지능이 바꾸는 세상은 어떤 모습일까요?"
"모든 사람들이 20~30개 영역의 전문 인공지능 비서를 데리고 다니는 세상이 될 겁니다."
그때 기대보다 두려움이 역력하던 사람들의 표정이 지금도 선명하다.
생성형 인공지능이 너무 빠르게 똑똑해지고 있다. 처음에는 똑똑한 인공지능이 인류를 고된 노동에서 해방시키고 여유로운 삶을 살게 해줄 것으로 막연히 기대했는데, 지나치게 발전 속도가 빨라지자 일자리를 걱정하는 사람들이 많아졌다. 괜한 걱정이 아니다. MIT와 보스턴대학의 연구에 따르면, 2025년까지 인공지능이 최대 200만 개의 제조업 일자리를 대체할 것으로 예상된다. 맥킨지 글로벌 연구소는 2030년까지 전 세계 근로자의 최소 14%가 디지털화로 인해 직업을 바꿔야 할 것이라고 보고했다.
일례로 프로그래머의 경우 인턴이나 신입사원의 주된 업무가 단순 코딩의 수없는 반복인데, 코딩은 인공지능이 인간보다 뛰어난 영역 중 하나다. 비용 면에서 초보자 여럿 고용할 돈으로 숙련자 한 명을 더 채용하는 게 훨씬 효율적이다. 실제로 2025년 1월 전문 서비스 분야 구인 공고는 2013년 이후 최저 수준을 기록했으며, 전년 대비 20% 감소했다.

그러나 현실은 우리가 아는 것과 조금 다르다. 미국 스탠퍼드대학 인간중심AI연구소[HAI]가 2024년 4월 발표한 〈인공지능 인덱스 보고서 Artificial Intelligence Index Report〉에 따르면, 2023년 미국 내 인공지능 관련 일자리는 전년보다 2배 늘어난 79만 5,624개에 달했다. 특히 애플, 구글, 메타 등 빅테크 기업들이 몰려 있는 캘리포니아와 오라클, 휴렛팩커드, 테슬라 등이 새로 둥지를 튼 텍사스 지역의 증가세가 뚜렷했다.

비단 IT 분야만이 아니다. 미국 구인 구직 플랫폼인 인디드[Indeed]가 2024년 7월 독일의 인공지능 관련 일자리를 분석한 결과, 비영리단체와 항공·방위 분야, 미디어·통신 분야 채용 공고의 절반 이상이 인공지능 전문가를 찾는 내용이었다. 갈수록 인공지능으로 인해 사라지는 직업보다 인공지능이 새로 만들어내는 직업의 숫자가 더 많을 것이란 전망이 가능하다.

세계경제포럼의 2025년 보고서에 따르면 인공지능과 정보 처리 기술이 1,100만 개의 일자리를 창출하는 동시에 900만 개의 일자리를 없앨 것으로 예상된다. 결국 순증가는 200만 개의 일자리가 될 것이다.

스위스 제네바대학 리처드 볼드윈[Richard Baldwin] 경제학 교수는 2023년 5월 세계경제포럼에서 "인공지능 자체가 일자리를 빼앗지는 않는다. 인공지능을 잘 활용하는 사람이 그러지 못한 사람의 일자리를 대체할 것이다"라고 말했다. 그는 모든 노동이 인공지능으로 대체되지 않을 것이며, 지식 노동의 경우 오히려 반복적인 작업을 인공지능이 대신 처리해주기 때문에 보다 고도화된 업무에 집중할 수 있다고도 말했다.

탈것이 마차에서 자동차로 바뀔 때처럼, 새로운 기술 문명은 사람들의 불안을 자극하고 심리적 저항을 불러일으킨다. 그러나 독일 자동차가 영국을 앞지른 것처럼, 새로운 기술을 빨리 받아들이고 잘 활용할 줄 알아야 시장을 선점하고 주도권을 쥘 수 있다. 인터넷 검색이나 엑셀 사용법을 모르는 사람을 고용하는 기업이 없는 것처럼, 가까운 미래에 인공지능이 필수 업무 능력 중 하나가 되는 건 자연스럽다. 2025년 현재 생성형 인공지능 스킬을 요구하는 일자리는 전체의 0.2%에 불과하지만, 이는 기술 도입이 아직 초기 단계이기 때문이다. **결국 내 일자리를 위협하는 건 인공지능이 아니라 인공지능을 유능하게 다루기 위한 노력을 기울이지 않은 나 자신이 될 수도 있는 것이다.**

모든 사람이 인공지능 전문가가 될 필요는 없다. 개발자가 될 게 아니라면 사용법을 익히는 정도로 충분하다. 전자레인지의 마이크로웨이브 microwave 원리를 몰라도 냉동피자를 데워 먹고, 와이파이 WiFi 개념을 몰라도 어디서든 인터넷에 접속하는 것처럼 말이다. 다만 원리와 사용법이 조금 다를 뿐이다.

과거 산업화 시대에는 기업이 먼저 새로운 기술을 받아들이고 이를 제품과 서비스로 판매했다. 소비자는 작동 원리를 알 필요 없이 텔레비전, 냉장고, 세탁기, 컴퓨터처럼 완제품을 구입해 설명서대로 사용하기만 하면 됐다. 그러나 인공지능이 개개인의 컨텍스트를 분석하는 4차 산업혁명의 디지털 전환 시대에는 사용자가 얼마나 많은 정보를 제공하느냐에 따라 제품과 서비스의 질이 달라진다.

유럽 최대 온라인 패션 플랫폼 잘란도^{Zalando}가 챗GPT 기반으로 개발한 생성형 인공지능 쇼핑 서비스인 잘란도 어시스턴트^{Zalando Assistant}는 개인의 스타일 선호도에 따른 맞춤형 패션 조언을 제공한다. 나에 대한 정보를 충분히 알려주면, 이를 통해 나만의 취향을 파악하고 맞춤형 의상 추천과 스타일링 가이드를 제공하며, 고객과의 상호작용을 통해 추천의 정확도를 지속적으로 개선해나간다. 또한 생성형 인공지능을 활용해 '디지털 트윈^{twin}' 모델의 가상 복제본을 생성하고, 이를 바탕으로 다양한 스타일의 이미지를 자동으로 구현하고 있다.

오픈AI는 2023년 11월 GPTs 기능을 선보인 이후 지속적으로 발전시켜왔다. 이후 GPT-4를 단계적으로 퇴출하고 GPT-4o로 대체하기 시작했으며, 2025년 3월 GPT-4o는 새로 업데이트되어 더욱 직관적이고 창의적이며 협업적으로 변화했다. 지시사항을 더 정확하게 따르고, 코딩 작업을 더 원활하게 처리하며, 더 명확하고 자연스러운 방식으로 소통한다. 응답이 더 간결하고 명확해졌으며, 마크다운^{Markdown} 레벨과 이모

지 emoji 사용을 줄여 더 읽기 쉽고 덜 복잡하며 집중도 높은 답변을 제공한다. 2025년 4월 30일부터는 GPT-4가 완전히 퇴출되고 GPT-4o가 기본 모델이 되었다.

GPTs는 코딩 지식이 없어도 인공지능과 몇 분의 대화만으로 자신에게 필요한 지식을 갖춘 인공지능 챗봇을 직접 커스텀할 수 있는 기능이다. 여기서 핵심은 인공지능이 맥락을 이해할 수 있도록 관련 데이터를 제공하는 것이다.

GPTs를 공개할 당시 오픈AI CEO 샘 올트먼이 무대에 올라 직접 시연을 보였다. 그는 세계 최대 스타트업 액셀러레이터 accelerator인 와이콤비네이터 Y Combinator 의장을 맡던 시절 강연했던 자료를 업로드한 후 "스타트업 창업자가 직원을 채용할 때 고려할 세 가지는 무엇인가"라고 질문했다. 그러자 인공지능 챗봇이 업로드한 문서를 빠르게 분석한 후 세 가지 항목을 요약해 답했고, 샘 올트먼은 "딱 내 생각"이라며 맞장구쳤다. 그가 인공지능 챗봇을 훈련시키는 데 걸린 시간은 45초에 불과했다.

이처럼 GPTs 기능을 이용하면 누구나 자신에게 최적화된 인공지능 비서를 직접 커스텀할 수 있다. 지금까지 작업한 일러스트 작품을 업로드하고 "내 스타일대로 일러스트 초안을 그리는 프로그램을 만들어줘"라고 명령만 하면 된다. 그동안 작성했던 리포트나 보고서를 업로드한 후 "보고서 양식에 맞춰서 OO 주제로 초안을 작성해줘"라고 명령할 수도 있다. 제공하는 데이터가 풍성할수록, 명령이 구체적일수록 인공지능 비서는 더 유능해진다. 요즘 이 명령을 '프롬프트prompt'라고 하는데, 혹자는 인공지능 시대에 유능한 인재로 프롬프트 테크놀로지를 잘 활용하는 사람을 꼽기도 한다.

프롬프트는 단순한 명령어가 아니라 인공지능과의 효과적인 소통 방식이다. 좋은 프롬프트를 작성하려면 원하는 결과를 명확하게 정의하고, 구체적인 맥락과 조건을 알려줘야 한다. 예를 들어 "글을 써줘"라는 모호한 요청보다는 "마케팅 담당자를 대상으로 한 1,000자 분량의 신제품 소개 이메일을 쓰되, 제품의 핵심 기능 세 가지와 경쟁사 대비 장점을 포함해 작성해줘"라는 식으로 구체적으로 지시하는 것이 중요하다. 또한 인공지능이 정확한 정보를 바탕으로 답변할 수 있도록 관련 자료나 배경지식을 함께 제공해야 한다. 잘못된 정보나 불충분한 맥락을 제공하면 인공지능 역시 부정확하거나 원하지 않는 결과를 내놓을 수밖에 없다. 결국 프롬프트 입력 능력은 인공지능 시대의 핵심 리터러시literacy가 될 것이다.

샘 올트먼은 2024년 5월 과학기술 전문지 〈MIT 테크놀로지 리뷰MIT Technology Review〉와의 인터뷰에서 "인공지능의 킬러앱killer app(일상적으로 사용하는 필수 기능의 앱)은 나의 삶에 관한 모든 것을 기억하는 우수한 능력의 동료와 같은 서비스가 될 것"이라고 말했다. 개인의 컨텍스트를 학습한 인공지능 비서가 우리의 일상이 된다는 얘기다. 2025년 현재 인공지능 기술은 더욱 가속화되고 있으며, 인공지능에 대한 인식이 점차 긍정적으로 변화하고 있다.

나의 컨텍스트를 알려줘야 인공지능을 비롯한 엄마 기계들이 나를 도와줄 수 있다. 엄마 기계가 나를 주인으로 섬기며 내가 원하고 필요로 하는 것을 맞춤형으로 제공하게 하려면 더 많은 정보를 기꺼이 줘야 한다. 나를 학습한 엄마 기계에게 내가 원하는 것을 달라고 요구하고 명령하는 방식에 익숙해져야 한다. 불특정 다수가 아닌 오직 나를 학습하고 나를 위해 유능해질 수 있도록 나에 관한 데이터를 제공하는 것이 엄마 기계 시대에 필요한 리더십이다.

02

소유하며 소비하는
오너슈머가 온다

개미 떼가 공룡을 잡는다

19세기 말 헨리 포드가 대량생산 시스템을 도입한 이후 약 130여 년간, 산업혁명은 개인 중심의 자급자족 경제를 기업 주도의 대량생산 체제로 급속히 전환시켰다. 맥킨지 글로벌 연구소의 2022년 보고서에 따르면, 수천 년간 지역별 다양성을 추구하던 인류는 20세기를 거치며 표준화된 생산성과 효율성을 우선시하는 사회로 변모했고, 이 과정에서 개인의 창의성은 대중적 소비 패턴으로 대체되었다.

  현재 우리가 살고 있는 산업화 사회는 본질적으로 '기성품 중심 생태계'다. 기업들과 각국 정부 기관들은 생산성 극대화를 위해 표준화된 시스템을 구축하고 엄격한 기준을 설정한다. 소비자들은 이처럼 미리 정해둔 틀 안에서 선택권을 행사할 뿐이다. 이러한 패러다임은 제조업과 서비스업을 넘어 교육(표준화된 커리큘럼), 문화(대중문화 콘텐츠), 보건복지(일률적 의료 서비스) 영역까지 확산되어 있다.

기성품 중심으로 짜여진 산업화 사회의 핵심 동력은 '중앙집중화centralization 전략'이다. 하버드비즈니스스쿨의 클레이튼 크리스텐슨 교수가 분석한 바와 같이, 지역별로 분산되어 있던 경제활동을 대규모 자본과 인프라를 통해 중앙집중화함으로써 규모의 경제를 실현하고 관리 효율성을 극대화하는 것이다. 이 과정에서 기업들이 핵심 역할을 담당했다. 실제로 삼성경제연구소의 연구에 따르면, 조선시대나 고려시대에는 현대적 의미의 '기업'이라는 개념 자체가 존재하지 않았다. 산업화 이전에 정치권력은 왕실과 귀족 계층이 장악했지만, 경제활동의 중심축은 여전히 개별 장인과 상인이었다.

현재 생존하는 인류는 모두 산업화 이전의 세상을 살아본 경험이 없다. 다만 산업화 체제 안에서 태어나 성장했을 뿐이다. 우리는 기업 주도의 경쟁 시스템에 적응하며 그 안에서 생존 전략을 개발해왔고, 이것이 인간 사회의 자연스러운 질서라고 여겨왔다. 산업화 세상이 전부인 줄 알았다. 그러나 MIT 미디어랩의 니콜라스 네그로폰테Nicholas Negroponte 교수가 지적했듯이, 우리의 유전적 본능은 여전히 다양성과 개별성을 추구하는 산업화 이전의 DNA를 간직하고 있으며, 이것이 최근 개인 중심 플랫폼 경제의 폭발적 성장을 설명하는 핵심 요인이다.

1980년대 나의 어린 시절, 한국의 방송 환경은 KBS, MBC, SBS 등 소수의 공중파가 전부였다. 시청자들은 정해진 시간에 맞춰 만화를 보고, 오후 9시 뉴스를 시청해야 했다. 그러다 IT 기술이 발전하면서 방송 생태계가 다변화되기 시작했다. 2000년대 초 종합편성채널(JTBC, 채널A, MBN, TV조선), 케이블TV(CJ헬로비전, 현대HCN), 위성방송(KT스카이라이프), IPTV(KT올레TV, SK브로드밴드, LG유플러스) 등이 등장하며 채널 선택권이 기하급수적으로 확대되었다. 기존 미디어 대기업들은 콘텐츠 품질 향상과 차별화를 위해 연간 수조 원의 제작비를 투자하며 치열한 경쟁을 벌이고 있다.

이런 상황에서 2005년 등장한 유튜브 YouTube는 게임 체인저였다. 구글이 2023년 발표한 공식 통계에 따르면, 현재 유튜브는 전 세계 80개 언어를 지원하며, 월간 활성 이용자가 27억 명 규모다. 총 1억 1,500만 개의 채널에 8억 개 이상의 영상이 업로드되어 있으며, 매분 평균 2,500개의 콘텐츠가 추가된다. 더 주목할 점은 상위 크리에이터들의 수익 규모다. 〈포브스〉가 발표한 2023년 최고 수익 유튜버 순위를 보면, 1위 미스터비스트 MrBeast는 연간 5,400만 달러(약 720억 원), 2위 제이크 폴 Jake Paul은 4,500만 달러(약 600억 원)의 수익을 올렸다. 이는 웬만한 중견 방송사의 연간 매출액에 버금가는 수준이다.

한국에서도 비슷한 현상이 나타나고 있다. 유튜브 크리에이터 쯔양은 구독자 수 1,020만 명으로 연간 추정 수익이 100억 원이 넘는 것으로 알려져 있고, 유튜버 동네놈들은 구독자 수 230만 명으로 월 수익이 5억 원에 달한다고 추정된다. 2022년 한국 유튜버들의 총수입은 1조 1,420억 원으로 집계되었다. 2022년 KBS의 총수입이 1조 5,305억 원, MBC의 총수입이 8,602억 원 수준이었음을 감안하면, 개별 유튜버의 수익이 기존 방송사 규모에 근접하고 있다는 것을 알 수 있다.

이러한 '개미 떼 현상'은 다른 산업에서도 가속화되고 있다. 숙박업계의 에어비앤비 사례가 대표적이다. 2023년 기준으로 에어비앤비는 전 세계 220개국 10만 개 도시에서 활동하는 500만 명의 호스트를 통해 700만 개 숙소를 제공하고 있다. 연간 총 예약 건수는 3억 9,300만 건, 총 거래액 GMV은 738억 달러(약 98조 원)에 달한다.

반면 글로벌 호텔 체인 1위인 힐튼은 1919년에 설립되어 100년 넘는 역사를 자랑하지만, 2023년 기준 전 세계 123개국 7,000여 개 호텔에서 117만 개 객실만을 운영하고 있다. 연간 매출은 약 95억 달러(약 12조 6,000억 원) 수준이다. 숙박업계 2위인 메리어트도 139개국 8,000여 개 호텔, 150만 개 객실을 보유하고 있지만, 개별 호스트들이 모인 에어비앤비의 규모에는 크게 미치지 못한다.

더욱 흥미로운 점은 수익 분배 구조다. 에어비앤비는 플랫폼 수수료로 총 거래액의 3~5%만 가져가고, 나머지 95% 이상은 개별 호스트들에게 돌아간다. 한국의 경우 약 7만 명의 에어비앤비 호스트가 활동하고 있으며, 상위 10% 호스트들은 연간 1억 원 이상의 수익을 올리는 것으로 추정된다. 기존 호텔 산업에서는 상상할 수 없었던 수익 분산 모델이 현실화된 것이다.

모빌리티^{mobility} 분야에서도 유사한 변화가 진행 중이다. 우버는 2023년 기준 전 세계 70개국에서 500만 명의 드라이버 파트너와 함께 연간 총 거래액 1,317억 달러(약 175조 원)를 기록했다. 국내에서는 카카오T 택시가 개인 택시기사 약 25만 명과 연결되어 연간 4조 원 규모의 거래를 중개하고 있다. 반면 기존 대형 택시회사들의 시장 점유율은 지속적으로 감소하고 있다.

스탠퍼드대학 경제학과의 수전 애티^{Susan Athey} 교수는 이러한 현상을 '플랫폼 경제의 롱테일 효과'로 분석한다. 소수의 대기업이 독점하던 시장에서 수많은 개인 참여자들이 각자의 틈새 영역에서 수익을 창출하는 구조로 전환되고 있다는 것이다.

이러한 변화는 단순한 기술적 진보를 넘어 인간 본성의 회귀로 해석된다. 하버드대학 심리학과의 스티븐 핑커^{Steven Pinker} 교수는 저서 《우리 본성의 선한 천사》에서 "인류는 본질적으로 다양성을 추구하는 존재"라고 설명했다. 산업화 시대의 표준화된 대량생산 체제는 효율성 측면에서는 성공적이었지만, 인간의 창의성과 개별성을 억압하는 부작용을 낳았다는 것이다.

옥스퍼드대학 인터넷 연구소의 빅토어 마이어쇤베르거^{Viktor}

Mayer-Schönberger 교수도 이를 '개인화 경제personalization economy'의 등장으로 해석한다. '기업이 미리 만들어놓은 기성품을 소비자가 선택하는 시대에서, 개인이 직접 창작하고 유통하며 수익을 창출하는 시대로 패러다임이 바뀌고 있다'는 것이다.

이러한 트렌드는 앞으로 우리 사회의 모든 영역에 확산될 것으로 전망된다. 교육 분야에서는 개인 강사들이 운영하는 온라인 교육 플랫폼(유데미, 클래스101, 패스트캠퍼스)이 기존 대학과 대형 학원을 위협하고 있다. 금융 분야에서는 개인 투자자들이 참여하는 크라우드펀딩과 P2P 대출이 기존 은행의 역할을 대체하기 시작했다. 의료 분야에서도 개별 의료진이 직접 환자와 연결되는 원격 진료 플랫폼이 확산되고 있다.

자본과 규모로 무장한 전통적 공룡 기업들의 시대가 저물고, 창의성과 전문성으로 무장한 개인들이 네트워크를 형성해 새로운 경제 질서를 만들어가고 있다. 이는 단순한 산업 구조의 변화가 아니라, 인류가 산업화 이전의 다양성과 개별성을 디지털 기술을 통해 새롭게 구현하는 역사적 전환점으로 평가된다.

주주행동주의와 크라우드펀딩

국내 기업의 주식을 1주라도 사봤다면 정기총회 참석 통지문을 받아본 기억이 있을 것이다. 주식을 발행하는 주식회사는 매년 통상 3월 말에서 4월 초 사이에 정기 주주총회를 개최한다. 안건은 주로 이사·감사 선임이나 재무제표 승인 등으로, 주식평등의 원칙에 따라 1주당 1개의 의결권이 주어진다. 주주는 자신이 보유한 주식량에 따라 해당 기업의 경영에 영향력을 행사할 수 있다.

원칙은 이렇지만 사실상 주주총회는 대주주의 거수기 역할을 해왔다. 소액주주의 영향력이 워낙 미미해서 대부분 위임의 형태로 의결권을 포기하는 것이다. 그런데 2024년 3월 이변이 일어났다. 전북은행과 광주은행, JB우리캐피탈 등을 거느린 JB금융지주의 정기총회에서 대주주가 선택한 이사회 후보 대신 주주들이 제안한 후보가 사외이사로 선임됐다. 금융사 이사에 주주제안 후보가 포함된 것은 국내 최초의 사례다. 2025년에도 JB금융지주는 주주제안 사외이사를 선임하며 지속적인 변화를 보여주고 있다.

그 배경에는 주주행동주의 shareholder activism가 있다. 시세 차익이나 배당금 수익 등에 만족하는 소극적 주주와 달리, 주주행동주의자는 펀드 형태로 상당한 비율의 주식을 모아 기업 밸류업 value-up(가치 향상)을 위한 다양한 행동에 나선다. 기업의 성장에 역행하는 헐값 합병이나 상장 폐지 등을 견제하고, 재벌과 대주주의 경영권 승계나 세금 절감 같은 이른바 코리아 디스카운트 Korea discounts(한국 상장기업 저평가 현상)를 막아서는 역할을 자처한다.

2024년 기준 주주행동주의 대상이 된 글로벌 기업 1,028개

중 58%(592개)가 미국 기업이며, 그 뒤를 이어 일본(96개)과 한국(66개)이 각각 2위와 3위를 차지했다. 특히 주주행동주의의 대상이 된 국내 기업 수는 최근 4년 사이 약 6.6배 증가하며 글로벌 23개 주요국 중 3위를 차지하는 동시에 가장 높은 증가율을 기록했다.

우리나라에 주주행동주의가 처음 도입된 1990년대에는 기업을 괴롭혀 단기 차익을 얻어내는 '기업 사냥꾼' 이미지가 강했다. 그러나 2000년대 들어 가치투자형 활동이 늘면서 긍정적 인식이 퍼지기 시작했다. 특히 2021년 1월 세계 최대 자산운용사 블랙록 BlackRock의 래리 핑크 Larry Fink 회장이 "모든 투자에 ESG(환경·사회·지배구조) 평가를 반영하겠다"고 선언한 후 탄소 감축이나 공정거래, 직원 다양성 등 지속가능성을 투자 기준으로 삼는 행동주의 펀드가 많아졌다.

이러한 변화는 젊은 투자자들을 중심으로 한 행동주의 펀드 참여로 이어졌다. JB금융의 사례가 대표적이다. 얼라인파트너스 Align Partners 자산운용은 2023년 2월 주주행동주의 플랫폼 비사이드 코리아 Bside Korea에서 소액주주를 모집해 JB금융 2대 주주가 된 후 연간 배당성향(당기순이익 중 배당금 비율) 33%, 주당 결산배당금 900원을 요구하는 주주제안을 제출했다. 이때는 실패로 끝났지만 2024년 3월 정기총회에선 주주의 뜻을 반영하는 사외이사 선임에 성공했다.

참고로 얼라인파트너스는 2021년 9월 주주행동주의를 표방하며 설립된 자산운용사다. 최근 얼라인파트너스는 대형주에서 중·소형주로 공략 대상을 전환하고 있다. 2025년에는 덴티움(5.17%), 스틱인베스트먼트(6.64%), 가비아(8.04%) 등의 지분을 5% 이상 보유하며 새로운 행동주의 전략을 펼치고 있다. 2025년 1월에는 코웨이를 대상으로 자본구조 효율화를 요구하는 행동주의 캠페인을 시작했다.

이러한 주주행동주의의 가시적 성과는 양적 성장이 뒷받침했다. 2024년 3월 한국경제인협회가 발표한 〈주주행동주의 부상과 과제〉 연구보고서에 따르면, 국내외 행동주의 펀드가 활동하는 한국 기업은 2019년 8개사에서 2023년 77개사로 9.6배나 급증했다.

이러한 흐름에 발맞춰 2025년 7월 3일 여야 합의로 국회 문턱을 넘은 상법개정안은 소액주주 보호를 위한 제도적 기반을 강화했다. 개정안의 핵심은 이사의 충실의무 대상에 '주주'를 추가한 것으로, 기존 "이사는 회사를 위하여 그 직무를 충실하게 수행하여야 한다"는 조항을 "이사는 회사 및 주주를 위하여 그 직무를 충실하게 수행하여야 한다"로 변경했다. 이사가 총주주의 이익을 보호하고 전체 주주의 이익을 공평하게 대우하도록 하는 조항도 신설했다. 아울러 상장회사가 전자주주총회를 현장주주총회와 병행하여 개최할 수 있도록 허용하고, 대규모 상장회사에는 이를 의무화하는 내용도 포함했다. 이 개정안은 조만간 국무회의 심의·의결을 거쳐 공포될 전망이다.

지금까지 기업의 경영은 오너 일가와 몇몇 대주주의 몫이었다. 소액주주들은 명목상 기업의 주인으로 불리지만 경영 활동에서는 철저히 배제되어왔다. 주가가 오르면 차익을 얻고 반대로 내려가면 손해를 감수하는 수동적 투자에 머물러야 했다. 그런데 최근 몇 년 사이 새로운 투자 방식이 힘을 얻기 시작했다. 종전의 방관자에서 벗어나 경영에 적극적으로 개입하며 마치 자기 사업처럼 투자 활동을 벌이는 사람들이 나타난 것이다.

이들의 목표는 단 하나, 기업 밸류업이다. 주주들의 의견을 대변하는 사람을 이사회에 포함시켜 기업의 의사결정 과정에 직접적인 영향력을 행사하거나, 주주제안을 통해 ESG 경쟁력 강화를 위한 단기 로드맵을 요구하는 등 기업가치를 끌어올리는 데 주력한다. 이를 통해 주주 배당 비율을 높이거나 주가를 올려 더 높은 이익을 실현한다.

주주행동보다 조금 더 손쉽게 개인들이 기업 경영에 참여할 수 있는 방법도 있다. 바로 크라우드펀딩 crowdfunding 이다. 크라우드펀딩은 군중을 뜻하는 크라우드 crowd 와 자금 조달이란 뜻의 펀딩 funding 을 조합한 용어로, 온라인 플랫폼을 이용해 다수의 개인으로부터 자금을 조달하는 방식을 말한다. 개인 사업자나 창작자, 초기 스타트업은 다수의 개인으로부터 아이디어 단계의 시제품 prototype 이나 서비스를 상품화할 수 있는 자금을 모으고, 개인들은 관심 있는 프로젝트에 소액을 투자해 얼리어답터 early adopter 로 신제품을 제공받거나 해당 기업의 지분(비상장 주식) 또는 배당이나 이자 수익 등을 얻는다.

크라우드펀딩은 크게 네 가지 형태로 나뉜다. 투자금을 모금한 후 그 대가로 제품과 서비스를 제공하는 '후원형(리워드형)', 물질적 대가 없이 프로젝트에 필요한 자금을 지원받는 '기부형', 개인이 개인에게 소액을 빌려주고 만기에 원금과 이자를 돌려받는 '대출형(P2P금융)', 투자자에게 지분이나 증권(단기채권)을 발행하고 배당금이나 이자 등을 제공하는 '증권형(지분투자형)'이다.

국내 크라우드펀딩은 2011년 후원형과 기부형이 먼저 시작되었고, 2014년 대출형에 이어 2016년 증권형이 도입됐다. 대표 플랫폼으로는 벤처 기술 구현과 아이디어 실현에 중점을 둔 와디즈 Wadiz, 문화 창작 지원을 전문으로 하는 텀블벅 Tumblbug, 스타트업과 개인 투자자를 연결해주는 크라우디 Crowdy, 사회적 기업과 ESG 스타트업의 자금 조달을 중개하는 오마이컴퍼니 Ohmycompany 등이 있다.

주식이 이미 시장 검증을 완료한 자기자본 300억 이상의 상장기업을 투자 대상으로 한다면, 크라우드펀딩은 초기 자금이 절실한 스타트업의 성장을 지원하는 엔젤투자에 가깝다. 대기업을 움직이는 주주행동주의에 비하면 파워가 약하지만, 개인들의 소액 투자로 초기 스타트업의 흥망이 결정된다는 점에서 영향력은 그에 못지않다.

일례로 국내 최대 규모를 자랑하는 와디즈의 경우 2024년 매출액 432억 원을 기록하며 전년 대비 9% 성장했다. 7월 말 기준 누적 프로젝트 7만 건을 돌파했으며, 상반기에만 1만

990개의 펀딩 및 선주문, 스토어 입점이 이뤄져 전년 동기 대비 36% 증가했다. 와디즈는 2025년 상반기 유상증자를 마무리하고 2026년 상장을 추진할 계획이다. 와디즈 펀딩으로 사업성을 인정받아 VC 벤처캐피털 투자 유치에 성공한 스타트업도 수두룩하다. 그 예로 최근에는 반려동물 장례 서비스 21그램 ^{21gram}, 아웃도어 브랜드 그릴스유니온 ^{GrilseUnion}, IP 굿즈 전문기업 루카랩 ^{LucaLab}, 유기농 화장품 브랜드 파워플레이어 ^{PowerPlayer} 등이 큰손들의 선택을 받았다.

이제 기업은 더 이상 오너 일가나 대주주의 전유물이 아니다. 단순한 투자를 넘어 기업가치를 성장시키고 더 큰 이익을 나눠 갖는 개인 투자자들이 많아지고 있다. 기대하거나 기다리지 않고 스스로 방법을 찾아 행동하는 사람들, 마치 주인처럼 기업을 소유하며 기업 경영의 모든 과정에 참여하고 결과에도 책임지는 사람들, 나아가 기업의 제품과 서비스의 기획, 디자인, 생산, 마케팅 및 판매에 참여하는 동시에 직접 소비하며, 기업을 알리고 기업의 가치를 높이는 일에 참여하는 이들을 나는 '오너슈머 ^{ownersumer}'라고 부른다.

다만 이 '오너슈머'를 주식을 가진 소비자나 투자를 한 소비자 정도로만 해석하는 것은 너무 좁다. 오너슈머는 Web 3.0 시대의 핵심 역할을 담당하는 사람들이다. 이에 대한 심도 있는 고찰이 필요하다.

참여하고 보상받는 오너슈머

인류는 수천 년간 '생산자 producer'였다. 생산자의 동사형인 produce는 '앞으로 이끌다, 나오게 하다'라는 뜻의 라틴어 producere에서 유래한 단어다. 우리 조상들은 목화솜에서 무명실을 뽑아내 옷을 지어 입었고, 벼를 재배해 수확한 쌀로 끼니를 해결했으며, 흙을 쌓고 볏짚을 엮은 집에서 눈과 비를 피했다. 온전히 자신의 힘으로 자연에서 나고 자란 것들을 사용해 의식주를 해결했다.

지게나 봇짐으로 물건을 실어 나르며 여러 지역에 판매하던 떠돌이 상인, 이른바 보부상은 시장이 만들어지고 상업이 발달하기 시작한 18세기에 등장했다. 이전까진 자급자족이 기본이고 어쩌다 이웃 마을과 물물교환을 하는 정도였다.

18세기 중반경 시작된 산업혁명은 인류를 '소비자 consumer'로 변화시켰다. 소비자의 동사형인 consume은 '소모시키다, 먹어치우다, 낭비하다'라는 뜻의 라틴어 consumere에서 유래했다. 자급자족 경제에서 벗어나 시장 경제가 활성화되면서 사람들은 직접 만드는 성취보다 돈을 주고 사는 간편함에 익숙해졌다. 대량생산과 대량소비가 짝을 이루며 인류는 더 많이 소비하기 위해 더 많이 노동하기 시작했다.

참고로 생물학에서 소비자는 먹이를 먹어야만 생존할 수 있는 생물을 일컫는 용어다. 광합성을 통해 스스로 양분을 만들어내는 식물은 생산자로 분류한다. 말하자면 식물은 생산자,

식물을 먹는 초식동물은 1차 소비자, 초식동물을 먹는 육식동물은 2차 소비자가 된다. 즉, 인류가 생산자에서 소비자로 변화한 것은 생태계의 대전환에 비유할 만하다.

이후 IT 기술의 발전과 함께 시작된 인터넷 시대는 '프로슈머 prosumer'를 등장시켰다. 프로슈머는 '생산자 PROducer'와 '소비자 conSUMER'의 합성어로, 생산 과정에 참여하는 소비자를 말한다. 미래학자 앨빈 토플러가 1980년 자신의 저서 《제3의 물결》에서 처음 사용한 용어인데, 기업이 생산한 제품을 선택적으로 구매하는 수동적 소비에서 벗어나 제품 개발이나 판매 과정 등에 직·간접적으로 참여해 자신의 의견을 반영하는 능동적 소비자를 의미한다. 하지만 아날로그 시대에 가까운, 정보 처리에 제한이 많았던 인터넷 초창기의 Web 1.0 시대에서 프로슈머는 일방적인 정보를 전달받아 읽기만 하는 소비자에 그쳤다.

그러나 무선통신 기술과 개인 미디어 등의 발전으로 본격적인 Web 2.0 시대가 되면서 단순 의견 전달 수준이었던 프로슈머의 활동 범위가 확장되기 시작했다. 기획 단계부터 직접 참여해 아이디어를 제시하거나 SNS 등을 통한 자발적 홍보 또는 불매운동으로 영향력을 행사하고 있다.

최근에는 자신만의 방식으로 기존 제품을 재창조하는 '모디슈머 MODIfy+conSUMER', 친환경과 지속가능한 소비를 지향하는 '그린슈머 GREEN+conSUMER', 팬으로서 직접 상품을 기획 및 제작하고 스스로 소비하는 '팬슈머 Fan+conSUMER' 등 다양한 형태의 프로슈머가 등장하고 있다.

그렇다면 Web 3.0 시대는 어떨까? 생산과 소비의 경계를 넘나들며 새로운 것을 창조하는 동시에 주도적으로 사용하는 '오너슈머 OWNERSUMER'로 진화하는 중이다. **오너슈머는 '주인 OWNER'과 '소비자 conSUMER'의 합성어로, 오너십 ownership을 발휘하는 소비자를 말한다.**

파스타의 예를 간단히 들어 보자. 'Read only'의 Web 1.0 시대의 소비자는 그냥 식당에서 파스타를 주문하고 먹는 것으로 그만이다. 'Read and Write'의 Web 2.0 시대의 프로슈머는 파스타를 먹고, 댓글을 달고, '좋아요'를 누르고, 평점을 매긴다. 'Read, Write and Own'의 Web 3.0 시대의 오너슈머는 파스타를 내 SNS에 홍보하고, 파스타가 팔릴 때마다 일정 금액의 수익을 받는다. 이처럼 오너슈머는 기업이나 제품, 서비스의 수익 활동에 직접 참여하고 기여하면서 주인처럼 보상받는다.

이처럼 오너십은 단순히 물건을 소유하는 것을 넘어, 일이나 단체에 주체로서 책임감을 가지고 이끌어야 한다는 의식을 말하는 것으로, 오너십을 가진 구성원은 자신의 업무에 대한 책임감을 느끼고 적극적으로 참여하여 성과를 창출한다. 과거 오너십이 건물이나 화폐 등 물리적 자산에 대한 소유권을 뜻했다면, 최근의 오너십은 콘텐츠 저작권과 같은 지적재산권 IP: intellectual property이나 마이데이터 MyData처럼 디지털 자산으로 확장되고 있다.

오너십의 관점에서 주주행동주의나 크라우드펀딩은 기업

이라는 공급자의 가치를 성장시켜서 자기 몫의 이익을 키우는 소극적 오너슈머로 볼 수 있다. 유튜버나 인플루언서는 직접 콘텐츠를 만들고 수익을 창출하는 생산자라는 점에서 오너슈머로 볼 수도 있지만, 유튜브나 틱톡 같은 플랫폼 공급자가 저작권과 소유권은 물론 수익 배분 권리까지 통제 혹은 독점하고 있어 한계가 뚜렷하다. 앱 개발자의 경우도 애플이나 구글 등 배급 플랫폼 기업의 통제 아래 있다. 이는 엄격히 말해 프로슈머의 최종 단계라 할 수 있다. 반면 NFT 아티스트나 메타버스 크리에이터는 자신의 창작물을 개인들과 직거래해 수익을 창출한다는 점에서 적극적인 오너슈머의 형태를 갖췄다.

NFT는 디지털 자산에 대한 소유권을 증명하는 블록체인 기반의 토큰이다. 자신이 창작한 그림, 영상, 음악, 게임 아이템 등 디지털 자산의 고유성과 소유권을 기록할 수 있다. 이 기록이 블록체인에 저장되기 때문에 해킹이나 위·변조가 불가능하다. 이런 특성 때문에 중앙화된 플랫폼의 검증이나 중개 없이도 개인끼리의 거래가 가능하다.

초기의 NFT는 무명의 화가나 디지털 아티스트가 갤러리 중개 없이 자신의 작품을 디지털로 판매하는 수단으로 활용됐다. 이후 인도네시아 대학생의 셀카처럼 수많은 개인들이 직접 NFT를 발행하거나 사고팔기 시작했고, 최근에는 메타버스에서 창작한 아이템이 NFT로 거래되고 있다.

하지만 2024년 NFT 시장은 심각한 침체를 겪었다. 댑레이더DappRadar에 따르면, 2024년 NFT 거래량은 총 137억 달러에 그쳤으며, 판매량도 5,000만 건을 밑돌았다. 이는 2020년 이후 최악의 수준이었다. 2025년 들어서도 하락세가 지속되어 3월 NFT 거래량은 전월 대비 12.4% 감소했으며, NFT 구매자 수도 2023년 10월 이후 최저치로 떨어졌다. 이러한 시장 침체로 바이빗 Bybit은 NFT 마켓플레이스 운영을 종료했고, X2Y2도 약 56억 달러 규모의 거래량을 기록한 뒤 문을 닫았다. 크라켄 Kraken도 2025년 2월 NFT 사업을 중단하는 등 많은 플랫폼들이 NFT 사업에서 철수했다.

특히 주목할 점은 거래량과 판매량의 상반된 움직임이다. 과거에는 지루한 원숭이 요트 클럽 BAYC: Bored Ape Yacht Club처럼 수억 원짜리 NFT가 높은 비중을 차지했지만, 최근에는 로블록스나 제페토 같은 메타버스 플랫폼에서 다수 개인들이 직접 제작한 대중적 가격대의 NFT 거래가 활발해진 덕분에 거래 건수는 증가하고 있다. 따라서 현재 NFT는 각 방면의 크리에이터들의 지적재산권을 활용하는 유틸리티와 실물 시장과의 연동 등을 통해 화려한 부활을 예고하고 있다.

한편, NFT 시장의 침체와 달리 메타버스 시장은 놀라운 성장을 보이고 있다. 글로벌 시장조사 기관 마켓어스 Market.us에 따르면, 2024년 메타버스 시장 규모는 1,305억 달러(약 180조 원)로 추정되며 2030년까지 1조 달러(약 1,380조 원)로 성장할 것이라 전망된다.

스태티스타 Statista의 보고서에 따르면, 2024년 글로벌 메타버스 시장 규모는 744억 달러(약 102조 4,785억 원)를 넘어서고, 2030년까지 5,078억 달러(약 699조 4,437억 원)로 증가할 전망이다. 이는 연평균 35% 이상의 고성장을 의미한다.

실제 메타버스 플랫폼의 이용자 수도 꾸준히 증가하고 있다. 글로벌 메타버스 플랫폼 로블록스의 2024년 2분기 기준 전 세계 일간 활성 이용자는 7,950만 명에 이른다. 이는 2022년 평균 5,600만 명에서 크게 증가한 수치다.

국내 대표 메타버스 플랫폼인 제페토의 경우, 2022년 3월 기준으로 글로벌 누적 가입자 수가 3억 명을 돌파했다. 제페토는 해외 이용자 비중이 95%에 달할 정도로 글로벌 Z세대를 중심으로 빠르게 성장했으며, 월간 활성 이용자는 2,000만 명에 달한다.

메타버스에 필요한 AR 및 VR 헤드셋의 글로벌 출하량은 2023년 2,322만 대, 2024년 3,276만 대, 2025년 4,387만 대로 늘어났고, 2026년까지 AR, VR, MR(혼합현실) 등을 모두 포함한 XR 시장 규모는 1,000억 달러에 도달할 것으로 예상된다.

최근에는 스팀잇 Steemit과 피블 Pibble 같은 탈중앙화 소셜 미디어 플랫폼도 가입자 수가 크게 늘고 있다. 기존 소셜 미디어와 기능은 동일하지만 콘텐츠를 업로드하면 그 보상으로 토큰을 제공하는 것이 특징이다. 콘텐츠에 대한 소유권도 유저가 갖는다.

피블은 2024년 12월 1일 시즌2를 새롭게 오픈했으며, 인공지능을 활용한 창작물을 피블앱에 올리고 상금을 받을 수 있는 시스템을 운영하고 있다. 탈중앙화 시스템을 활용한 오너슈머들이 도처에서 등장하고 있는 것이다.

NFT 시장은 투기적 거품에서 실용적 가치로 전환되는 과정으로서 조정기를 거치고 있다. 동시에 개인들은 메타버스와 인공지능이 융합된 새로운 창작 환경에서 진정한 디지털 자산의 소유자가 되어가고 있다. 이는 단순한 기술적 변화를 넘어서 인류의 경제활동 패러다임이 근본적으로 변화하고 있음을 보여주는 중요한 전환점이라 할 수 있다.

Web 2.0에서 유튜브나 인스타그램 같은 플랫폼 유저들은 자신이 창작한 콘텐츠의 오너지만 실질적인 오너십은 배급 혹은 유통 플랫폼에 빼앗겨야 했다. 그러나 블록체인 기반의 Web 3.0에서는 개인이 생산하거나 생산에 참여한 각종 디지털 자산을 직접 소유하고 자유롭게 거래할 수 있다. 더 이상 기업에 종속되지 않고 개인들이 주인인 동시에 소비자가 될 수 있다.

자신의 창의성을 발휘해 비즈니스 모델을 개척하고, 새로운 형태의 소유와 가치 교환 방식을 통해 시장을 창출하는 오너슈머는 Web 3.0 시대를 이끌어가는 진정한 주인공이다.

`03`

새로운 가치로 부를 창출하는 토큰 이코노미

토큰과 디앱의 결합이 경제의 미래를 바꾼다

흔히 비트코인을 '디지털 금 *digital gold*', 이더리움은 '디지털 석유 *digital oil*'에 비유한다. 비트코인은 총 발행량이 2,100만 개로 제한돼 있어 금처럼 희소성이 높고 인플레이션(물가 상승)의 영향을 받지 않는 안전자산으로 평가된다. 그러나 금융 거래나 투자 교환 이상의 가치는 없어 이용이 제한적이다.

반면 이더리움은 필요에 따라 다양한 활용이 가능하다. 개인 간 자동 계약을 지원하는 스마트 콘트랙트를 기반으로 탈중앙화 애플리케이션인 '디앱 *DApp: decentralized application*'을 지원하기 때문이다. 자동차나 발전소를 움직이는 연료인 동시에 플라스틱이나 각종 화학제품 등의 원료로 사용되는 석유처럼,

이더리움도 Web 3.0 생태계를 구성하는 다양한 디앱의 구동을 가능하게 하는 필수 자원 역할을 한다.

디앱은 중앙 서버가 아닌 블록체인 네트워크에서 실행되는 애플리케이션을 말한다. 대표적인 디앱으로는 오픈씨와 래리블 Rarible 등 NFT의 발행과 거래를 지원하는 NFT 마켓플레이스가 있다. 엑시 인피니티 Axie Infinity 와 디센트럴랜드 Decentraland 처럼 캐릭터를 키워 전투에서 이기거나 토지를 구매해 개발하면 보상으로 NFT나 토큰을 제공하는 'P2E Play to Earn' 게임도 디앱의 일종이다.

최근에는 탈중앙화 금융인 '디파이 DeFi: decentralized finance'가 디앱의 핵심으로 주목받고 있다. 디파이는 관리자 없이 블록체인의 스마트 콘트랙트로만 작동하는 금융 서비스를 말한다. 개인들이 서로의 토큰을 자유롭게 사고팔 수 있는 탈중앙화 거래소 '덱스 DEX: decentralized exchange', 코인을 예치하면 이자를 주거나 코인을 담보로 대출을 해주는 탈중앙화 대출 서비스 '디파이 렌딩 DeFi Lending', 다양한 디파이 플랫폼에서 최적의 이자율을 찾아 디지털 자산을 자동으로 배분해주는 탈중앙화 자산관리 서비스 '일드 애그리게이터 Yield Aggregator' 등이 대표적인 디파이 디앱이다.

2025년 1월 기준 전 세계 디파이 자금 규모는 약 11,290억 달러(약 175조 원)에 달한다. 이는 2024년 1월과 비교해 무려 137%나 증가한 수치다. 글로벌 시장조사 기관 그랜드뷰리서치 Grand View Research는 2030년까지 디파이 시장의 연평균 성장률 CAGR이 46%에 이를 것으로 전망했다. 디파이 시장의 성장세에는 여러 가지 이유가 있는데 두 가지만 꼽자면, 하나는 스테이블코인 stable coin의 공급량 증가이고 다른 하나는 실물자산 RWA: real world assets 토큰화 시장의 성장세다.

최근 주목받는 스테이블코인은 미국달러 같은 법정화폐와 가치를 일대일로 연동한 가상화폐를 말한다. 가상화폐의 가장 큰 단점으로 꼽히는 가격 변동성을 낮춘 덕에 안전 투자를 우선하는 개인 및 기관 투자자의 선호가 높다. 전체 스테이블코인의 70%를 차지하는 테더 USDT의 시가총액은 2025년 7월 기준 약 1,583억 달러(약 215조 원)에 이르며, 여전히 암호화폐 시가총액 3위를 유지하고 있다. 2024년 12월까지 약 1,350억 개의 USDT 토큰이 유통되고 있어 광범위한 채택을 보여주고 있다.

RWA는 금이나 주식, 국채, 부동산, 미술품 등의 실물자산을 블록체인 네트워크에서 토큰화한 것을 말한다. RWA는 토큰화를 통해 자산의 소유권과 거래 내역을 투명하게 관리할 수 있고, 부동산이나 고가의 예술품을 잘게 쪼개 소액으로 조각 투자할 수 있으며, 중개인 없이 개인 간 직접 거래로 비용이 절감되는 장점이 있다. 주식 거래는 매수·매도 체결 후 영업일 기준 2~3일 뒤에 결제되지만, RWA 토큰은 실시간 거래여서 시간도 대폭 단축된다.

RWA 토큰화 시장은 2025년 폭발적인 성장을 보이고 있다. 2025년 상반기 RWA 시장은 260% 성장하여 총 230억 달러(약

31조 원)를 넘어섰다. 2022년 50억 달러(약 6조 8,000억 원)에서 2025년 6월 240억 달러(약 33조 원)로 380% 증가하며 스테이블코인 다음으로 가장 빠르게 성장하는 암호화폐 부문이 되었다.

현재 RWA 토큰화 시장에서 가장 큰 비중을 차지하는 종목은 프라이빗 크레딧private credit(민간 신용)이다. 2025년 6월 기준 프라이빗 크레딧이 140억 달러(약 19조 원)로 전체 RWA 토큰화 시장의 58%를 차지하고 있으며, 미국 국채 토큰이 34%로 그 뒤를 따르고 있다.

세계 최대 자산운용사 블랙록은 2024년 3월 미국 국채에 투자하는 최초의 RWA 펀드 '비들BUIDL: BlackRock USD Institutional Digital Liquidity Fund'을 출시해 점유율 1위를 기록 중이다. 비들은 토큰당 1달러(약 1,360원) 가치를 유지하고 매달 토큰으로 배당금이 지급되도록 설계됐다. 비들 펀드는 놀라운 성장세를 보이고 있다. 2025년 3월 비들 토큰의 운용 자산은 10억 달러(약 1조 4,000억 원)를 돌파했으며, 2025년 5월 기준 27억 3,000만 달러(약 4조 원)에 달한다. 비들은 이더리움에서 시작해 현재 솔라나Solana를 포함한 7개 블록체인에서 운영되고 있다.

RWA는 현실 세계와 블록체인 세계를 토큰으로 연결한다는 점에서 중요한 의미를 지닌다. 2000년대 초반 인터넷의 등장 이후 모든 상거래가 온라인으로 전환되었듯이, 실물자산의 토큰화는 거의 모든 거래와 투자 방식이 토큰으로 바뀔 것이란 전망에 힘을 실어준다.

일례로 블랙록의 래리 핑크 회장은 2025년 연례 투자자 서한에서 "모든 주식, 모든 채권, 모든 펀드, 모든 자산이 토큰화될 수 있다"고 선언했으며, "만약 그렇게 된다면 투자에 혁명을 일으킬 것"이라고 강조했다. 또한 2025년 1월 CNBC와의 인터뷰에서는 "SEC가 주식과 채권의 토큰화를 신속히 승인하기를 원한다"고 밝혔다. 가상화폐 시장이 호황기였던 2017년에도 "비트코인은 자금세탁 수단"이라고 비난을 퍼붓던 것과 비교하면 상당히 전향적이다. 참고로 블랙록이 출시한 RWA 펀드 비들 BUIDL은 빌드 BUILD의 오타처럼 보이지만 블록체인 업계에서는 개발을 의미하는 신조어다. 토큰화 시장에 대한 래리 핑크의 강력한 의지를 읽을 수 있는 대목이다.

블랙록이 관리하는 자산 규모는 2024년 1분기 기준 10조 5,000억 달러(약 1경 4,000조 원)에 이른다. 이는 미국과 중국을 제외한 모든 국가의 국내총생산을 뛰어넘는 규모다. 래리 핑크가 2021년 "모든 투자에 ESG 평가를 반영하겠다"고 선언한 후 전 세계 돈의 흐름이 ESG를 지향하는 기업으로 향한 것처럼, 최근의 토큰화 선언이 가상자산 대중화를 이끄는 기폭제가 되리란 예측이 지배적이다.

RWA 시장의 미래 전망은 매우 낙관적이다. 대부분의 기업들이 RWA 부문이 2030년까지 4조 달러(약 5,300조 원)에서 30조 달러(약 4경 원) 사이의 시장 규모에 이를 것으로 예측하고 있으며, 이는 현재 가치 대비 50배 이상의 성장을 의미한다. 특히 시큐리티 토큰 마켓 Security Token Market은 RWA 시장이

2030년까지 30조 달러(약 4경 원) 규모로 성장할 것으로 전망했다.

2024년 말까지 모든 자산 클래스에서 500억 달러(약 67조 원) 상당의 자산이 토큰화되었으며, 그중 300억 달러(약 40조 원)가 부동산에서 나왔다. 업계 전망에 따르면 2030~2034년까지 전 세계 자산의 10~30%가 토큰화될 수 있다고 한다. RWA가 400조 달러(약 53경 원)에 달하는 전통 금융업계의 자산을 블록체인에 연결하는 다리 역할을 하게 되는 것이다.

최근까지 부자가 되는 지름길은 테슬라 창업자 일론 머스크나 아마존 창업자 제프 베이조스처럼 혁신을 주도하며 주식을 발행하는 기업의 창업자가 되는 것이었다. 그러나 Web 3.0 시대에는 토큰을 활용해 새로운 가치를 만드는 사람이 부자가 될 것이다. 오너슈머의 종착점은 토큰이라는 새로운 형태의 소유와 가치 교환 방식을 통해 새로운 부를 창출하는 '토큰 이코노미'의 실현에 있기 때문이다.

토큰과 디앱의 결합은 일부 기업이 아닌 다양한 사용자의 참여를 촉진해 사용자 중심의 Web 3.0 시대로의 전환을 가속하는 핵심 열쇠다. 2025년은 실물자산 토큰화가 실험 단계를 벗어나 본격적인 제도화 단계로 접어드는 전환점의 해가 될 것으로 전망된다.

주식에서 토큰으로 부의 공식이 바뀌고 있다

1760년대 산업혁명이 시작된 이래 그동안 있었던 가치의 개념 변화와 부자들의 변천사는 무척이나 재미있다. 역사를 돌이켜보면 부를 축적하는 방식이 어떻게 진화해왔는지 명확하게 드러난다. 산업화 이전 인류는 수천 년간 부자가 되는 확고부동한 방법을 가지고 있었다. 모든 산출물은 소위 신의 선물 God's gift이라 불리는, 땅이나 바다 등 자연에서 나는 것이었다. 그래서 '땅'을 많이 가진 자가 부자였다. 로마 제국의 원로원 의원들, 중세 유럽의 봉건 영주들, 조선시대의 양반 지주층이 모두 이런 방식으로 부를 축적했다. 17세기 프랑스의 태양왕 루이 14세가 베르사유 궁전을 지을 수 있었던 것도 전국에서 거둬들인 토지세 덕분이었다. 왕이든 귀족이든 서로 땅을 많이 차지하는 자가 부자였고, 그것이 곧 권력이었다. 이때 모든 가치는 쌀, 보리나 철, 구리, 소나 양 등 눈에 보이는 유형의 자산들에 매겨졌다.

산업화가 일어난 후 게임의 룰이 완전히 바뀌었다. 자본가들은 공장을 지어 상품을 대량생산하고, 이를 전 세계에 팔아 이윤을 창출하기 시작했다. 이때는 많이 만들어 많이 파는, 즉 '매출'이 많은 자가 부자였다. 19세기 말 앤드루 카네기 Andrew Carnegie는 카네기 스틸 Carnegie Steel을 통해 미국 철강 생산량의 절반을 담당하며 당대 최고 부자가 되었다. 헨리 포드는 컨베이어 벨트를 이용한 대량생산 시스템으로 자동차를 보급하며 거대한 부를 축적했다. 현대에는 월마트가 연간 6,000억 달러(약 816조 원)가 넘는 매출로 세계 최대 유통 기업이 되었고, 코카콜라는 하루 19억 병의 음료를 전 세계에 판매하며 브랜드 제국을 건설했다. 나이키는 연간 510억 달러(약 70조 원)의 매출로 글로벌 스포츠웨어 시장을 장악했다. 한국의 삼성전자는 2023년 279조 원의 매출을 기록하며 메모리 반도체 세계 1위 자리를 굳건히 지키고 있고, 현대자동차는 연간 1,200만 대의 자동차를 생산하며 세계 3위 완성차 업체로 성장했다. 이때까지만 해도 가치는 눈에 보이는 제품이나 서비스에 매겨지는 매출에 비례했다. 이런 가치 창출 방식은 시간과 땀에 비례하는 매우 정직하고 순수한 방법이었다.

그런데 1980년대부터 이상한 일이 생겼다. 매출과 기업가치 사이에 설명하기 어려운 괴리가 나타나기 시작한 것이다. 가장 극명한 사례가 포드와 테슬라다. 포드는 2023년에 약 1,762억 달러(약 240조 원)의 매출을 냈다. 120년 역사를 자랑하는 이 자동차 제조업체는 전 세계 200개국에서 연간 400만 대 이상의 차량을 판매하고 있다. 반면 테슬라는 고작 6개 모델로 약 968억 달러(약 132조 원)의 매출을 냈는데, 이는 포드의 절반 수준에 불과하다. 그런데 2024년 12월 24일 기준 포드의 시가총액은 약 393억 달러(약 53.4조 원)인 반면, 테슬라의 시가총액은 약 1.35조 달러(약 1,836조 원)에 달한다. 테슬라의 가치가 포드보다 30배 이상 높은 것이다. 눈에 보이는 정직한 매출로는 도저히 설명이 안 되는 현상이다.

이러한 역설적 상황은 바로 '주식 시장'이라는 새로운 가치 평가 시스템 때문이다. 주식은 제품이나 매출, 영업이익 등 눈에 보이는 현재의 성과만으로 가치를 매기지 않는다. 미래 성장 가능성, 기술 혁신 잠재력, 시장 점유율 확대 전망, 경영진의 비전과 실행력 등 눈에 보이지 않는 무형의 요소들을 종합적으로 고려해 가치를 결정한다. 테슬라가 높은 평가를 받는 이유는 단순한 전기차 제조업체가 아니라 자율주행, 에너지 저장, 인공지능, 로봇공학을 아우르는 종합 기술 기업으로 인식되기 때문이다. 일론 머스크가 제시하는 '지속가능한 미래'라는 비전과 그것을 실현할 수 있다는 시장의 믿음이 주가에 반영된 것이다.

주식의 역사 자체는 1602년 네덜란드 동인도회사에서 시작되었지만, 실제로 주식을 통해 거대한 부자들이 본격적으로 등장하기 시작한 것은 1970년대 이후부터다. 1975년 19세에 하버드대학을 중퇴한 빌 게이츠는 마이크로소프트를 창업해 개인용 컴퓨터 혁명을 이끌었고, 1986년 기업공개 당시 31%의 지분으로 세계 최고 부자가 되었다. 워런 버핏 Warren Buffett 은 1965년부터 버크셔 해서웨이 Berkshire Hathaway 를 운영하며 연평균 20%의 수익률로 50년 넘게 주주들에게 부를 안겨주었다. 그의 투자 철학인 '좋은 기업을 싸게 사서 오래 보유하라'는 가치투자의 전형이 되었다.

아마존의 제프 베이조스는 1994년 온라인 서점으로 시작해 '지구 상에서 가장 고객 중심적인 기업'이라는 비전 아래 전자

상거래, 클라우드 컴퓨팅, 인공지능 분야로 사업을 확장하며 아마존을 2조 달러(약 2,720조 원) 기업으로 성장시켰다. LVMH의 베르나르 아르노는 1989년부터 루이비통, 에르메스, 티파니 등 명품 브랜드들을 인수하며 럭셔리 제국을 건설해 현재 2,000억 달러(약 272조 원)가 넘는 개인 자산을 보유하고 있다. 이들은 모두 무형의 가치를 창조하고 이를 주식 시장에서 인정받아 거대한 부를 축적한 대표적인 사례들이다.

 그런데 최근 10년간 더욱 혁신적인 부의 창출 수단이 등장하고 있다. 바로 '가상자산 *virtual asset*' 시장이다. 이는 기존 주식보다도 한층 더 파격적이다. 아예 제품이나 매출, 심지어 회사 조직조차 없이, 백서에 담긴 기술적 아이디어와 미래에 대한 비전, 그리고 이를 믿고 따르는 글로벌 커뮤니티만으로도 수십억 달러(수조 원)의 가치를 인정받을 수 있게 된 것이다. 2008년 사토시 나카모토라는 익명의 인물이 발표한 9페이지짜리 논문 〈비트코인: 개인 대 개인 전자화폐 시스템〉에서 시작된 비트코인은 2024년 12월 기준 개당 10만 달러(1억 3,600만 원)를 돌파하며 총 시가총액이 2조 420억 달러(약 2,777조 원)에 달했다. 이는 전 세계 자산 순위 7위에 해당하는 규모로, 사우디아라비아의 국영석유회사 아람코(2조 180억 달러), 금속은의 전체 시장(1조 700억 달러), 테슬라(1조 350억 달러)를 모두 뛰어넘는 수준이다.

 더욱 흥미로운 것은 이더리움, 솔라나, 카르다노 *Cardano* 등 다양한 블록체인 플랫폼들이 각각 고유한 생태계를 구축하며 수백억 달러의 가치를 창출하고 있다는 점이다. 이더리움의 창시자 비탈릭 부테린은 19세에 백서를 작성해 스마트 콘트랙트라는 개념을 도입했고, 현재 이더리움은 시가총액 4,200억 달러(약 571조 원)의 거대한 디지털 경제 플랫폼이 되었다. NFT 시장은 2021년 한 해에만 250억 달러(약 34조 원) 규모로 성장했고, 디파이(탈중앙화 금융) 시장에는 1,000억 달러(약 136조 원)가 넘는 자금이 예치되어 있다. 전 세계적으로 이런 꿈과 비전을 바탕으로 활발히 거래되는 가상자산이 1만 개가 넘는다.

이러한 변화의 배경에는 밀레니얼세대와 Z세대로 대표되는 디지털 네이티브 digital native들의 가치관 변화가 있다. 이들은 물리적 소유보다는 디지털 경험과 커뮤니티 참여를 중시하며, 중앙화된 기관보다는 분산화된 네트워크를 신뢰한다. 메타버스, 게임파이 GameFi, 소셜파이 SocialFi 등 새로운 디지털 경제 모델들이 속속 등장하며 기존 경제 시스템에 도전하고 있다. 실제로 2024년 기준 전 세계 가상자산 시장의 총 시가총액은 3조 달러(약 4,080조 원)를 넘어서며 인도의 국내총생산에 근접한 규모로 성장했다.

산업화와 디지털화를 거치면서 부자가 되는 방법은 땅에서 매출로, 주식으로, 이제는 가상자산으로 끊임없이 진화하고 있다. 각각은 모두 시대적 맥락에서 합리적이고 가치 있는 방법들이다. 땀으로 일구어 눈에 보이는 가치를 수확하는 전통적인 방식은 정직하고 안정적이지만 성장 속도가 느리다. 반면 보이지 않는 것에 가치를 매기는 주식이나 가상자산은 빠르고 큰 수익을 가져다줄 수 있지만, 그만큼 변동성과 위험성도 크다. 중요한 것은 이미 전 세계 수십억 명의 사람들이 보이지 않는 무형의 가치를 인정하고 실제로 거래하고 있다는 사실이다. 더 이상 이런 건전하고 정상적인 투자나 시도를 사행성 도박으로 치부하고 외면할 수만은 없는 상황이 되었다. 오히려 변화하는 시대의 흐름을 이해하고 새로운 기회를 포착하는 것이 중요한 시점이다.

오너슈머가 부자가 되는 토큰 이코노미

앞에서도 말했지만 산업화 이전에는 '땅'을 가진 사람이 부자였다. 18세기 중반 산업혁명 이후에는 '공장'을 가진 사람이 부자였다. 디지털 혁명 전후로는 '주식'을 가진 사람이 부자가 됐다. 4차 산업혁명 시대에는 '토큰'을 가진 사람이 부자가 된다. 이는 단순한 추측이 아니라 이미 현실로 나타나고 있는 명확한 트렌드다.

2017년 이더리움을 초기에 투자한 사람 중 상당수가 현재 억만장자가 되었다. 당시 1달러(약 1,360원)에 불과했던 이더리움은 2021년 최고점에서 4,800달러(약 653만 원)까지 상승하며 4,800배의 수익률을 기록했다. 비트코인 역시 2010년 0.08달러(약 109원)에서 시작해 2024년 기준 10만 달러(약

1억 3,600만 원)를 돌파하며 125만 배의 수익률을 달성했다. 이는 전통적인 부동산이나 주식 투자로는 상상할 수 없는 수준의 자산 증식이다.

흔히 코인 coin과 토큰 token을 혼용해 사용하는데, 둘 다 블록체인 네트워크에서 디지털 자산 digital asset 으로 사용된다는 점은 동일하다. 그러나 차이가 명확한데, 코인은 구글의 안드로이드 같은 운영체계, 토큰은 안드로이드 환경에서 작동하는 수많은 앱에 비유할 수 있다. 좀 더 기술적으로 설명하면, 코인은 독립적인 블록체인 네트워크의 기본 화폐 역할을 하는 반면, 토큰은 기존 블록체인 플랫폼 위에서 스마트 콘트랙트를 통해 발행되는 디지털 자산이다.

단적으로 비트코인의 주된 사용처는 온라인 및 오프라인 결제, 해외송금, 투자, 가치 저장 수단 등에 국한된다. 반면 토큰은 화폐, 주식, 교환권, 회원권, 계약서, 증명서, 입장권, 투표권, 보상 포인트 등 훨씬 다양하고 복합적인 용도로 활용할 수 있다. 이런 유연성 때문에 현재 전 세계에서 발행되고 거래되는 토큰의 수는 수만 개에 달하며, 매일 새로운 토큰들이 등장하고 있다.

현재 활용되는 토큰의 종류는 크게 다섯 가지로 분류할 수 있다. 첫째, 게임 머니처럼 특정 디앱에서 제공하는 제품이나 서비스를 이용할 수 있는 '유틸리티 토큰 utility token'이다. 대표적으로 브레이브 브라우저 Brave Browser의 BAT가 있다. 사용자들이 광고를 시청하면 BAT를 보상으로 받고, 이를 콘텐츠 크리에이터에게 후원하거나 프리미엄 서비스 이용료로 사용할 수 있다. 현재 BAT의 시가총액은 약 2억 달러(약 272조 원) 규모다.

둘째, 코인처럼 투자나 거래에 사용할 수 있는 '트랜잭션 토큰 transaction token'이다. 이더리움의 ETH, 바이낸스 스마트 체인의 BNB 등이 대표적이다. BNB의 경우 초기 발행가 0.1달러(약 136원)에서 2021년 최고점 690달러(약 94만 원)까지 가격이 상승하며 6,900배의 수익률을 기록했다. 현재 시가총액은 약 1,000억 달러(약 136조 원)에 달한다.

셋째, RWA처럼 주식이나 부동산 등 실물자산을 디지털 자산으로 전환해 소유권을 증명하는 '증권형 토큰 security token'이다. 이 분야는 특히 빠르게 성장하고 있는데, 2024년 기준 글로벌 RWA 토큰화 시장 규모는 약 1,200억 달러(약 163조 원)에 달하며, 2030년까지 10조 달러(약 1경 3,600조 원) 규모로 성장할 것으로 전망된다. 실제로 미국의 부동산 투자 플랫폼 리얼티 RealT는 디트로이트의 부동산을 토큰화해 전 세계 투자자들이 100달러(약 13만 6,000원)부터 미국 부동산에 투자할 수 있도록 하고 있다.

넷째, 예술품이나 음악처럼 고유성과 희소성을 가진 디지털 자산의 소유권을 증명하는 '대체 불가능 토큰 NFT'이다. 2021년 디지털 아티스트 비플의 NFT 작품 〈매일: 첫 5000일〉이 크리스티 경매에서 6,930만 달러(당시 약 785억 원)에 낙찰되며 전 세계적인 화제를 모았다. 현재 NFT 시장은 일시적 조정을 겪고 있지만, 게임 아이템, 메타버스 자산, 멤버십 증명 등으로 활용 영역이 지속적으로 확대되고 있다.

다섯째, 오너나 대표 없이 다수의 개인들이 운영에 참여하는 탈중앙화 자율조직인 DAO에서 마치 주식처럼 투표권 등 의사결정 권한을 나타내는 '거버넌스 토큰governance token'이다. 분산형 자율조직 컨스티튜션 DAOConstitution DAO는 2021년 미국 헌법 원본을 구매하기 위해 단 일주일 만에 4,700만 달러(약 639억 원)를 모금하며 DAO의 가능성을 보여주었다.

두드레스 플랫폼과 연계한 드레스DRESS 코인은 엄밀히 말하면 유틸리티 토큰이다. Web 3.0 패션 크리에이터 협업 플랫폼을 지향하고 있는 드레스디오DRESSdio.io 생태계에서 활용된다. 이더리움 기반의 ERC-20 표준을 따르는 폴리곤Polygon 네트워크에서 작동하며, 2025년 1월에 총 20억 개가 발행되어, 9월에는 글로벌 톱거래소인 게이트아이오Gate.io에 상장되었다. 드레스 토큰 보유자들은 플랫폼 내에서 디지털 패션 아이템을 구매하고, 크리에이터에게 후원하며, 플랫폼의 주요 정책 결정에 참여할 수 있는 권한을 갖게 된다.

이처럼 코인이나 다양한 용도의 토큰을 활용해 블록체인 네트워크 안에서 서비스를 제공하고 이윤을 창출하는 경제 시스템을 '토큰 이코노미token economy'라고 한다. 토큰이라는 보상 체계를 중심으로 개인 참여자들이 다양한 가치를 주고받으며 자발적으로 형성하는 경제 생태계를 말한다. 이는 전통적인 중앙집권적 기업 구조와는 완전히 다른 새로운 경제 모델이다. 기존 기업에서는 주주와 경영진이 의사결정을 독점하고 이익을 배분하지만, 토큰 이코노미에서는 모든 참여자가 토큰 보유량에 따라 의사결정에 참여하고 그에 비례해 이익을 공유한다.

토큰이 어떻게 독자적인 경제 생태계를 구축하는지는 유니스왑^{Uniswap} 사례를 살펴보면 이해가 쉬워진다. 유니스왑은 '탈중앙화 거래소의 혁신'을 목표로 2018년 11월 출시된 블록체인 기반의 자동화된 유동성 프로토콜$^{automated\ liquidity\ protocol}$이다. 창립자 헤이든 애덤스$^{Hayden\ Adams}$는 이더리움 창시자 비탈릭 부테린의 조언을 받아 단 한 명의 개발자로 유니스왑을 개발했다. 기존의 중앙화된 거래소와 달리 누구나 자유롭게 암호화폐를 교환하고 유동성을 제공할 수 있다.

가장 큰 차이점은 거래 방식과 보상 체계의 혁신이다. 전통적인 거래소는 매수자와 매도자를 직접 연결하는 주문서$^{order\ book}$ 방식을 사용하지만, 유니스왑은 자동화된 마켓 메이커$^{AMM:\ automated\ market\ maker}$ 모델을 도입했다. 이는 수학적 공식($x \times y = k$)을 통해 토큰 가격을 자동으로 결정하는 시스템으로, 복잡한 주문 매칭 과정 없이도 즉시 거래가 가능하다.

유니스왑에서는 모든 거래가 이더리움 블록체인상의 스마트 콘트랙트를 통해 처리되어 투명하고 검증 가능하다. 중앙화된 기업이 사라져도 프로토콜은 영구히 작동하며, 거래 수수료와 운영권도 사용자들이 공유한다. 또한 유동성을 제공하거나 거래에 참여하는 활동도에 따라 자체 토큰인 UNI를 보상으로 제공한다. UNI는 전 세계 주요 가상화폐 거래소를 통해 현금으로 교환할 수 있으며, 현재 시가총액은 약 150억 달러(약 20조 원)에 달한다.

사용자들은 다양한 방식으로 수익을 얻을 수 있다. 첫째, 유동성 풀 liquidity pool에 자신의 암호화폐를 예치해 유동성 공급자 LP: liquidity provider가 되어 거래 수수료의 일부를 지속적으로 받는 것이다. 예컨대 ETH-USDC 풀에 1만 달러(약 1,360만 원) 상당의 토큰을 예치하면 연평균 5~15%의 수수료 수익을 얻을 수 있다. 둘째, UNI 토큰을 보유하면 유니스왑 프로토콜의 중요한 결정 사항에 대한 투표권을 갖게 되어 플랫폼의 미래 발전 방향에 직접 영향을 미칠 수 있다. 셋째, 수익률 농사 yield farming라고 불리는 전략을 통해 추가 수익을 창출할 수 있다. 이는 여러 디파이(탈중앙화 금융) 프로토콜을 조합해 최적의 수익률을 추구하는 방법으로, 숙련된 사용자들은 연간 100% 이상의 수익률을 달성하기도 한다. 넷째, 유니스왑 V3에서는 집중 유동성 concentrated liquidity 기능을 통해 특정 가격 범위에만 유동성을 제공함으로써 더 높은 수수료 수익을 얻을 수 있다.

사용자 입장에선 UNI를 즉시 현금화하는 것보다 장기간 보유해서 거버넌스에 참여하는 것이 훨씬 더 유리하다. 유니스왑 생태계가 성장할수록 UNI 토큰의 가치도 함께 상승하고, 더 많은 거버넌스 권한을 행사할 수 있기 때문이다. 프로토콜의 업그레이드나 새로운 기능 추가, 수수료 구조 변경 등 주요 의사결정에 참여할수록 플랫폼 발전에 기여하고 그 혜택을 공유받게 된다. 실제로 유니스왑의 거버넌스 참여율은 약 60%로, 전통적인 기업의 주주총회 참석률(보통 10~20%)보다 훨씬 높다.

이처럼 유니스왑은 토큰이라는 보상 체계를 통해 더 많은 사용자와 유동성을 끌어모으고, 사용자는 더 많은 토큰과 수수료를 받기 위해 양질의 유동성을 제공하는 동시에 프로토콜 거버넌스에도 적극 참여한다. 이를 통해 충성도 높은 사용자가 많아질수록 토큰의 가치가 올라가는 선순환 구조가 형성된다.

실제로 유니스왑은 출시 7년 만인 2025년 5월에 전체 거래량 3조 달러(약 4,080조 원)를 돌파한 최초의 탈중앙화 거래소가 되었으며, UNI 토큰 가격도 2020년 9월 출시 당시 3달러(약 4,080원)에서 2021년 최고점 44달러(약 6만 원)까지 14배 이상 상승했다. 현재 가격은 시장 조정을 겪고 있지만 여전히 높은 시장 가치를 유지하고 있다.

2025년 들어 토큰 이코노미는 새로운 발전 단계에 접어들고 있다. 가장 주목받는 트렌드는 인공지능과 블록체인의 융합이다. 인공지능 에이전트 플랫폼 AI16Z가 토큰 이코노미 조정 및 자체 레이어1 블록체인 출시 가능성을 모색하고 있다는 소식처럼, 인공지능이 토큰 이코노미의 새로운 영역을 개척 중이다. 특히 인공지능 에이전트가 자율적으로 토큰을 거래하고 포트폴리오를 관리하는 자동화된 투자 시스템이 등장하기 시작했다.

스테이블코인 및 RWA 토큰화 등 주요 알트코인의 제도권 진입도 본격화되고 있다. 테더^{USDT}의 시가총액은 1,400억 달러(약 190조 원)를 돌파했고, 써클^{USDC}도 550억 달러(약 75조 원) 규모로 성장했다. 이는 토큰 이코노미가 기존 금융 시스템과의 연결고리를 강화하고 있음을 보여준다. 실제로 블랙록, 피델리티^{Fidelity} 같은 전통적인 자산운용사들이 비트코인 ETF를 출시해 기관 투자자들의 암호화폐 시장 참여가 급증하고 있다.

토큰 이코노미의 핵심은 개인 사용자들이 자발적으로 참여해 토큰의 가치를 높이고, 이를 통해 더 많은 이익을 실현하는 것이다. 이는 전통적인 주주행동주의와 유사한 측면이 있지만, 결정적인 차이점이 있다. 주주행동주의에서 대기업의 소수 지분을 보유한 개인 투자자는 경영진에게 영향을 끼치려 해도 실질적인 권한이 제한적이다. 반면 토큰 이코노미에서는 내가 보유한 토큰의 가치를 높이기 위해 직접 생태계 발전에 기여하고, 그 과정에서 더 높은 수익률을 실현할 수 있다.

이런 맥락에서 제안하는 개념이 바로 '오너슈머'다. 단순히 제품이나 서비스를 소비하는 것을 넘어 해당 플랫폼이나 생태계의 일부를 소유하며 그 발전에 직접 참여하는 새로운 유형의 경제 주체를 의미한다. 오너슈머는 토큰을 보유함으로써 플랫폼의 성장과 함께 자신의 자산 가치도 증가시킬 수 있는 구조적 인센티브를 갖는다.

이러한 오너슈머 경제는 기존의 소비자-기업 관계를 근본적으로 변화시키고 있다. 과거에는 기업이 일방적으로 제품을 생산하고 소비자가 구매하는 단순한 구조였다면, 이제는 소비자가 기업의 파트너이자 공동 소유자로서 가치 창출 과정에 직접 참여하는 방향으로 진화하고 있다. 소유와 소비 모든 영역에서 오너십을 발휘하는 오너슈머가 부를 축적하는 새로운 경제 시스템이 바로 토큰 이코노미인 것이다.

이런 변화는 개인의 부 축적 방식에도 혁명적 변화를 가져오고 있다. 전통적으로는 좋은 회사에 취업하거나 사업을 성공시켜야만 큰 부를 축적할 수 있었다. 하지만 토큰 이코노미에서는 초기 단계의 유망한 프로젝트를 발굴하고 생태계 발전에 기여하는 것만으로도 상당한 부를 창출할 수 있게 되었다. 이는 기존의 중앙집권적 부의 분배 구조에서 탈피해 더 민주적이고 참여적인 부의 창출 시스템으로의 전환을 의미한다.

유기묘 입양 캠페인과 두드레스 토큰

나의 본업은 원래 교수지만 2024년 1년간의 연구년을 포함하여 지금까지 본캐(본캐릭터)인 기업의 CEO로 바쁘게 살았다. 내가 창업해 대표를 맡고 있는 Web 3.0 패션 크리에이터 협업 플랫폼 두드레스를 키우기 위해 부지런히 발품을 팔고 다녔다. 여느 스타트업 대표들처럼 다양한 기관과 기업을 찾아다니며 투자 유치를 위한 IR*investor relations*(기업설명회) 피칭도 하고, 회사 인지도를 높이기 위한 각종 프로모션도 기획해 진행했다.

특히 가장 공들인 이벤트는 2023년 12월부터 2년 이상 진행한 동물자유연대와의 유기묘 입양 캠페인이다. 두드레스의 시그니처인 '패션 스티커링*stickering*' 서비스에 유기묘 그래픽을 접목한 것이 특징이다. 동물자유연대가 보호 중인 유기묘들을 다양한 분야의 아티스트들이 자신만의 스타일대로 그래픽화하고, 고객들이 두드레스 플랫폼에서 원하는 패션 브랜드와 유기묘 그래픽을 선택해 커스텀한 옷을 주문하면 그 수익금을 기부하는 방식이다.

지금까지 기업이 주도하는 기부 이벤트는 사회 공헌의 일환으로 어려운 이웃에게 현금 또는 자사 제품을 제공하거나, 이벤트용 제품의 판매 수익금 중 일부를 기부하는 방식이었다. 기부금의 출처는 고객의 주머니인데 기업이 사회적 책임을 강조하며 생색내는 식이었다. 물론 최근에는 투표 이벤트나 자사 포인트 기부 등 고객의 참여도에 따라 기업이 기부금을 조성하는 매칭 방식이 늘고 있지만, 기부 당사자가 기업이라는 점은 변함없다.

두드레스는 다른 방식을 택했다. 두드레스 플랫폼에 참여하는 모든 플레이어가 자기다운 방식으로 기부할 수 있는 새로운 규칙을 만든 것이다.

먼저 두드레스 플랫폼과 협업 중인 아티스트에게 동물자유연대에서 보호 중인 유기묘 사진을 공유한 후 기부 이벤트 참여 여부를 물었다. 그 결과 60여 명의 아티스트 중 26명이 뜻을 함께했다. 나초마초 Nachomacho, 레오다브 Leodav, 머라지 Mer Large, 미러볼 Meloveall, 버킷리스터즈 BucketListers, 수야 SUYA, 숩림 Subbllim, 콩표 Kongpyo, 포소 POSO, ALEXO(독일), Bruno Perrier(프랑스), Letion K(케냐), NUUF(일본) 등 국내외 13명의 작가들이 먼저 작품을 선보이고 나머지 13명이 뒤를 이었다.

작가들은 유기묘 중 자신이 후원하고 싶은 고양이를 선택해 그래픽 작업을 했는데, 한 마리를 그리기도 하고 두 마리를 함께 그리기도 했다. 유기묘 셋을 후원한 작가도 있었다. 기부할 금액도 작가들이 직접 정했다. 두드레스에서 그래픽 판매가는 개당 5,000원인데 유기묘 캠페인에 한해서 작가 스스로 적게는 1,000원, 많게는 3,000원까지 기부금 액수를 결정했다. 예를 들어 3,000원 기부를 선택한 작가는 고객이 자신의 그래픽을 구매할 때마다 2,000원을 벌고 3,000원을 기부하는 방식이다.

두드레스에 입점한 패션 브랜드 업체들도 흔쾌히 참여했다. MZ세대에 잘 알려진 벤힛 Venhit, 포스333 PHOS333, 아코스튜니오 AQO STUDIO SPACE, 캐롯츠 CARROTS, 아케인펑크 ARCANE FUNK, 119레오 119REO, 커버라이즈 Coverize, 넷소셜클럽 Net Social Club, 세이즈믹 Seismik, 위캔더스 WKNDRS 등 총 10개사가 힘을 모았다. 이들 업체는 유기묘 캠페인에 한해서 제품 가격의 5~10% 정도를 기부금으로 책정했다. 이에 질세라 두드레스도 유기묘 그래픽을 커스텀한 옷이 판매될 때마다 5,000원씩 추가로 기부금을 더했다.

고객은 종전과 동일한 가격에 원하는 패션 브랜드와 그래픽을 커스텀하는 것만으로 기부 활동에 참여할 수 있다. 단순한 구매에 그치지 않고, 자신이 후원하고 싶은 유기묘의 그래픽을 직접 커스텀한 옷을 일상에서 착용하는 것만으로 유기묘 입양이라는 사회적 활동과 연결되는 경험을 하게 된다. 착용한 사진을 SNS에 올려 유기묘 입양의 가치를 공유하고 동참을 권하는 사람들도 많았다. 나 역시 미러볼 작가가 그린 'Will you love me forever_장수' 그래픽을 커스텀한 옷을 입고 착용 사진을 공유했는데 인스타그램에서 꽤 많은 '좋아요'를 받았다. 한쪽 눈이 없던 1살 유기묘 장수는 안타깝게도 그래픽 작업 중 무지개다리를 건넜지만, 장수가 맺어준 인연 덕분에 더 많은 유기묘들이 사랑의 손길을 받을 수 있었다.

이처럼 두드레스의 유기묘 캠페인은 모든 플레이어가 각자의 취향과 선택을 통해 함께 기부를 만들어가는 방식으로 진행했다. 의사결정에는 참여하지 못하고 기업 주도의 기부 이벤트에 돈만 내는 '원 오브 뎀 one of them' 방식이 아니라, 아티스트와 패션 브랜드와 고객 모두가 '온리 원 only one'이 되어, 자기 스타일대로 패션을 통해 유기묘 입양을 알리는 선한 영향력을 발휘하고 생명 존중이라는 가치를 실천한 것이다.

이처럼 새로운 가치를 만드는 두드레스만의 협업 방식은 토큰 이코노미에 최적화되어 있다. 실제로 두드레스는 '드레스디오'라고 이름 붙인 블록체인 디앱으로 운영되고 있다. 이어서 2025년 1월에 발행한 '드레스'라는 토큰의 대략적인 구상은 이렇다. 아티스트는 드레스디오 플랫폼에서 자신의 그래픽이 판매될 때마다 드레스 토큰을 보상으로 받는다. 모든 거래는 투명하게 블록체인에 분산 저장되고, 정산을 기다릴 필요 없이 스마트 콘트랙트에 따라 실시간으로 토큰이 자동 지급된다.

참여 아티스트가 일정 규모를 넘어가면 토큰 보유량에 따라 활동 범위와 권한, 보상 체계를 차별화할 계획이다. 예를 들어 토큰 10개당 그래픽 1개를 업로드할 권한을 부여하거나, 거래 횟수로 등급을 나눠 토큰을 차등 지급하는 식으로 말이다. 온라인 게임에서 등급을 올리는 방식과 유사하다. 스팀잇의 SP처럼 두드레스 플랫폼에서 자신의 영향력을 높일수록 더 많은 토큰을 보상으로 받고, 영향력 높은 아티스트가 많아질수록 토큰의 가치가 올라가 더 높은 수익을 실현하는 시스템이다.

여기에 인공지능 기술이 탑재되면 드레스 토큰의 가치는 더 높아질 것이다. 지금은 기성 패션 브랜드 옷에 아티스트의 그래픽을 커스텀하는 방식이지만, 2단계로 블록체인과 토큰 시스템을 구축하고, 3단계로 두드레스의 인공지능 프로그램인 나르시스[NARCIS]가 제공될 것이다. 나르시스는 나만의 스타일을 분석해 디자인해주는 '스타일 AI', 고객의 사진 한 장만으로 나만의 옷을 입어보는 '가상착용 동영상 AI'로 구성되어 있는

데, 패션 분야에서 독보적인 인공지능 기반의 Web 3.0 커뮤니티가 될 것이라 자신한다.

이미 세상은 토큰 이코노미를 중심으로 하는 Web 3.0을 향해 빠르게 달려가고 있다. Web 3.0 시장 규모는 2024년 0.6억 달러(약 816억 원)에서 2025년 1.04억 달러(약 1,414억 원), 2030년까지 6.06억 달러(약 8,242억 원)로 급성장할 것이라 예상된다. 또한 2024년 새로 출시된 토큰의 63%가 명확한 유틸리티를 가지고 있어, 단순한 투기를 넘어선 실질적인 가치 창출에 집중하는 추세를 보이고 있다.

한국에서도 2024년 7월 가상자산이용자보호법이 시행되면서 토큰 이코노미 환경이 한층 안정화되었다. 투자자 보호 강화와 시장 건전성 확립을 목표로 하는 이 법안은 가상자산의 정의 명확화, 고객 예치금 이자 지급 의무화, 사고 대비 보험 가입 요구, 불공정 거래 규제 강화 등을 포함한다.

우리도 변화의 흐름에 재빨리 뛰어들어야 한다. 육지와 가까운 근해에서 치열한 경쟁을 벌이는 기존의 멸치잡이를 넘어, 콜럼버스처럼 해안선 너머 새로운 대륙을 찾아 떠나는 모험가가 돼야 한다. 모든 혁명은 초기에 가담해야 자기 몫이 있다. 토큰 이코노미를 나에게 이롭게 활용할 줄 아는 오너슈머는 드레스 토큰을 신고 Web 3.0 시대를 개척하는 주인공의 또 다른 이름이 될 것이다.

BESPOKE

Chapter 3

비스포크

내 삶의 진짜 주인으로 사는 법

`01`

다시 주인이 되기 위해
필요한 것들

큐리오 리스트: 궁금해야 주인이다

나를 길들이는 익숙함에서 벗어나라

익숙함의 사전적 정의는 '어떤 일을 자주 보거나 겪어서 처음 대하지 않는 느낌이 드는 상태'다. 지금 우리의 일상은 그동안 우리가 당연하게 받아들였던 익숙함의 결과물이다.

만 7세가 되면 초등학교에 입학하고, 초등학교는 6년, 중·고등학교는 각 3년, 대학교는 2~4년을 다녀야 졸업장을 받는다. 학교는 3월과 9월에 개강하고, 학기 중반과 말경에는 중간고사와 기말고사를 치른다. 중·고등학생은 학교가 정한 교복과 체육복을 입고, 밥은 아침과 점심과 저녁 정해진 시간에 먹는다. 누구도 이런 규칙을 이상하다고 여기지 않는다. 익숙하기 때문이다.

일상에서도 공중파나 종편 방송이 일방적으로 제공하는 뉴스와 예능 프로그램을 시청한다. 스마트폰은 대개 1년 단위로 새로운 모델이 출시되고, 백화점에 걸리는 옷들도 봄과 여름 S/S, 가을과 겨울 F/W 두 시즌 간격으로 신상품이 교체된다. 우리는 이런 규칙들을 상식으로 받아들이고 지키며 살아간다.

세상의 규칙은 우리의 개인적인 상황이나 형편을 고려하지 않는다. 8세 전에는 초등학교에 입학할 수 없고, 겨울방학에는 학교에서 정규수업을 들을 수 없다. 아무리 배가 고파도 급식 시간이 될 때까지 참아야 하고, 응급실을 피하려면 병원과 약국이 문을 여는 주중 낮에 아파야 한다. 아무리 급해도 오전 9시 전에는 대형마트에서 장을 볼 수 없고, 제1금융권 은행에서 대출을 받으려면 주중 4시 전까지 은행에 가야 한다. 1인 가구라도 홈쇼핑에서 판매하는 제품을 사고 싶으면 대용량을 감수해야 하고, 스마트폰 교체는 2년 약정이 끝난 후에야 가능하다. 이런 일에 토를 다는 사람은 극히 드물다. 너무 익숙하기 때문이다.

그런데 최근 몇 년 사이 익숙했던 세상이 조금씩 허물어지고 있다. 출퇴근 시간 유연제나 재택근무를 도입하는 기업들이 늘고 있다. 어떤 상품이든 오늘 주문하면 내일 현관 앞까지 배달해주는 쿠팡식 서비스 이용이 급증하고 있다. 인공지능 챗봇이나 실시간 메신저 등으로 연중무휴 24시간 동일한 서비스를 제공하는 곳들도 많아지고 있다. 자신들이 정한 규칙을 따르지 않으면 그 무엇도 내놓지 않던 공급자들이 점점 사람들의 눈치를 보기 시작한 결과다. MZ세대 직원들의 특성을 살펴 근무 시간을 탄력적으로 바꾸고, 고객의 다양한 생활패턴에 대응하는 서비스를 도입하고, 경쟁사와 비교해 각종 새로운 기술을 재빨리 받아들이고 있다.

예전보다 눈치가 빨라진 세상에서 내 삶의 주인으로 군림하려면 지금까지 익숙하게 받아들이고 당연한 듯 따르던 규칙에서 벗어나야 한다. 공급자들이 일방적으로 제공하는 것 중 하나를 고르는 익숙함에서 탈피해, 내가 원하는 것을 요구하고 명령하는 낯섦에 익숙해져야 한다. 약간의 용기를 갖고 지금의 익숙함에서 멀어져야 내 삶의 진짜 주인으로 살아갈 수 있다.

버킷 리스트 대신 큐리오 리스트를 작성하라

값비싼 외제 차를 타고 다니며 모두의 부러움을 받던 개업 의사 친구가 의외의 말을 꺼낸 적이 있다.

"부럽긴 뭐가. 나는 지금이나 20년 후나 이 자리에서 똑같은 모습으로 진료나 보고 있을 텐데."

그러면서 한숨을 푹 내쉬는데 만성피로를 달고 사는 여느 직장인과 다르지 않아 보였다. 오늘도 어제처럼 아무런 변화 없이 지나가고, 내일도 오늘처럼 크게 달라질 것이 없는 일상을 반복하는 사람에게 주인이라는 단어는 어울리지 않는다. 내 삶에 궁금한 것이 없다면 더는 주인이 아니기 때문이다.

어린 시절, 우리는 궁금한 것이 많았다. 갓난아이 때는 무엇이든 일단 입으로 가져가 깨물어보며 무엇이 딱딱하고 어떤 것이 달콤한지 몸으로 알아냈다. 말문이 트이고부터는 모르는 것을 발견할 때마다 부모님이나 선생님에게 쉴 새 없이 질문을 쏟아냈다. 쓸데없는 질문을 한다며 혼이 나도 우리의 질문은 멈추지 않았다. 어른들이 알려주지 않으면 책을 읽으며 호기심을 해결하고 세상을 알아갔다. 학교에 들어가고 체계적인 교육을 받으면서 비로소 누구에게 묻지 않고도 스스로 답을 찾아가는 실력을 갖추게 되었다.

그런데 어른이 되고부터 어느샌가 궁금한 것이 없어졌다. 어린 시절 넘쳐나던 호기심과 궁금증은 간데없이 사라지고 더 이상 질문하지 않는 사람이 돼버렸다. 궁금한 것이 없을 만큼 세상을 다 알아버려서가 아니다. 세상이 정한 것을 그대로 받아들이기로 결정했기에 더는 알 필요가 없어진 것이다. 내가 아닌 세상을 주인으로 정했기에 내 안의 호기심과 궁금증이 더는 발동하지 않는 것이다.

영화 〈버킷 리스트〉는 시한부 1년을 선고받은 한 남자가 병실에서 만난 어느 사업가와 의기투합해 여생 동안 하고 싶은 일들을 하나씩 실행하는 과정을 다룬다. 아프리카 세렝게티에서 사냥하기, 문신하기, 카레이싱과 스카이다이빙하기, 눈물 날 때까지 웃기, 가장 아름다운 소녀와 키스하기 등 평소에는 엄두조차 내지 못했던 일들에 도전하며 그간 잊고 살았던 인생의 기쁨과 삶의 의미를 깨달아간다.

버킷 리스트는 중세 유럽에서 죄수의 목에 밧줄을 건 후 죄수가 발을 딛고 선 양동이를 걷어차는 방식으로 교수형을 집행한 것에서 유래한 단어다. 지금은 마지막 순간에 양동이를 걷어차듯 kick the bucket 죽기 전에 꼭 해보고 싶은 일들을 적은 목록을 의미한다. 최근에 우연히 이 영화를 다시 보다가 떠올린 단어가 있다. 바로 '큐리오 리스트 CURIOsity list'다.

죽기 전에 필요한 것이 버킷 리스트라면 사는 중에 필요한 것은 큐리오 리스트다. 궁금한 것이 떠오를 때마다 무시하거나 지나치지 말고 목록으로 만들어 하나씩 답을 찾아가는 것이다. 거창하지 않아도 괜찮다. '내가 먹는 이 원두는 어느 나라 품종이지?', '이 옷의 유기농 인증 마크는 누가 왜 만든 거지?', '매일 버리는 재활용 쓰레기는 어디로 가는 걸까?'처럼 사소하면서도 몰라도 상관없는 것들에 관심을 기울이는 것이다.

매일 먹는 원두의 생산지를 알고 나면 다른 나라의 커피 맛은 어떻게 다를지 궁금해지기 시작한다. 옷에 붙어 있는 유기농 마크의 진실을 알게 되면 진짜와 가짜 인증 마크를 구별할 수 있게 된다. 잘못된 분리수거 때문에 쓰레기 대다수가 재활용되지 못하는 현실을 알고 나면 쓰레기를 줄이거나 평소 분리수거에 더 신경 쓰게 된다.

일단 호기심이 발동하면 궁금증은 고구마줄기처럼 사방으로 퍼져나간다. '요즘 인공지능이 뜨는데 왜 엔비디아 주가가 올라가지?', '관현악과 교향곡, 협주곡의 차이는 뭐지?', '가상화폐로 진짜 피자를 주문할 수 있을까?' 등등 점차 일상 외 영역으로 뻗어나가기 시작한다. 나도 최근에 오페라와 뮤지컬의 차이가 궁금해져서 성악가 친구에게 물어본 적이 있다. 답은 너무나 단순했다. 마이크를 끼고 노래하면 뮤지컬이고 마이크 없이 노래하면 오페라란다. 이렇게 간단한 상식을 수십 년간 모르고 살았다니, 왠지 억울한 기분마저 들었다. 몰랐을 땐 대단해 보이는 것들도 막상 알고 나면 별것 아닌 게 대부분이다.

궁금한 것이 많아지고 호기심을 하나씩 해소하면 무엇이 달라질까? 당연하게 받아들이거나 막연히 두려워하던 것들이 줄어든다. 미리 짐작해 주저하거나 포기하기보다 자신감 있게 도전하는 용기가 생겨난다. 큐리오 리스트가 풍성해질수록 내 삶을 가로막던 장애물이 하나둘씩 사라지고 내 삶을 주인답게 개척해나갈 의지와 열정이 샘솟는다.

익숙한 일상에서 벗어나고 싶다면, 내 삶의 주인으로 살고 싶다면, 지금부터 나만의 큐리오 리스트를 작성하고 그 궁금증들을 해소해보자. 내 삶이 궁금해야 비로소 내 삶의 주인이 될 수 있다.

협업: 주인은 믿고 맡긴다

진정한 마스터는 오케스트라 지휘자다

훌륭한 주인은 일을 잘하는 사람이 아니라 스스로 의사결정을 하고 그 결정에 따라 적재적소에 일을 잘 맡기는 사람이다. 훌

룽한 하인은 의사결정을 하는 사람이 아니라 뭐든지 주인이 시키는 일을 잘하는 사람이다.

조선시대 대감마님을 상상해보자. 양반집 아들로 태어나 몸종들의 보살핌을 받으며 손에 흙 한 줌 안 묻히고 귀하게 자란 그들은 밥을 지을 줄 모르고 장작을 팰 줄도 모르며 지게를 져본 적도 없다. 살아가는 데 필요한 일들을 거의 다 할 줄 모른다. 그럼에도 돌쇠와 꽃분이의 돌봄을 받는 이유는 자신이 거느리는 하인들을 위험으로부터 보호하고 안정된 의식주를 제공하기 때문이다. 모든 주종 관계에는 반드시 주고받는 것이 있다. 일종의 공생하는 협업 관계인 것이다.

물론 사극을 보면 하인들을 학대하거나 죽음으로 내모는 나쁜 주인도 나온다. 그러나 신분 차이에도 불구하고 어려서부터 함께 자란 그들과 형제자매보다 끈끈한 우정을 나누거나 사제지간처럼 배움을 주고받는 주인들도 많다. 이들의 공통점은 스스로 내린 결정에 책임을 지는 동시에 자신의 몸종을 가족처럼 믿고 의지한다는 것이다. 명령하는 데 주저함이 없으면서도 그들의 도움 없이는 할 수 있는 일이 많지 않음을 잘 안다. 그래서 기꺼이 자신의 부족함을 내보이고 필요한 조력을 받는다.

주인은 남들보다 탁월한 능력을 가진 사람이 아니다. 다른 사람이 가진 능력을 헤아려 그들이 가장 잘할 수 있는 일을 판단해 믿고 맡기는 사람이 진짜 주인이다. 주인의 자격은 나 혼자 해내는 능력이 아니라 필요한 일을 성사시키는 실력으로 결정된다.

주인을 영어로는 마스터 master, 독일어로는 마이스터 meister, 이탈리아어와 스페인어로는 마에스트로 maestro 라고 부른다. 모두 일정 경지에 이른 최고의 전문가, 최고의 스승을 일컫는 말이다. 그러나 오늘날 진정한 마스터는 마치 오케스트라 지휘자처럼 큰 방향을 잡고 제각각의 악기가 하나의 멜로디로 어우러지도록 지도력을 발휘하는 사람이다. 모두의 연주가 빛날 수 있도록 협업을 이끌어내는 실력이 탁월한 사람이다.

영화 속 슈퍼맨은 모든 일을 척척 해낸다. 중력 따윈 무시하고 무거운 바위를 가뿐히 들어 올리고 비행기보다 빠르게 날아다니며 우주 밖을 자유롭게 오갈 수도 있다. 누구보다 능력이 뛰어난 그를 인간은 온전히 이해할 수도, 따라잡을 수도 없다. 그래서 슈퍼맨은 외롭고 슬프다. 누구보다 많은 일을 해내는 데도 항상 혼자다.

과거에는 슈퍼맨처럼 혼자서도 잘하는 사람이 인정받고 승진했다. 그러나 요즘은 직원에게 일을 맡기지 않고 자신이 모두 떠안는 건 무능력한 상사이며, 나를 도와줄 수 있는 사람에게 손 내밀 줄 모르면 리더십이 결여된 독선적인 사람으로 평가된다. 진정한 실력자는 올바른 결정을 위해 고민하고, 자신의 결정에 책임을 지며, 기꺼이 주위에 도움을 구하고, 적절한 인재에게 일을 맡겨 내가 가진 능력보다 수십, 수백 배의 성과를 낸다. 협업이야말로 주인에게 가장 필요한 자질이자 리더십이다. 결국 결정하고 믿고 맡기는 자가 주인이다.

협업은 협력과는 다르다

인공지능이나 블록체인 같은 첨단 기술이 하루가 멀다 하고 등장하고, 시장과 소비자가 남과 차별화된 개인화를 지향하면서 다양성이 강조되고 있다. 이러한 변화에 대응하기 위해 기업에서의 '협력 co-operation'과 '협업 collaboration'은 필수적인 수단이다. 이 두 단어는 거의 동의어처럼 여겨지지만, 실제로는 전혀 다른 개념이고, 적용한 방법에 따라 조직 구성원들이 일하는 방식도 완전히 달라진다.

효율성과 생산성을 추구하는 산업화 구조 아래서 모든 일을 중앙집중적 톱다운 top-down 방식으로 처리해온 우리에게 협력은 매우 익숙하다. 그러나 협업에 대한 경험을 논하다 보면, 많은 사람이 협력의 경험을 협업이라고 착각하고 있음을 알 수 있다. 협력과 협업 모두 일을 나누어 함께 수행한다는 뜻이지만, 협력이 각자의 역할을 분담하여 독립적으로 수행하고 그 결과물을 합치는 방식이라면, 협업은 서로 긴밀하게 소통하고 협의하며 공동의 목표를 향해 함께 나아가는 방식이다.

따라서 협업과 협력의 가장 큰 차이는 긴밀한 소통과 협의가 있느냐이다. 이러한 소통과 협의의 핵심에는 '공유'와 '피드백'이란 과정이 존재한다. 상대방의 업무를 공유하며 상호 간에 소통하고 피드백을 주고받는지 여부가 협력과 협업을 구분 짓는다. 협력에서는 각자 알아서 자기가 맡은 바를 수행할 뿐 해당 업무에 대한 상호 피드백은 거의 없다. 이에 반해 협업에서는 상대방의 업무를 상당한 수준으로 이해하고, 서로 소통하며 피드백을 주고받는다.

패션 사업을 예로 들면, 협력 시스템에서는 각 분야의 전문가들이 업무를 나눠 각자 기획하고, 디자인하며, 이를 생산하고, 마케팅하고, 판매한다. 각자의 역량에 업무의 성패가 달려 있다. 반면 협업에서는 각 분야의 전문가가 주도하긴 하지만 함께 기획하고, 함께 디자인을 결정하고, 함께 생산 및 마케팅 전략을 세워 판매한다. 이들의 성공 여부는 소통과 협의에 달려 있다.

협력의 원칙에는 '독립'과 '완전함'이 있고, 협업에는 '의지'와 '부족함'이 있다. 성공적인 협업의 바탕에는 상호 '공감'과 '존중'이 깔려있다. 협업은 상호 간의 부족한 부분을 채워주는 방식이다. 디자이너에게는 시장에 대한 이해가 필요하고, 마케터에게는 디자인에 대한 이해가 필요하다. 따라서 디자이너와 마케터 등 협업의 당사자들은 서로 섬기며 돕는다. 협업은 소통과 협의의 과정으로 협력보다 오래 걸리지만, 강점들의 결합으로 시너지가 난다. 또한 타 분야 전문가들과 소통하는 과정을 통해 조직 구성원들의 발전도 기대할 수 있다.

협업의 중심에는 퍼실리테이터^{facilitator}(촉진자) 같은 역할이 있는데, 이는 화학에서의 촉진제와 같은 단어이다. 이들은 중립적인 위치에서 협업에 참여를 유도하고, 의사소통을 원활히 해 집단 지성을 활용하며, 의사결정을 지원함으로써 목표를 효과적으로 달성하도록 돕는 사람이다. 최근 협업이 증가함에 따라 경험 많은 퍼실리테이터들이 늘어나고 있다.

협업이 어렵고 때로 실패하는 이유로는 우선 해당 업무 전체에 대한 이해의 차이를 들 수 있다. 협업을 할 때는 나무만 보는 것이 아니라 다 같이 숲을 보아야 한다. 또한 공동의 목표에 대한 인식의 차이 때문에 협업에 실패하기도 하는데, 조직원들은 소통과 합의를 통해 매출, 수익, 증가율 등 정확한 KPI *key performance indicator* (핵심성과지표)를 설정해야 한다. 명확한 역할과 책임 *role and responsibility* 이 설정되어야 하고, 원활한 소통을 위한 관리도 병행되어야 한다. 가장 중요한 것은 상호 신뢰를 바탕으로 조직 구성원에게 호의를 갖는 것이다.

여기서 협업이 협력보다 더 좋다는 뜻은 아니다. 조직이 개인적 성과의 단순 합보다 더 큰 성과를 내기 위해서는 협력과 협업이 동시에 이루어져야 한다. 때로는 협력을 통해 전문성 있는 업무의 흐름을 원활하게 하고 팀워크를 강화하며, 또한 협업을 통해 함께 공동의 목표를 달성하기 위한 소통을 촉진할 수 있다.

협업은 협력을 넘어 앞으로 우리가 글로벌 리더로 도약하기 위한 강력한 수단이다. 다만 협력하는 것을 협업하고 있다고 착각하지는 말아야 한다. 초능력을 가진 단 한 명의 슈퍼맨도 좋지만, 여러 히어로들이 함께 모일 때 세계를 구할 수 있다.

인공지능과 로봇을 내 편으로 만드는 법

누군가는 가까운 미래에 인공지능이 인간의 일자리를 빼앗는 것으로도 모자라 인간을 대체할 것이라고 말한다. 정말로 기술이 인간을 지배하는 수준까지 도달할 수 있을까. 나는 동의하지 않는다. 새로운 기술의 등장으로 사라지는 일자리가 있다면, 새로운 기술 때문에 필요해지는 일자리도 있는 법이다. 무엇보다 인류는 지혜로워서 선 넘는 기술을 수용해줄 만큼 너그럽지 못하다.

이세돌을 꺾은 알파고 리$^{AlphaGo\ Lee}$는 온라인 바둑 사이트 서버에 등록된 16만 개의 기보를 인공신경망으로 학습하고, 3,000만 개에 이르는 착점 위치와 패턴 정보를 분석해 인간의 다음 수를 예측하도록 훈련받았다. 이후 등장한 알파고 제로$^{AlphaGo\ Zero}$는 한 발 더 나가 인간의 기보를 학습하는 대신 72시간 동안 490만 판을 두며 스스로 패턴을 학습했다. 알파고 제로가 디지털 바둑판에서 한 수를 두는 데 걸리는 시간은 0.4초에 불과하다. 선배 격인 알파고 리와 대결한 결과 백전백승을 거뒀다.

그 뒤로 등장한 알파고 마스터$^{AlphaGo\ Master}$는 인간 바둑기사라면 3,000년이 걸렸을 2,900만 판의 기보를 단 40일 만에 자가학습으로 생성해냈다. 당시 세계 랭킹 1위 바둑기사와의 대결에서도 완승을 거뒀다. 인간 챔피언이 연거푸 전패하자 사람들은 바둑 자체가 사라질 것을 염려했다. 그러자 알파고의 아버지 구글 딥마인드는 2017년 대국을 끝으로 알파고를 퇴출시켜버렸다. 알파고의 성능을 높이는 것보다 사람들의 바둑 두는 즐거움을 지키는 것이 더 중요하다고 판단한 것이다. 현재 알파고는 사람들의 바둑 실력 향상을 위한 도우미 역할을 하거나 프로 기사들의 대국에서 수 싸움과 승부를 예측하는 도구로 활용되고 있다.

우리는 종종 기술을 지나치게 과대평가하는 경향이 있다. 퍼스널 컴퓨터^{PC} 초창기인 1980년대부터 프로그래밍을 익히고, 1990년대에 인공지능으로 박사학위를 받은 내 입장에서 보면 기술은 매우 단순하다. 제아무리 복잡한 수식과 고차원의 시스템으로 설계됐어도 결국 디지털 세상은 0과 1을 조합한 숫자의 나열로 이루어져 있을 뿐이다. 딥러닝 기술이 아무리 발전해도 시시각각 변화하는 인간의 생각과 감정, 의지와 양심은 인공지능이 결코 대체하지 못한다고 나는 확신한다.

인간의 지능은 수억 년의 진화를 거쳐 만들어졌다. 고차원의 사고력과 언어 능력, 현상을 꿰뚫어 보는 통찰력과 판단력은 인간이 지구에서 살아남기 위해 발전시킨 능력이자 DNA를 통해 유전되는 인간 고유의 능력이다. 인공지능이 이 과정을 그대로 반복하지 않는 한 인간과 똑같은 능력을 지니는 건 불가능하다. 로봇이 인간처럼 팔다리를 움직일 수 있게 되는 건 까마득히 먼 미래다. 아무리 슈퍼컴퓨터라 해도 인체의 근육과 신경세포 하나하나가 외부 환경과 주위 자극에 시시각각 대응하는 과정을 실시간으로 계산해낼 수는 없다. 일례로 두 발로 걸어 다니는 로봇은 옆에서 살짝만 밀어도 금세 넘어진다. 로봇이 인간을 대체한다는 것은 SF 영화에서나 가능한 상상에 불과하다.

인공지능과 로봇은 반복적인 업무나 복잡한 계산을 빠르게 처리하거나 무거운 물건을 번쩍 들어 올리는 데 탁월하다. 우리에게 필요한 것은 인공지능과 로봇이 인간을 뛰어넘지 않을까 하는 걱정이 아니라, 그들의 능력을 나의 필요에 따라 활용하는 능력이다. 인공지능과 로봇이 잘하는 일은 그들에게 맡기고 잉여 시간을 온전히 나를 위해 사용하는 것이 주인의 자세다. 기꺼이 기술의 도움을 받아 이 세상의 주인으로서 당당히 섬김을 받는 것이 개인의 시대에 어울리는 협업이자 오너십이다.

비스포크: 기성품 인생을 거부하라

고객을 왕처럼 섬기는 기업이 돈을 번다

'손님은 왕이다'라는 말이 있다. 그런데 옷 가게에서 이렇게 말해보라. "이 옷을 노란색으로 다시 만들어주세요." 손님은 왕이니까 다시 만들어줄까? 어림도 없다. 옷 가게는 미리 만들어놓은 기성복을 판매하는 곳일 뿐, 손님이 원하는 대로 주문받아 제작해주는 곳이 아니다. 옷 가게뿐일까. 식당, 마트, 편의점, 서점 등 대부분의 가게들이 자로 잰 듯 똑같이 만들어놓은 기성품만 판매한다.

　기업이 고객을 대하는 방식에는 두 가지가 있다. 우선 우리에게 익숙한 방식은 왕이 백성을 대하듯 기업이 고객을 긍휼히 여겨 선정을 베푸는 것이다.

좋은 왕은 백성의 형편과 고충을 고루 헤아려 그들이 잘 먹고 잘살 수 있도록 필요한 수단과 방법을 동원한다. 좋은 왕을 만난 백성은 왕이 베푸는 제도적 지원과 혜택을 누리며 안전하고 편안한 삶을 영위한다. 산업혁명 이후 등장한 기업들은 고객이 필요로 하는 것을 파악해 미리 만들어 공급하는 등 좋은 왕이 되려고 노력해왔다. 서로 더 좋은 왕이 되기 위해 경쟁하며 고객에게 더 저렴하고 더 좋은 제품을 제공했다. 고객은 그중 마음에 드는 것을 고르기만 하면 됐다.

좋은 왕의 대표적 사례는 역시 애플이다. 모두가 고만고만한 것을 들이밀 때 애플만은 "다른 것을 생각하라 Think Different"고 외치며 차원이 다른 제품과 서비스를 선보였다. 아이폰은 수많은 최초를 탄생시키며 스마트폰의 대명사가 됐고, 맥북의 사과 로고는 들고 있는 것만으로 자부심을 느끼게 한다. 수많은 왕 중 팬덤을 거느린 왕은 아마도 애플이 유일할 것이다.

그러나 애플도 왕이다. 대다수의 왕이 더 많은 백성을 끌어모으기 위해 성벽을 허물 때, 애플은 오히려 더 견고한 벽을 세우며 자기만의 왕국을 고집한다. 그래서 나는 아이폰을 쓰지 않는다. 예쁘고 세련되고 편리하지만, 그 이유만으로 스티브 잡스가 만든 왕국에서 살고 싶진 않다.

아이폰을 쓰면 아이패드나 맥북 같은 애플 자매품을 아이클라우드와 연동해 사용하기 무척 편리하지만, 타사 제품은 끼어들 틈이 없다. 음악이나 영상 등도 애플이 허가한 콘텐츠만 재생 가능하다. 애플은 쿨하고 멋지지만 애플 이외의 것에는 배타적이다. 나는 조금 불편해도 자유인이 되고 싶다. 삼시세 끼 고기반찬 주는 집에서 노예로 사는 것보다, 살림은 곤궁해도 자유로운 화전민이 나에겐 어울린다.

나와 생각이 같은 사람들이 많아져서일까. 어느 순간부터 기업이 고객을 대하는 방식이 달라지기 시작했다. 미리 만들어둔 제품을 일방적으로 들이미는 대신 무엇을 원하느냐고 우리에게 질문하기 시작한 것이다. 백성 대하듯 잘해주는 왕이 아니라, 신하를 자처하며 명령을 기다리고 고객을 왕처럼 섬기는 기업들이 많아지고 있다. 이것이 바로 기업이 고객을 대하는 두 번째 방식이다.

탈중앙화 세상에서 막대한 부를 쌓는 사람은 누구일까. 만약 나에게 질문한다면 수많은 개인 왕들을 모시는 기업이라고 답할 거다. 앞으로는 "주인님, 무엇을 원하세요?"라고 먼저 물어보는 기업이 돈을 번다. 5,000만 명을 주인으로 모시는 것이 기업의 경쟁력이 된다. 능력을 발휘해 선정을 베푸는 왕도 좋지만, 우리를 왕으로 섬기는 신하가 더 좋은 것은 당연하다. 아무리 좋은 제품이나 멋진 서비스를 제공해도 고객 위에 왕처럼 군림하는 기업은 고객을 왕처럼 섬기는 기업을 이길 수 없다.

고르는 삶에서 주문제작하는 삶으로

비스포크^{bespoke}라고 하면 삼성 냉장고를 떠올리는 사람들이 많겠지만 이는 원래 패션 용어다. 비스포크는 맞춤 정장이나 맞춤 드레스처럼 개인의 필요나 취향에 맞춰 특별히 제작한 옷을 말한다. '말하는 대로'라는 뜻의 'be spoken for'에서 유래했다고 한다. 일반적으로 남성 맞춤 정장은 비스포크 슈트, 여성 맞춤 드레스는 오트쿠튀르(고급 맞춤복)라고 부른다.

맞춤복은 귀족의 전유물로, 자신의 가문이나 지위, 막대한 부를 과시하는 수단이었다. 동시에 남들과 다른 복장을 갖춰 입어야 귀족다운 것으로 여겨졌다. 그러나 산업화는 지배계급의 해체와 함께 맞춤복의 필요성을 없애버렸고, 몇 번의 전쟁과 대공황을 거치며 바로 사서 입을 수 있는 기성복이 주류를 차지했다. 비단 옷만이 아니다. 우리의 삶도 공장에서 찍어낸 기성품으로 변화하기 시작했다.

8세가 되면 학교에 입학하고, 초등학교부터 고등학교까지 12년간 똑같은 교육을 받는다. 학교를 졸업하면 취직해 돈을 벌고, 서른 살쯤 배우자를 만나 결혼하고, 당연하듯 아이를 낳아 키운다. 좋은 학교, 좋은 직장, 좋은 배우자, 좋은 자녀라는 개념은 이미 우리 인식에 깊이 자리하고 있다. '좋은 삶'에 대한 정의가 유사한 것만 봐도 그렇다. 기성 교육으로 학습된 동일한 지식과 경험은 상식이라 불리며 동일한 삶의 루틴을 따르는 '기성품 인간'을 만들어냈고, 루틴을 조금이라도 벗어나면 '문제아'로 낙인찍었다.

그러나 최근의 비스포크 유행은 기성품 인생을 거부하고 나다운 삶을 살겠다는 선언으로 읽힐 만하다. 단순히 냉장고 패널 색상을 교체하는 수준을 말하는 게 아니다. 내 취향대로 집 안을 꾸미는 셀프 인테리어, 스마트폰이나 노트북 등에 좋아하는 스티커를 붙이는 별다꾸(별걸 다 꾸미는)의 유행은 세상에서 단 하나뿐인 제품, 나만을 위한 맞춤 제작을 원하는 사람들의 욕구를 반영한다. 이에 부응하듯 기술도 사람들의 요구를 찾아내고 맞춤형으로 서비스하는 방향으로 발전하고 있다.

남들이 정한 대로 따라가는 기성품 인생은 우리의 지향과 거리가 멀다. 얼굴 생김새가 똑같은 사람이 단 한 명도 없듯이 우리의 삶도 비스포크처럼 무한한 조합으로 각자의 개성을 표현할 수 있어야 한다. 고르는 것에서 주문제작하는 것으로 내 삶의 방향타를 바꿔야 한다.

마크 트웨인의 소설《왕자와 거지》, 이병헌 주연의 영화 〈광해, 왕이 된 남자〉에는 거지에서 왕으로 한순간에 신분 상승을 이룬 주인공들이 나온다. 그러나 처음 해보는 왕 노릇에 우당탕거리는 해프닝이 끊이지 않는다. 그럼에도 종국에는 진짜 왕보다 더 왕다운 모습으로 주변 사람들의 지지와 존경을 이끌어낸다.

내 삶의 주인이 되는 과정도 이와 다르지 않다. 처음 해보는 주인 노릇에 실수도 하고 실패도 겪겠지만 결국에는 내가 주문제작하는 삶, 주인으로 섬김받는 것에 유능해질 것이다. 왕좌의 무게를 견디고 나다운 삶을 스스로 만들어가는 것이 개인의 시대에 주인으로 사는 방법이다.

02

개인화 시대에
나만의 힘을 되찾는 법

자유: 이스라엘 희년을 선포하라

황제의 스승이 된 노예 철학자

로마제국의 16대 황제인 마르쿠스 아우렐리우스 $^{Marcus\ Aurelius}$는 오늘날 스토아학파의 대표 철학자이자《명상록》저자로 더 유명한 인물이다. 독서와 사색을 즐겼던 그는 선정을 베풀고 나라를 위해 헌신한 명군이자 뛰어난 철학자로 동시대인의 존경을 받았다. 특히 그가 생애 말기에 전쟁을 치르며 쓴《명상록》은 지금도 전 세계인에게 고전으로 사랑받고 있다. 이런 그가 평생 스승으로 모시며 흠모한 이가 있으니 바로 노예 에픽테토스 ^{Epictetus}다.

에픽테토스는 노예로 태어나 한쪽 다리를 절뚝이는 장애를 얻었다. 그러나 당대 최고의 철학자였던 무소니우스 루푸스^{Musonius Rufus}가 제자로 삼을 만큼 똑똑했으며, 노예에서 해방된 후에는 철학을 가르치며 수많은 제자를 키워냈다.

에픽테토스가 평생을 몰두한 화두는 '자유와 노예'였다. 그는 자유란 신분이나 관직처럼 외부적 조건에 의해 결정되는 것이 아니며, 어떻게 생각하고 무엇을 선택하는지에 따라 정신적 자유를 얻을지 노예적 삶을 살아갈지 결정된다고 주장했다. 에픽테토스의 제자 아리아노스^{Arrianus}가 기록으로 남긴 그의 어록 중 이런 말이 있다.

"자신의 욕망에 좌절하고 싶지 않다면 자아의 힘을 길러야 한다. 우리는 자신이 통제할 수 있는 일을 행해야 한다. 원하는 것을 취하고 싫은 것을 피하는 사람이 자기 삶의 주인이다. 자유로운 사람은 타인에게 속한 것을 바라지 않고 집착하지도 않는다. 그것은 노예가 되는 일이기 때문이다."

에픽테토스의 철학을 한마디로 요약하면, 통제할 수 없는 것들을 걱정하거나 탐내며 인생을 낭비하지 말고, 통제할 수 있는 일들에만 집중해야 속박에서 벗어나 주인으로서 자유를 누릴 수 있다는 것이다.

물리적 노예제도는 이제 사라지고 없다. 미국은 1861년 노예제 확대를 주장하는 남부와 노예제 폐지를 주장하는 북부가 맞붙어 전쟁을 벌인 결과 1865년 전면적인 노예 해방을 이뤄냈다. 우리나라도 1894년 동학혁명을 기점으로 노비제 폐지 요구가 폭발했고 갑오개혁을 통해 양반과 중인, 상민과 천민 등으로 나뉘던 신분제가 공식적으로 폐지됐다. 그러나 정신적 자유를 쟁취했는가는 여전히 물음표다.

코끼리 쇠사슬을 스스로 끊어내는 용기

노예의 삶에는 자유가 없다. 노예는 주인의 소유물로 명령에 복종해야 하고, 주인이 주는 대로 입고 먹으며, 혼인도 주인이 맺어주는 사람과 해야 한다. 이름조차 없는 경우도 많았다. 그러나 주인의 울타리 안에서 시키는 대로 일하면, 스스로 생각하거나 판단하지 않아도 의식주를 걱정할 필요가 없었다. 그래서 신분제가 폐지된 이후에도 적지 않은 이들이 스스로 노예를 자처했다. 자기 힘으로 살아가는 방법을 배운 적이 없기에 자유가 주는 기쁨보다 주인 없이 사는 불안이 더 컸던 것이다. 마치 어릴 적 발목을 묶인 채 자란 코끼리가 어른이 돼서도 쇠사슬을 벗어나지 못하는 것처럼 말이다.

현대의 우리도 다르지 않다. 4차 산업혁명의 시작과 함께 개인이 다시 주인이 되는 세상이 도래했지만, 공급자들이 모든 것을 알아서 제공하는 편리함에 익숙해진 우리는 오히려 불안을 느낀다. 자기 삶의 주인이 되는 기쁨보다 스스로 모든 것을 생각하고 결정해야 하는 불편함이 더 크게 다가오는 것이다.

이스라엘에선 50년마다 '희년 *year of jubilee*'이라는 안식년을 지냈다. 희년을 맞은 해에는 경작지를 쉬게 했고, 조상의 재산을 저당 잡혔던 사람들은 재산을 돌려받았으며, 노예를 해방시켰다. 구약성경의 레위기 25장 10절에는 이렇게 기록되어 있다.

"너희는 50년이 시작되는 이 해를 거룩한 해로 정하고, 전국의 모든 거민에게 자유를 선포하여라. 이 해는 너희가 희년으로 누릴 해이다. 이 해는 너희가 유산, 곧 분배받은 땅으로 돌아가는 해이며, 저마다 가족에게로 돌아가는 해이다."

유대인들에게 희년은 안식의 해, 축제의 해, 자유의 해였다. 정신적 노예의 삶을 살아온 우리에게도 이스라엘식 희년이 필요하다. 코끼리 쇠사슬을 과감히 부수고 스스로 내 삶의 주인임을 선포하는 용기가 필요하다.

강의 신 하백河伯은 자신이 다스리는 황하가 불어 끝없이 펼쳐진 것을 보고 매우 흡족했다. 그런데 황하보다 더 크고 넓은 바다를 보고 깜짝 놀랐다. 그 모습에 바다의 신 약若이 이런 이야기를 들려준다.

"우물 안에 있는 개구리에게는 바다를 설명할 수 없다井蛙不可以語海. 그 개구리는 우물이라는 공간에 갇혀 있기 때문이다拘於虛也. 한여름에만 사는 여름 곤충에게는 얼음에 관해 설명할 수 없다夏蟲不可以語氷. 그 곤충은 자신이 사는 여름이라는 시간만 고집하기 때문이다篤於時也. 편협한 지식인에게는 진정한 도의 세계를 설명할 수 없다曲士不可以語道. 그 사람은 자신이 알고 있는 가르침에 묶여 있기 때문이다束於敎也."

우리는 자신이 경험하고 배운 것으로만 세상을 이해하려는 경향이 있다. 우물 안 개구리, 한여름만 사는 곤충, 편협한 지식인처럼 울타리 안에 스스로를 가둔 채 그곳만이 전부인 줄 알고 살아간다. 그러나 이제는 강 너머 바다를 마주할 때다. 내가 경험한 것과 내가 알고 있는 지식이 전부라는 고정관념을 버리고 더 넓은 세상으로 나아가야 한다. 나를 지배해온 노예적 관념을 깨달을 때 우리는 비로소 정신적 자유의 삶을 시작할 수 있다.

가치: 무질서 속에서 나만의 가치를 찾아라

대중이 흩어지고 개인의 시대가 온다

물리학 이론 중에 엔트로피 증가의 법칙이라는 것이 있다. '우주의 무질서는 증가한다'는 자연법칙으로, 쉽게 말해 외부의 힘이 작용하지 않는 자연 상태에서는 어떤 물질이든 시간이 지날수록 무질서해진다는 것이다. 머리카락은 가만히 놔두면 헝클어지고 거리에는 오가는 사람 없이도 쓰레기가 쌓인다. 쉴 새 없이 분해되고 흩어지는 것은 매우 자연스러운 현상이다.

 산업혁명 이전의 세상은 엔트로피 증가의 법칙에 충실했다. 개개인은 곳곳에 흩어져 자신만의 활동과 역할을 자유롭게 영위했다. 그러나 기계의 등장은 우주의 법칙을 무너뜨렸다. 집은 흙과 짚불 대신 철근 콘크리트로 지어 올려 더는 부서지거나 무너지지 않는다. 세상의 모든 정보는 손톱보다 작은 반도체 칩에 저장돼 사라지거나 변형되지 않는다.

가장 큰 변화는 개인들의 가치다. 산업화 시대에 개인의 능력은 소속된 기업을 통해서만 발휘되고 가치를 인정받는다. 유능한 직원이 퇴사해도 기업은 타격받지 않는다. 부품을 갈아 끼우듯 또 다른 능력자를 고용하면 되기 때문이다. 아무리 뛰어난 개인들이 모여 있어도 기업의 이름으로 통합되고 단순화된다. 기업에서 개인의 능력은 큰 가치가 없다.

그러나 탈중앙화 흐름이 본격화되면서 무색무취의 집단 대중^{mass}이 저마다의 개성과 가치를 가진 개인^{individual}으로 다시 분해되고 있다. 이를 단적으로 보여주는 사례가 2010년 창업한 미국의 패션 기업 에버레인^{Everlane}이다. 에버레인의 2024년 연간 매출은 약 1억 4,840만 달러(약 2,018억 원)이다. 에버레인은 '극단적 투명성$^{radical\ transparency}$'의 실현을 목표로 소재부터 생산, 유통, 이윤까지 모든 과정을 공개한다. 공정한 노동환경을 제공하는 공장만을 선별해 제품을 생산하고, 원단과 부자재 가격, 인건비와 관세 등 기업들이 극비로 감추는 정보들을 낱낱이 적은 '트루 코스트$^{true\ cost}$'를 공지한다.

거래 방식에서도 에버레인의 투명성이 뚜렷하게 확인된다. 지금까지는 한 벌의 옷에 담긴 가치를 판매가격 하나로 뭉뚱그려 책정했다면, 에버레인은 옷이 만들어지는 과정을 단계별로 쪼개 가치를 극대화한다. 완성된 옷을 판매하는 데 그치지 않고 창의적인 패션 디자인 아이디어나 패턴 또는 소재 노하우만을 따로 거래하기도 하고, 옷에 관한 지적재산권을 사고파는 일도 심심찮게 이뤄진다. 특정 콘셉트로 제작된 포트폴리오 *portfolio*가 수억 원에 거래되는가 하면, 컴퓨터 그래픽을 이용해 3차원 디지털로 제작한 가상 옷을 만들어 판매하는 것도 가능하다. 옷 하나를 놓고 수많은 과정들이 각각의 가치를 인정받는 것이다.

　개인의 능력이 기업의 소유라는 개념은 이제 옛말이다. 특정 기업에 속했던 디자인 능력은 이제 분해되고 흩어져서 누구에게나 공급될 수 있다. 기업의 통제를 벗어난 개인들은 자신의 창의성과 전문성을 십분 발휘해 스스로 가치를 매기고 자유롭게 거래할 수 있다.

　질서와 규칙에 익숙한 사람에게는 이 같은 변화가 무질서와 무규칙이 난무하는 혼란으로 보일 수 있다. 그러나 무질서한 듯 보여도 세상은 다양한 개인, 다양한 과정, 다양한 가치가 존재하는 새로운 질서로 재구성되는 중이다. 우리가 할 일은 새로운 질서를 찾아가는 무질서 속에서 나라는 개인의 가치를 되찾는 것이다.

하물며 천도 기억한다

섬유로 만든 옷은 세탁 후 건조 과정에서 약간의 수축이 일어난다. 면이나 모직물인 경우 특히 심한데, 이런 현상을 완화수축 *relaxation shrinkage*이라고 한다. 일반적으로 완화수축이 3% 수준이면 손세탁이나 드라이크리닝을 권장하고, 7%를 넘기면 상품성이 없다고 판단한다. 세탁 후 사이즈가 눈에 띄게 줄어 못 입는 옷이 되기 때문이다.

천의 완화수축은 왜 생기는 걸까. 천은 보통 롤^{roll}에 감아 보관하는데 이때 잡아당긴 방향으로 늘어난 상태에서 롤에 감긴다. 이후 장기간 보관되다가 사용처로 배달되어 옷으로 만들어진다. 그리고 나중에 세탁 과정에서 물에 담가지면 과거에 당겨져 늘어났던 기억을 되살려 자신의 상태를 원래대로 되돌리기 위해 수축한다. 천의 입장에서 보면 강제로 늘어난 몸을 회복하는 해방의 과정이다.

무생물인 천도 완화수축을 통해 원래대로 돌아간다. 아무리 중간에 가위질을 당하고 재봉틀에 눌려 실로 꿰매져도 천은 자신이 늘어났었다는 사실을 잊지 않고 기억했다가 자유로운 상태가 되면 원래대로 회복한다. 그런데 우리는 어떤가. 세상을 직접 디자인하고 만들어갔던 주인임을 잊어버렸다. 산업화가 안겨준 편리함과 효율성에 익숙해진 나머지 천도 기억하는 과거를 인간인 우리는 송두리째 까먹어버렸다.

이제 막 시작된 네 번째 산업혁명은 물에 닿아 기억을 되살린 천처럼 우리가 주인이었던 기억을 떠올리게 한다. 첨단 기술로 무장한 수많은 '엄마 기계'들이 우리를 주인으로 되돌리기 위해 자신의 실력을 뽐내기 시작했다. 우리가 겪지 못했던 산업화 이전의 세상으로 돌아가려는 DNA가 꿈틀거리기 시작했다.

태어날 때부터 존재해서 당연하게 생각하지만, 산업화의 역사는 고작 300년도 안 된다. 인류가 세상의 주인으로 살았던 수천 년의 기억은 조상 대대로 이어진 우리의 DNA에 고스란히 저장돼 있다. 산업화가 바꿔놓은 수많은 것들을 본능적으로 다시 되돌리려 하는 변화들이 지금 펼쳐지고 있는 새로운 엔트로피, 개인의 시대다. 우리가 되살린 기억이 우리를 개인의 시대, 새로운 가치의 시대로 이끌 것이다.

기술: 나만의 강력한 무기로 만들어라

은진미륵의 눈과 스마트폰 센서

몇 해 전 국보 제323호 은진미륵(석조미륵보살입상)이 있는 충남 논산 관촉사에 다녀왔다. 은진미륵이라는 이름은 관촉사가 자리한 지방의 옛 지명인 은진면에서 따온 것이다. 관촉사에 올라 은진미륵을 뒤로 하고 아래를 내려다보니 논산의 넓은 들판이 한눈에 들어왔다. 은진미륵은 우리나라 석조불상 중에서 가장 큰 17.8m에 이른다. 당시 백성들은 논밭 어디서나 고개만 들어도 우뚝 솟은 은진미륵을 볼 수 있었을 것이다.

관촉사는 968년 고려 광종 때 세워졌다. 강력한 중앙집권제를 추진하며 왕권 강화를 통해 고려의 기틀을 다진 광종은 당시 권세를 누리던 호족 세력을 견제하기 위해 노비안검법과 과거제 등을 실시했고, 관촉사와 은진미륵도 건립했다. 거의 얼굴 양쪽 끝까지 길게 찢어진 은진미륵의 거대한 눈은 '내가 너희를 어디서든 지켜보고 있다'는 경고의 메시지를 보낸다. 또한 석가모니 부처 대신 중생들을 남김없이 구제하는 미륵보살을 형상화해 '부처도 구제하지 못한 너희들을 내가 구제해주겠다'는 대국민 메시지도 담고 있다.

국보 제83호인 금동미륵보살반가사유상을 비롯해 대부분의 미륵보살상은 온화한 미소를 띠고 있다. 그러나 은진미륵의 눈은 천년이 지난 오늘날 다시 봐도 섬뜩한 기운이 역력하다. 반야산 중턱을 깎아 그 위에 사찰과 석상을 올렸는데 당시 동원된 장인만 100여 명에 이르고 완공까지 걸린 기간은 37년에 달한다고 한다. 광종이 얼마나 공을 들였는지 짐작되는 대목이다. 은진미륵이라는 거대 상징물을 통해 호족은 물론 백성들까지 자신의 시야 아래 두고자 한 것이다.

2025년을 살아가는 우리에게도 광종의 은진미륵처럼 내려다보는 눈이 있다. 내 주변 곳곳에 장착된 디지털 센서들이다. 스마트폰에 내장된 GPS global positioning system 위치 센서는 나의 위치 정보를 구글이나 네이버 같은 플랫폼에 실시간으로 전송하고 주변 정보를 제공한다. 스마트폰 카메라로 촬영한 사진의 상세정보를 확인하면 사진을 찍은 위치와 시간이 고스란히 기록돼 있다. 또 가속도 센서는 하루에 내가 몇 걸음을 걸었는지 세어주고 운동량을 체크해준다. 그뿐만 아니라 온·습도 및 기압 센서, 제스처 센서 등을 비롯해 거리마다 설치된 CCTV 카메라, 차 내에 장착된 블랙박스, 출입문 보안 시스템, 신용카드 단말기 등 은진미륵보다 더 거대한 눈들이 나의 일거수일투족을 지켜보고 있다.

그럼에도 우리는 스마트폰 없는 일상을 상상조차 하지 못한다. 과거에는 사무실만 벗어나면 직장 상사에게서 자유로울 수 있었지만, 지금은 어디서든 수시로 메시지나 이메일로 업무 지시가 떨어진다. 운전 중이거나 휴일 또는 휴가 중에도 항시 연락 가능한 상태를 유지해야 한다. 나를 지켜보는 각종 센서들을 내 손으로 챙겨 들고 다니는 셈이다.

그렇다면 '어쩔 수 없지'라며 체념해야 할까, 아니면 '안 쓰면 되지'라고 거부하면 될까? 둘 다 틀렸다. 기술의 시대에 유능한 개인이 되는 방법은 따로 있다.

기술의 시대에 유능한 개인이 되는 법

산업혁명이 시작되고 기계가 수작업을 대체하면서 경쟁에서 밀려난 영국의 수공업자들은 공장 노동자로 전락했다. 근로환경은 형편없었고 임금 수준은 끔찍했다. 설상가상 나폴레옹전쟁의 영향으로 쥐꼬리만 하던 임금은 더 쪼그라들었고 공장에서 내쫓기는 사람들도 부지기수였다. 더 이상 참을 수 없게 된 노동자들은 공장의 기계들을 망치로 부수고 불을 질렀다. 제 삶을 망친 주범인 기계를 아예 못 쓰게 만들면 예전으로 돌아갈 수 있으리라 믿은 것이다.

1810년대 영국 공장지대에서 일어난 러다이트 운동 Luddite movement은 오늘날에도 반복되고 있다. 2023년 8월 미국 샌프란시스코에서 활동하는 시민단체 세이프 스트리트 레벨 Safe Street Rebel은 자율주행 로보택시 Robotaxi에 고깔 모양의 주황색 고무 콘을 얹어놓는 방법으로 운행을 막는 시위를 벌였다. 보닛 위에 장착된 자율주행 센서에 콘을 씌우면 운행이 불가하다는 점을 이용했다.

샌프란시스코는 2023년 8월 세계 최초로 24시간 유료 로보택시 운행을 허가했다. 로보택시는 운전기사 없이 100% 자율주행으로 승객을 목적지까지 이송하는 서비스다. 그러나 일주일도 안 돼 긴급 출동 중인 소방차 앞을 먹통이 된 로보택시가 막아 세우는 사고가 다수 발생했고, 보행자를 쳐 사망에 이르게 하기까지 했다. 시민단체는 자율주행 기술이 시민들의 안전을 위협한다며 운행 저지 시위를 벌였고, 로보택시로 인해 영업에 타격을 입은 우버 등 승차 공유 업체 운전자들도 가세했다. 2024년 2월에는 샌프란시스코 차이나타운에서 로보택시에 불을 지르는 사건도 일어났다.

하지만 19세기 초 러다이트 운동이 그랬듯 21세기에도 실패로 끝날 가능성이 높다. 탈것이 마차에서 자동차로 옮겨졌던 때처럼 자율주행으로의 전환은 막을 수 없는 흐름이며,[*] 기술의 발전 속도는 19세기와 비교할 수 없을 만큼 기하급수적이다. 새로운 기술을 대하는 우리의 자세는 체념도 거부도 아닌 '적극적 활용'이어야 한다.

기술의 주인이 되는 첫 번째 방법은 각종 기술을 꼼꼼히 살펴 나에게 유불리한 기능을 확실히 파악하는 것이다. 필요에 따라 나의 정보를 제공할지 말지를 결정해야 한다. 스마트폰

---

[*] 다만 "무인 자율주행차가 위급한 상황에서 다수를 위해 소수를 희생해도 되는가?"라는 질문은 윤리학의 트롤리 딜레마 *trolley dilemma*로, 앞으로 인류가 해결해야 할 과제다.

사용 설명서를 모두 읽진 않더라도 최소한 나의 실시간 위치 정보를 고스란히 지켜보는 GPS 센서를 끄고 켜는 방법 정도는 알아야 한다. 페이스북이나 인스타그램에서 내 정보를 제공해 얻는 장점이 무엇인지 파악하고, 필요 없다면 이를 차단하는 방법 정도는 숙지해야 한다.

승승장구하는 기업의 사장들은 대개 회계장부를 꼼꼼하게 하나하나 확인한다. 귀찮도록 세세한 것까지 다 챙긴다. 주인이 아니면 해내기 힘든 일이다. 우리도 센서의 노예가 되지 않으려면 조금 귀찮더라도 시간을 들여 구체적으로 들여다봐야 한다. 서비스 동의 체크박스를 아무 고민도 없이 누르는 건 주인으로 살아가는 방식이 아니다. 주인은 계약서에 함부로 서명하지 않는다.

기술의 주인이 되는 두 번째 방법은 나에게 필요한 기능을 적재적소에 활용하는 것이다. 나에게 도움이 되는 기능을 적극적으로 사용할 줄 알아야 한다. 일례로 카카오톡 채팅방을 잘 활용하면 나만의 라이프스타일에 맞게 일상을 설계하고 개선하는 데 필요한 정보를 빠르게 제공받을 수 있다. 다양한 금융 앱들은 나의 재무 상태를 체계적으로 분석해주고, 적절한 금융상품 정보도 안내해준다. 인스타그램이나 유튜브 기능을 잘 활용하면 큰돈 들이지 않고도 홍보나 마케팅을 효과적으로 전개할 수 있다. 링크드인은 구인 구직은 물론 국내외 네트워킹을 손쉽게 도와준다.

이뿐인가. 인공지능 챗봇은 나와의 일대일 대화를 통해 내가 원하는 것을 실시간으로 파악해 필요한 서비스를 제공한다. 스마트폰에 내장된 카메라와 무선통신 기술을 이용해 내가 먹은 음식이나 구매한 제품을 공유하면, 각종 빅데이터 기술들이 나의 취향을 분석해 내게 필요할 것 같은 제품을 추천해준다. 나를 내려다보는 눈은 나를 보호하고 감시할 뿐만 아니라 나의 요구와 욕구를 적극적으로 수용하며 나만을 위한 맞춤형 서비스를 제공하는 단계로 진화하고 있다.

기술은 앞으로 더욱 발전을 거듭할 것이고 우리의 일상에 더욱 깊숙이 들어올 것이다. 당장 낯설고 불편하다고 무조건 거부하는 것이 능사는 아니다. 오히려 나만의 강력한 무기로 기술을 적극 활용할 줄 알아야 한다. 그래야 나를 내려다보는 시선으로부터 자유로울 수 있다.

`03`

슈퍼 개인이 되기 위한
세 가지 무기

혁신: 비정상은 새로운 정상이다

혁신이 성공하면 상식이 된다

수학 시간에 확률과 통계를 공부하면 반드시 만나는 것이 '정규분포 곡선'이다. 키나 몸무게 등 데이터를 그린 그래프가 좌우대칭의 종 모양을 이루는 것을 말한다. 그래프 가운데는 '정상normal' 영역으로 평균값을 중심으로 가장 많은 수가 몰려 있고, '비정상abnormal' 영역에 해당하는 좌우 양옆은 상대적으로 수가 적다.

예를 들어 한국 성인 남성의 평균 키가 '170cm±20cm'라고 할 때 '정상'은 150~190cm가 되고, 150cm 이하거나 190cm 이상은 '비정상'으로 분류된다. 키가 '정상'인 사람은 많고 '비정상'인 사람은 적다. 그래서 그래프의 정중앙은 위로 솟고 양옆은 아래로 떨어지는 종 모양 곡선이 만들어지는 것이다.

정규분포를 정할 때 가장 중요한 변수는 평균이다. 키의 평균을 알아야 중심값을 설정할 수 있다. 그다음으로 정상의 범위에 대한 기준값을 설정해야 하는데, 정상을 90%까지로 볼 것인지 아니면 95%로 볼 것인지에 따라 그래프 곡선이 달라진다. 앞선 사례의 경우 중심값은 170cm, 기준값은 90%로 잡아 20cm를 더하거나 뺀 것이다.

이제 본론으로 들어가 보자. 우리가 풀어야 할 통계적 검증 문제는 '우리 각자는 내 삶의 주인인가?'이다. 키나 몸무게처럼 정량적 수치로 표시할 수 없으니 비율로 환산해보겠다. 먼저 중심값을 '50%의 사람들이 주인으로 살고 싶지만 그렇게 못하고 있다'라는 가설로 세우자. 기준값을 90%로 정하면 '±45%'가 된다.

이를 그래프로 표현하면 절대다수를 차지하는 정중앙 5~95%의 사람들은 '주인으로 살고 싶지만 그러지 못하고 있는 사람'이다. 왼쪽 5% 이하의 사람들은 '내 삶의 주인으로 사는 것을 포기한 사람'이고, 오른쪽 95% 이상인 사람들은 '내 삶의 주인으로 살고 있는 사람'이 된다. 다시 말해 포기한 사람과 성공한 사람은 '비정상'이고, 포기도 안 하고 성공도 못 한 사람이 '정상'이 되는 셈이다.

하지만 정규분포 곡선은 확정적인 게 아니다. 역사는 언제나 비정상이 정상이 되는 반복의 연속이었다. 대항해시대 신

대륙을 향해 돛을 올린 콜럼버스와 지동설을 주장했던 코페르니쿠스는 인류의 역사를 바꾼 영웅으로 꼽히지만 당대에는 비정상으로 취급됐다. 정상 입장에서 비정상을 보면 소위 미친 광이와 다를 바 없다. 일례로 제프 베이조스가 1996년 인터넷 서점 아마존을 창업했을 때 사람들은 '누가 책을 들춰보지도 않고 사느냐'며 그의 실패를 장담했다. 하지만 지금은 인터넷 구매가 일상이 된 지 오래다.

혁신은 언제나 비정상의 영역에서 시작된다. 현실에 순응하는 정상 범주의 대다수 사람들과 달리, 혁신에 도전하는 소수의 사람들은 무모하고 위험한 행동을 반복하며 새로운 변화를 이끌어낸다. 가랑비에 옷 젖듯 변화가 일상이 되면 비정상이었던 혁신도 상식이 된다. 비정상을 정상으로 바꾸기 위한 혁신가들의 노력이 있었기에 세상은 끊임없이 변화하고 발전할 수 있었다.

자신을 혁신하면 삶의 주인이 된다

기계 문명이 인류의 역사를 좌우하던 지난 1~3차 산업혁명과 달리, '엄마 기계'들이 개인이 주인 자리를 탈환하도록 돕고 있는 지금의 4차 산업혁명은 그 어느 때보다 개인의 혁신을 요구하고 있다. 국어사전을 보면 혁신은 '묵은 풍습, 관습, 조직, 방법 따위를 완전히 바꿔서 새롭게 하는 것'으로 정의된다. 여기서 중요한 단어는 '완전히 completely'다. 웬만해선 '완전히'의 기준을 넘어서기 어렵다. 그래서 많은 경우 혁신으로 출발했다가 개선에 그치고 만다.

개선은 '잘못된 것이나 부족한 것, 나쁜 것 따위를 고쳐 더 좋게 만드는 것'을 말한다. 눈에 띄는 단어는 '더^{better}'다. 혁신과 개선 모두 필요한 것이나 '완전히'와 '더'의 간극은 하늘과 땅 차이다. 혁신은 없던 것을 만들거나 새롭게 바꾸는 것이고, 개선은 기존 것을 좋게 고치는 것이기 때문이다.

망가진 유선전화기를 수리하거나 무선전화기로 교체하는 것이 개선이라면, 혁신은 전화기를 버리고 스마트폰을 사용하는 것이다. 아무리 기존 전화기를 고치고 새로운 기능을 추가하고 디자인을 바꿔도 전화기는 전화기다. 반면 스마트폰은 전화를 거는 방법도, 전화번호를 찾거나 저장하는 방식도 완전히 새롭다. 기존 전화기에선 불가능했던 인터넷 검색뿐 아니라 카메라, 뮤직플레이어, 게임기, 내비게이션, 번역기 등의 역할까지 수행한다. 이처럼 개선과 혁신의 간극은 천지만큼 멀다.

영화 〈아이언맨〉의 모티브로 유명한 일론 머스크는 혁신가의 대표적 인물로 꼽을 만하다. 그는 연쇄 창업을 통해 수많은 혁신을 탄생시켰다. 1995년 온라인 도시 정보 서비스 업체 Zip2, 1999년 페이팔의 전신이 된 온라인 결제 서비스 업체 엑스닷컴, 2002년 민간 우주개발 업체 스페이스X, 2004년 전기차 업체 테슬라, 2015년 인공지능 개발 기업 오픈AI, 2016년 뇌신경과학 연구개발 기업 뉴럴링크, 2016년 교통 인프라 건설 기업 보링컴퍼니, 2023년 인공지능 개발 기업 엑스AI 등 일론 머스크가 창업한 회사의 면면만 들여다봐도 혁신의 흐름이 파악될 정도다.

정상 범주의 사람들이 보기에 일론 머스크의 혁신은 엉뚱하면서 위험천만하지만, 그 결과 상상을 뛰어넘는 변화를 만들어냈다. 전기차 테슬라는 자동차의 개념을 이동수단이 아닌 '움직이는 모바일'로 바꿔놓았고, 스페이스X는 SF 영화에나 존재하던 우주여행을 현실로 만들었다. 이뿐인가. 뉴럴링크는 인간의 뇌와 컴퓨터를 연결해 장애와 관계없이 생각만으로 신체를 움직이는 뇌-컴퓨터 인터페이스[BCI: brain-computer interface] 기술을 개발 중이고, 엑스AI는 인공지능 챗봇 그록[Grok] 출시를 시작으로 오픈AI를 넘어서는 인공지능 연구에 박차를 가하고 있다.

지금 기준으로 보자면 내 삶의 주인 되기는 확실히 비정상이고 비상식이다. 그러나 우리는 혁신을 통해 비정상을 정상으로, 비상식을 상식으로 바꿀 수 있다. 나 자신을 혁신할 수 있다면 내 삶의 주인 되기는 새로운 정상이 될 것이다.

비교: 미래의 나와 경쟁하라

남에게 집착 말고 나에게 집중하라

몇 해 전 기업에 초청 강연을 갔을 때 한 청중에게 이런 질문을 던졌다.

"제가 당신에게 아반떼 한 대를 선물하면 어떻겠습니까?"

그러자 곧바로 "너무 좋죠!"라는 답변이 돌아왔다. 뒤이어 그를 뺀 나머지 청중들에게 이렇게 말했다.

"여러분 모두에게는 제네시스를 한 대씩 선물하겠습니다."

당연히 공수표였지만, 말뿐이라도 자신만 아반떼를 받게 된 청중은 금세 표정이 일그러졌다. 잠시나마 행복을 안겨준 행운이 짜증 나는 폭탄으로 바뀌었기 때문이다.

우리는 남들보다 나은 삶을 원한다. 그래서 끊임없이 남들과 나를 비교한다. 비싼 자동차를 타고 다니는 것보다 중요한 것은 남들보다 더 비싼 자동차를 갖는 것이다. 나 역시 다르지 않아서 생애 첫 자동차를 장만한 기쁨은 잠시였고 나란히 달리는 중형차를 발견한 순간 내 소형차가 그렇게 초라해 보일 수 없었다. 요즘도 비싼 차가 시야에 들어오면 차를 바꾸고 싶은 충동에 시달린다.

비교는 개인의 발전과 성장에 원동력이 되기도 하지만, 이론적으로 상대적 비교는 세계 최고가 되기 전까지 만족이 안 된다. 비교는 내가 부러워하는 대상이 사라지기 전까지 무한 루프처럼 반복하게 된다는 점에서 무섭다.

그래서 내가 찾은 방법이 비교 대상을 남이 아닌 나로 바꾸는 것이다. 어제의 나와 오늘의 나는 좋은 비교 상대다. 어제 1만 보를 걸은 나는 오늘 1만 2,000보를 걸은 나를 칭찬한다. 지난달에 두 권의 책을 읽은 나는 이번 달에 세 권의 책을 읽은 나를 자랑스러워한다. 나 자신과의 비교는 부러움의 대상을 미래의 나로 바꾼다. 고급 차를 타고 다니는 미래의 나는 오늘의 나를 더욱 노력하게 만든다. 무엇이 부족하고 무엇이 필요한지 누구보다 잘 알기에 구체적으로 노력하고 현실적으로 목표를 세울 수 있다.

건국대학교 교양대학 학장 시절 야구선수 박찬호를 강사로 초청한 적이 있다. 박찬호 선수가 들려준 다양한 이야기 중 유독 '집착과 집중을 구별하는 방법'이 내 마음을 울렸다.

"집중이 잘 되는 날은 포수만 보입니다. 타자가 누구건 포수가 원하는 대로 공을 던지면 포수의 글러브에 정확히 꽂힙니다. 그런데 반대로 타자만 보이면 그날은 안타나 홈런을 얻어맞기 일쑤죠. 타자에게 집착하는 순간 패전투수가 되는 겁니다."

집중할 때는 내가 중심이 된다. 어떻게 공을 던져야 포수의 글러브에 정확히 들어갈까만 생각한다. 그러나 집착은 언제나 타인을 향한다. 절대 안타를 맞지 않겠다는 집착 때문에 어깨에 힘이 들어가 포볼로 상대 선수를 진루시키는 우를 범하게 된다. 나 자신을 비교 대상으로 삼아야 나만의 공을 던지는 데 집중할 수 있다. 집착과 집중의 차이를 알아야 지는 것을 겁내지 않고, 안타나 홈런을 두려워하지 않으며, 오직 나다운 공을 던지는 것에만 집중하게 된다.

장갑과 그릇은 조력자일 뿐이다

장갑은 손을 위해 만들어졌다. 추위에 꽁꽁 언 손을 따뜻하게 감싸주고, 설거지나 전기 다루는 일을 할 때는 외부 자극으로부터 손을 보호해준다. 아무리 멋진 장갑도 내 손에 안 맞거나 용도와 다르면 쓸모없다. 아무리 비싼 소재를 사용하고 특수 용도로 설계됐어도 장갑 자체로는 무용하다. 장갑은 손에 끼워질 때만 존재 의미가 있다. 장갑을 끼고 하는 모든 일은 장갑이 아니라 손의 행위이기 때문이다.

그릇의 가치도 그 안에 담긴 내용물로 결정된다. 고가의 항아리라도 쓰레기를 담으면 쓰레기통이 되고, 개밥그릇도 보석을 담으면 보석함이 된다. 중요한 것은 겉모습이 아니라 그 안에 담긴 알맹이다. 주객이 전도되면 안 된다. 우리에게 필요한 것은 예쁜 장갑이 아니라 노력하는 손이다. 값비싼 그릇이 아니라 가치 있는 생각이다. 장갑과 그릇은 나를 안전하게 보호하고, 내가 하는 일을 돕고, 나를 더 돋보이게 하는 조력자 역할로 충분하다.

미켈란젤로가 시스티나 성당의 천장 벽화를 그릴 때, 구석진 곳까지 세심하게 붓질하는 모습을 본 그의 친구가 말했다. "이보게, 뭐 하러 그 고생을 한단 말인가? 그래봤자 누가 알겠는가?" 미켈란젤로가 대답했다.

"내가 알지!"

남다른 성공을 이룬 사람들은 남들과 경쟁하지 않는다. 남들에게 잘 보이려 애쓰지 않고 남들보다 더 가지려고 버둥대지도 않는다. 그들의 시선은 장갑이나 그릇처럼 남들에게 보이는 겉모습이 아니라 자기 자신에게로 향해 있다. 나와의 싸움에서 이기는 것이야말로 슈퍼 개인이 되는 가장 빠른 지름길이다.

목표: 인생은 객관식이 아니라 주관식이다

서울에서 부산까지 가는 방법

전국이 일일생활권으로 바뀐 것은 전적으로 KTX 덕분이다. 서울에서 부산까지 400km에 달하는 거리를 단 2시간 만에 질주한다. 20년 전만 해도 지방 출장을 가면 자동차 안에서 보내는 시간 때문에 1박 2일이 당연했는데 이제는 아득한 추억이 돼 버렸다.

 길 가는 사람을 붙잡고 서울에서 부산 가는 방법을 물으면 백이면 백 KTX를 타라고 답할 것이다. 그러나 KTX는 가장 빠른 방법일 뿐 유일한 답은 아니다. 역마다 정차하는 새마을호도 있고, 고속버스를 타거나 직접 차를 몰고 갈 수도 있다. 서울에서 부산에 가는 이유도 사람마다 다르다. 누군가는 휴식이나 관광, 다른 누군가는 업무를 위한 출장이 목적일 수 있다. 어떤 이는 서울과 부산 사이의 경유 도시를 방문하고 싶을 수 있고, 다른 어떤 이는 부산발 유람선을 타는 것이 목적일 수도 있다. 컨텍스트에 따라 방법은 천차만별이다.

 졸업생 중 하나가 중소기업 생산직에 취업한 적이 있다. 모두가 꺼리는 직장에 선뜻 들어간 이유가 궁금했는데 3년쯤 지나 대기업에 경력사원으로 특별채용이 됐다는 소식을 들었다. 바늘구멍보다 좁은 신입사원 공채와 달리 경쟁률도 3대1로 낮은 수준이었다. 서울에서 부산 가는 방법처럼 내가 원하는 기업에 입사하는 방법도 한 가지만 있는 것이 아니다. 이걸 모르면 애먼 길에서 시간만 낭비할 수 있다.

여기서 질문 하나만 해보자. 부산을 가야 하는 이유가 무엇인가? 만약 바다를 보고 싶은 거라면 해운대만 고집할 게 아니라 인천이나 제부도가 더 나은 대안이 될 수 있다. 서울에서 더 가까우니까 시간과 돈을 절약할 수 있고, 부산과는 또 다른 풍경과 미식을 즐길 수도 있다. 대기업에 들어가야 하는 이유는 무엇인가? 정년을 보장받으며 경제적으로 여유롭게 사는 것이 목적이라면 반드시 대기업일 필요가 없다. 무한경쟁에 시달리며 주어진 일만 반복하는 대기업보다 규모는 작아도 더 나은 근무 환경에서 능력을 펼칠 수 있는 일터는 무수히 많다. 해외로 이주하는 방법도 있다.

내가 정한 목적지가 정말 내가 원하는 것이 맞는지 다시 생각해볼 필요가 있다. 부산에 가고 싶은 게 아니라 바다가 보고 싶은 것일 수 있다. 대기업에 들어가고 싶은 게 아니라 능력을 인정받을 기회를 얻고 싶은 걸지도 모른다. 내가 정말 원하는 것을 모르면 길을 잃는 건 한순간이다.

생명만이 물살을 거스를 힘이 있다

어쩌다 노래방에 가면 항상 부르는 곡이 있다. 1998년 강산에

씨가 발표한 〈거꾸로 강을 거슬러 오르는 저 힘찬 연어들처럼〉이다. 가사가 너무 주옥같은데 특히 "흐르는 강물을 거꾸로 거슬러 오르는 연어들의 도무지 알 수 없는 그들만의 신비한 이유처럼"이란 대목을 좋아한다.

물고기가 강물을 거슬러 오르려면 쉴 새 없이 지느러미를 움직여야 한다. 세찬 물살을 역행해 나아가려면 몇 배의 에너지가 필요하다. 사람 입장에선 얼마나 힘들까 싶지만 물고기들에겐 물속에서 헤엄치는 것이 일상이자 삶의 전부다. 물고기가 헤엄치는 것을 멈추는 때는 생명이 멈췄을 때뿐이다. 죽은 것들은 세찬 물살을 이길 수 없다. 죽은 물고기도 낙엽도 모두 물살에 떠밀려 갈 뿐이다. 오직 생명만이 세상의 물살을 거스를 힘이 있다.

물고기가 힘들이지 않고 물속을 헤엄치고 새들이 본능적으로 날갯짓을 하는 것처럼, 우리에게도 세상의 거센 파도를 거뜬히 넘어설 힘이 있다. 세상이 정한 규칙을 역행하려면 몇 배의 에너지가 필요하겠지만 그것이 꼭 힘들고 지치는 일인 것만은 아니다. 우리를 정말 힘들게 하는 것은 원하지 않는 일을 등 떠밀려 하는 것이다. 그러니 숨 쉬듯 움직여야 한다. 움직임을 멈추는 순간 세상의 파도가 나를 떠밀어버릴지 모른다.

대기업에 들어가서 많은 월급을 받는 것만이 성공한 삶이 아니다. 이 세상에는 자기만의 공식으로 새로운 부를 창출하는 사람들이 정말 많다. 수백억 자산의 부자가 아니더라도 경제적 어려움 없이 자기 시간을 자유롭게 사용하면서 여유로운 삶을 즐기는 사람들이 많아지고 있다. 개인이 주인인 시대이기 때문에 가능한 새로운 성공이다.

인생은 객관식이 아니라 주관식이다. 주어진 보기 중 하나를 선택하는 인스턴트 삶이 아니라, 내 삶의 문제를 나만의 방식으로 풀어가는 지혜가 우리에겐 절실하다. 정답은 정해진 것이 아니라 내가 만드는 것이다.

ICONIC

(부록)

나의 자전적 이야기

아이코닉

대체 불가능한 나를 위한 성장 법칙, 두드레스

01

끝까지 가봐야
남다른 시야를 가질 수 있다

패션 디자이너에 도전장을 내민 공대생

말하자니 쑥스럽지만 나는 학창 시절 공부를 곧잘 했다. 그래서 서울대 산업공학과 진학을 자신했는데 학력고사 성적이 기대만큼 나오지 않았다. 나는 반수를 결심하고 일단 점수에 맞춰 당시에는 비인기 학과였던 섬유공학과에 입학했다.

1984년 3월 신입생이 됐다. 그런데 굳은 결심이 무색하게 반수 계획은 눈 녹듯 사라지고 자유로운 캠퍼스 라이프에 빠져들었다. 관심 없는 학과 수업은 F 학점을 면할 정도로만 겨우 들어가고 고삐 풀린 망아지처럼 친구들과 밤낮으로 놀러다니기 바빴다. 어쩌다 강의실에 들어가면 교수님이 "창규 군, 자네는 남은 수업을 다 들어와도 F 학점이니까 들어올 필요 없네"라고 할 정도였다. 지금도 대학교 1~2학년 때 어떤 수업을 들었는지 기억이 가물가물하다.

그렇게 어영부영 3학년이 됐다. 수업은 여전히 재미없었고 그날도 놀러 가자는 친구를 따라 교문 밖을 나섰다. 그런데 별안간 눈앞에서 별이 팡팡 터졌다. 난생 처음 본 패션쇼에서 화려한 조명과 음악을 배경으로 모델들이 오가고 마지막에 디자이너가 스포트라이트를 받으며 걸어 나오는데, '저게 바로 내가 하고 싶은 거구나!' 싶었다. 그야말로 패션이란 장르가 내 가슴에 콕 박힌 순간이었다. 그날로 집에 오자마자 부모님께 선언하듯 말씀드렸다.

"저, 패션 디자이너가 되고 싶습니다."

공학도의 길을 가겠거니 했던 장남이 돌연 패션 디자이너가 되겠다니 난감할 법도 한데, 아버지는 선선히 허락했다.

"그래, 네가 하고 싶으면 해라. 그래도 앞으로의 인생이 걸린 일이니 교수님들과 상의해보고 결정해라."

여담이지만 우리 가족은 대대로 문과 계열이었다. 할아버지는 만우晩牛 박영준 선생으로 1934년 연희전문학교(현 연세대) 문과를 졸업한 후, 같은 해 〈조선일보〉 신춘문예에 단편 〈모범경작생〉, 신동아 현상소설 모집에 장편 〈일년〉과 콩트 〈새우젓〉이 당선되며 등단했다. 1962년부터 연세대 문과대학 교수로 재직하며 학생들을 가르쳤고 1975년 문과대학 학장을 지내다 이듬해 지병으로 별세하셨다. 중·고등학생 때는 어린 마음에 교과서와 시험 문제에 할아버지가 쓴 소설이 나와서 엄청 뿌듯했던 기억이 있다.

할아버지는 어릴 적 신식 교육을 받았다고 한다. 할아버지가 9살이던 1919년, 평양 남산현교회 부목사였던 증조부 박석훈 선생이 독립선언서를 낭독하며 3·1운동을 이끌다가 그해 평양형무소에서 옥사하셨고, 증조부를 대신해 미국 선교사들이 할아버지를 돌보았다. 그 영향인지 할아버지는 지독한 가난에도 어려서부터 공부를 열심히 했고 신춘문예에 연이어 당선될 만큼 작가적 역량이 뛰어났다. 하지만 일제 때 독립운동가 자녀가 일자리를 얻을 수 있을 리 만무했다.

지독한 가난에 시달리던 할아버지는 의사와 결혼하면 굶어 죽지는 않겠지 하는 마음으로 1933년 경성의학전문학교(현 서울대 의과대학) 산부인과를 졸업한 할머니 정숙용 여사와 결혼했다. 하지만 일제의 핍박은 거셌고 결국 만주로 넘어간 할아버지는 연변과 용정, 길림 등지 학교에서 국어와 영어를 가르치다가 해방 이후에야 조국으로 돌아올 수 있었다.

아버지 박승렬 선생은 할아버지가 몸담고 있던 연세대에 철학과로 입학하고 국문학과로 졸업했다. 1964년 동아방송(현 채널A) PD로 입사해 제작부장을 맡아 다큐멘터리 등을 연출하다, 1980년 언론 통폐합 이후 1981년 여의도에 국내 최초의 평생사회교육기관인 동아문화센터를 창립했다. 지금의 백화점 문화센터 초기 모델이라고 이해하면 쉽다. 고모도 연세대 영문학과를 나왔고, 작은아버지는 서강대 사학과, 내 어머니는 이화여대 영문학과에서 수학했다. 할머니만 빼면 집안 어른들이 모두 인문학에 뿌리를 두고 있는 셈이다.

　이런 환경에서 나 홀로 공대에 진학하더니 원치 않는 전공에 마음 붙이지도 못하고 수년을 겉돌기만 했다. 애초에 고등학교 때 암기 과목이 싫다며 이공계에 지원한 걸 후회하던 참이었다. 그런 아들이 처음으로 하고 싶은 일을 찾았다 하니 아버지도 응원하는 마음으로 지지해주셨던 것 같다.

　그런데 그 지지가 쉽지 않았던 것이, 1980년대만 해도 패션은 금남의 영역이었다. 1970~1980년대 한국 패션계를 풍미했던 앙드레 김 선생은 정말 예외적인 인물이고, 남성복도 여성 디자이너가 만드는 게 당연한 시대였다. 당시 서울대 가정대학(현 생활과학대학)에는 의류학과, 식품영양학과, 가정관리학과(후일 소비자아동학과) 3개 전공이 있었는데 남학생은 단 한 명도 없었다. 남성이 패션을 배우려면 복장학원에 다니거나 유학길에 오르는 방법뿐이었다.

　뜻은 세웠으나 무엇부터 해야 할지 도통 감이 오지 않았다. 그래서 일단 아버지 말씀대로 교수님을 찾아갔다. 지금은 고인이 되신 이재곤 교수님은 방적기계와 공정의 원리를 이론적으로 정립한 분으로 우리나라 섬유공학계의 거목으로 꼽힌다. 그런 분에게 난데없이 패션 디자이너가 되고 싶다고 하면 혼이 나려나, 미쳤다고 욕을 먹으려나, 단단히 각오하고 말을 꺼냈다. 그런데 의외의 반응이 돌아왔다.

　"그렇지! 섬유공학 전공자 중에도 패션을 아는 사람이 있어야지!"

오히려 기다렸다는 듯 기쁨을 감추지 못한 이재곤 교수님은 나를 수시로 연구실로 불러 여러 사람을 소개해주셨다. 그때 인연을 맺은 분이 패션계의 대모인 최경자 국제복장학원 이사장이다. 최경자 선생은 우리나라의 1세대 패션 디자이너로 1938년 국내 최초의 패션학교인 함흥양재학원을 설립한 이후 평생 5만 명이 넘는 후배 디자이너를 키워냈다. 우리나라 1호 남성 패션 디자이너인 앙드레 김 선생, 한글 디자인으로 세계적 디자이너 반열에 오른 이상봉 선생도 그의 제자다. 이재곤 교수님의 소개가 아니었다면 일개 대학생인 나는 감히 만날 수도 없는 분이었다.

"최 이사장, 우리 섬유공학과에 드디어 패션 디자인을 하겠다는 애가 나타났어요. 부탁 좀 합시다. 데리고 가서 잘 가르쳐 줘요."

그렇게 다음 날 학교 수업이 끝나자마자 명동에 있는 국제복장학원으로 달려갔다. 그러나 설렘도 잠시, 나를 기다리고 있는 건 패션 수업이 아니라 고전소설〈춘향전〉이었다.

"여기〈춘향전〉에 등장하는 복식을 모두 조사해 오세요."

선생의 말이 떨어지기 무섭게 조선 복식사 책을 붙들고 저고리부터 버선코까지 조선시대 복식 용어는 물론 제작 과정 전반을 공부하기 시작했다. 처음에는 나를 골탕 먹이려는 건가 하는 의심도 들었지만, 시간이 지날수록 글로 묘사된 옷들이 점차 이미지로 연결되면서 패션에 눈을 뜨는 느낌이 들었다. 열정만 앞서고 기초 실력은 없는 나를 위해 최경자 선생이

고안한 훈련법이었던 것이다.

그렇게 첫 과제를 무사히 마친 나는 3개월 패턴 교습 코스를 시작으로 1년여에 걸쳐 스커트, 바지, 코트, 재킷, 니트 등의 제작법을 하나하나 배워나갔다. 종류별로 디자인 패턴을 만들고, 천을 재단하고, 손바느질과 미싱(재봉틀)으로 옷을 완성할 때마다 뿌듯함이 밀려들었다. 그러나 내가 배운 건 단지 디자인만이 아니었다.

국제복장학원에서 공부하며 깨달은 것들

"서울대 공대생이 이런 복장학원엔 왜 왔습니까?"

1980년대 국제복장학원에는 중·고등학교도 제대로 졸업하지 못한 분들이 많았다. 특히 남자 수강생들은 가난 때문에 어린 나이부터 장사를 해오다 배움에 대한 열망으로 늦깎이 학생이 된 분들이 대다수였다. 그들에게 서울대생은 선망의 대상이었을지 모르나 정작 나는 부끄러움에 몸 둘 바를 몰랐다. 고된 노동과 공부를 병행하면서도 누구 하나 지친 기색 없이 수업에 열중하는 모습을 보노라면 흥청망청 놀러 다니던 과거의 내가 몹시 후회스러웠다.

그래서 섬유소재 스터디를 맡아달라는 부탁을 받았을 때는 쥐구멍에 숨고 싶었다. 서울대 섬유공학과 3학년이라고 하니 당연히 잘 알리라 여겼을 테지만 그때까지 전공 책 한번 제대로 들춰본 적이 없어서였다. 하지만 나를 믿어 의심치 않는 진지한 눈빛에 차마 사실대로 말할 수 없어서 마치 고3으로 돌아간 듯 밤낮으로 책을 파고들었다. 고백하건대 성실과 열정으로 나를 압도했던 그분들이 아니었다면 지금의 '섬유공학과 교수 박창규'는 없었을지 모른다.

한편, 이재곤 교수님의 지원은 여기서 끝이 아니었다. 의류학과 수업을 수강할 수 있도록 교수님들을 설득해주신 것이다. 이때 의복 패턴과 인체계측 분야의 개척자로 손꼽히는 서울대 의류학과 임원자 교수님(당시 가정대학 학장)과 이순원 교수님 등이 나를 받아주셨다. 공대생이 가정대 의류학과 전공 수업을 듣는다니 지금도 말이 안 되는 일인데, 이재곤 교수님의 강력한 부탁으로 꿈을 이룰 수 있었다.

그때부터 남자 화장실도 찾기 어려운 금남의 구역인 가정대학 건물을 수시로 드나들며 수업을 들었다. 섬유공학 전공 수업은 필수과목만 듣고 나머지 학점을 모두 의류학과 수업으로 채웠다. 의류학과 1~4학년 전공 수업을 2년 안에 독파하려면 다른 방법이 없기도 했거니와 당시에는 패션에 푹 빠져서 수업을 들을 수 있는 것만으로 마냥 좋았다. 어쩌다 휴강하는 수업이 있으면 아쉬울 정도였다. 처음에는 경계하는 눈빛을 보이던 의류학과 여학생들도 교탁 맨 앞자리에 앉아 진지하게 수업을 듣는 내 모습을 보고 조금씩 마음의 자리를 내줬다.

그러나 역시 기초 실력이 발목을 잡았다. 미술이라곤 초등학생 때 해본 서예 붓글씨와 물감으로 풍경 그리기가 전부이니 의류학 전공자들과 실력 차가 컸다. 그래서 그날로 동네 미술학원에 등록했다. 초등학생들과 둘러앉아 선 긋기를 배우고, 차츰 비너스·줄리앙·아그리파 등 석고상 데생을 거쳐 크로키를 연마했다. 자투리 시간에 틈틈이 1년쯤 학원을 다니며 기초를 쌓은 후엔 명동에 있던 아틀리에 블랑쉬라는 패션 일러스트레이션 학원으로 자리를 옮겨 본격적으로 실력을 키워 나갔다.

그때는 어디를 가도 사람들이 입은 옷만 보였다. 나도 모르게 손을 뻗어 남의 옷소매를 만지다가 된통 혼난 적도 있다. 방과 후에는 학원에 가야 해서 스케치북이 들어가는 커다란 가방으로 바꿔 멨는데, 하루는 지하철을 급히 타다가 가방 속 내용물이 바닥에 쏟아졌다. 노란색 레모나(비타민제의 일종) 통에 담겨 있던 바늘과 실뭉치, 골무 등이 사방에 흩어지고, 사람들이 무슨 남학생 가방에서 반짇고리가 나오냐며 숙덕였지만 하나도 창피하지 않았다. 사람들 반응은 안중에도 없을 만큼 패션에 몰두하던 시절이었다.

그런 나조차 난감한 순간이 있었는데, 이순원 교수님의 인체계측 수업을 들을 때였다. 옷을 디자인하려면 기본적으로 인체 각 부위의 길이와 너비, 둘레 등을 측정해야 하는데 이것을 인체계측이라 한다. 기업에선 표준 사이즈로 일괄 제작하지만 디자인을 배우는 학생들에겐 인체계측 방법을 익히는 것이 필수다. 하지만 금남의 벽은 견고했다. 여학생들이 둘씩 짝을 이뤄 서로의 치수를 측정할 때, 남성인 나는 강의실 밖 복도에서 홀로 더미 ᵈᵘᵐᵐʸ(마네킹)를 끌어안고 치수를 쟀다.

　인체계측 수업은 3시간 동안 연강으로 진행됐다. 신체 부위 곳곳을 누르면서 뼈와 근육이 어디에 있는지 찾아 스티커를 붙이고 계측점을 찾아 측정해야 하니 그 정도 시간이 필요했다. 하지만 내가 사용하는 더미에는 이미 기준점과 스티커가 붙어 있는 데다가 계측선까지 표시돼 있어 15분 만에 끝났다. 제풀에 지쳐 그만둘 법도 했지만, 그때의 나는 오기로 가득 차 있어 더미가 부서질 듯 만지고 또 만지며 3시간을 버텼다. 당시 복도를 지나던 여학생들의 소곤거림이 아직도 귀에 선하다.

　"어머, 쟤 뭐야? 왜 복도에서 더미를 끌어안고 있어? 또라이 아냐?"

　"너 아직도 몰라? '공대 빨간 바지'로 유명한 애잖아."

　3학년 2학기가 시작되고 국제복장학원에서 바지 패턴을 배우자마자 실습도 할 겸 동대문 광장시장에서 새빨간 원단을 끊어다가 바지를 직접 만들어 입고 다녔다. 또래 남학생들은 대부분 청바지 아니면 베이지색 면바지를 입고 다니고, 여학생들도 너무 튀어서 빨간색 치마는 안 입던 시절에 나 혼자 빨간 바지를 주구장창 입고 다녔다. 일부러 그랬다. '남자는 빨간 바지를 입으면 안 된다'는 편견을 극복하지 않으면 디자이너로서 창의력을 발휘할 수 없다, 사람들의 따가운 시선과 손가락질을 이겨내지 못하면 '남자는 패션 디자이너가 될 수 없다'는 고정관념을 넘어설 수 없다, 이런 비장한 각오를 빨간 바지에 투영한 것이다. 나중에는 사람들의 비아냥거림을 오히려 즐기려고 노력했다.

사실 나이 들어서는 '공대 빨간 바지'라는 별명을 까맣게 잊고 살았다. 그러다 우리 아이들이 중·고등학교에 다닐 때 학부모 모임에 갔다가 나보다 한 학년 위 서울대 경제학과 동문을 만났는데, 통성명을 하자마자 "혹시 공대 빨간 바지 아니세요?"라고 물어 깜짝 놀란 기억이 있다. "그 시절 관악 캠퍼스 사람이면 모를 수가 없죠. 엄청 유명했잖아요, 이렇게 만나 뵙게 돼서 영광이에요!" 무려 40년 전 일인데도 아직 기억하는 사람이 있다니, 비록 당시의 나는 절박했지만 지금 생각하면 엄청 튀는 놈이었구나 싶다.

어디 그뿐일까. 디자이너 예명도 직접 작명했다. 1986년 당시에는 앙드레 김 André Kim 선생이 워낙 우상이었기 때문에, 나도 비슷한 스타일로 가장 좋아하는 화가 빈센트 반 고흐 Vincent van Gogh의 이름을 빌려 '빈센트 박 Vincent Park'이라 지으려 했다. 그런데 미국 가수 돈 맥클린 Don McLean의 팝송 제목을 따라 하는 것 같아 금방 관뒀다. 우리나라를 대표하는 패션 디자이너가 되겠다는 포부를 담아 '아리랑 박', '쾌지나 박' 등으로 하려고도 했는데 영 개성이 없는 것 같아서 지워버렸다. 지금 들으면 웃긴 이름이지만 당시에는 1988년 서울올림픽 개최를 앞두고 아리랑 노래와 호돌이 마스코트를 심심찮게 접하던 때였다. 결국 마지막에는 내가 좋아하던 또 다른 프랑스 화가 폴 세잔 Paul Cézanne의 이름을 가져와 앙드레처럼 세 글자로 읽기 쉽게 '세자르 박^{Cezar Park}'이라고 지었다.

그때부터 이메일을 비롯한 모든 계정의 아이디를 '세자르'로 통일하고 있다. 패션 디자이너에 도전하며 꿈과 열정을 키우던 대학 시절의 나를 오롯이 담은 단어이기 때문이다. 내 이름을 잘 기억하지 못하는 선후배들도 세자르는 익숙할 정도다. 그리고 드디어 2년간의 노력과 그 결실을 무대 위에 선보일 순간이 다가왔다. 바로 대망의 데뷔전, 의류학과 졸업전시회가 시작된 것이다.

작은 봉우리라도 정상에 올라야 다른 산들이 보인다

의류학과 학생이라면 예외 없이 거쳐야 할 통과의례가 바로 졸업전시회(졸전)다. 4년간 갈고닦은 실력을 아낌없이 발휘해 두 벌의 옷을 제작한 후 런웨이^{runway}와 전시회를 연다. 이를 위해 1학년부터 4학년까지 매년 졸전 준비를 위한 '복식의장실습' 과목을 수강하는데, 3학년부터 의류학과 수업을 듣기 시작한 타과생인 나에겐 해당 사항이 없었다. 그러나 패션 디자이너 입문을 위한 일생일대의 기회를 놓칠 수 없던 나는 다짜고짜 교수님을 찾아갔다.

당시 의류학과 졸전 담당 교수는 디자인 전공 김민자 교수님으로, 태극 문양과 단청 무늬 등 한국의 전통 이미지를 적용한 패션 디자인으로 세계적 명성을 얻은 권위자다. 시간이 한

참 훌러 2006년 내가 아이패션 프로젝트를 시작했을 때 많은 도움을 주신 은인이지만, 서울대에 부임한 첫해였던 1986년 당시엔 여간 깐깐한 성격이 아니었다. 결국 나의 졸전 참여 여부는 의류학과 재학생들에게 공이 넘어갔고, 학과 회의에 직접 찾아가 나의 진심을 전한 후 찬반 토론과 투표를 거쳐 겨우 허락을 받아냈다. 2년간 매 학기 복식의장실습 4개 과정을 모두 수강하는 조건이었다.

서울대에 복수전공 제도가 도입된 건 정확히 10년 뒤인 1996년부터다. 내가 아무리 의류학과 수업을 모두 듣고 졸전에 참여해도 학사학위를 받을 수 있는 건 아니었다. 그렇지만 졸전에 나란히 이름을 올리는 것만으로도 너무 기뻤다. 물론 그 과정이 쉬웠다는 얘기는 절대 아니다. 아무리 각오를 단단히 했어도 비전공자에게 졸전은 시련의 연속이었다.

의류학과 졸전은 그해 주제에 맞춰 콘셉트를 잡은 후 디자인 스케치와 원부자재 등으로 구성된 20~30페이지 남짓의 포트폴리오를 제출하는 것으로 시작된다. 수업 시간에 돌아가며 프레젠테이션을 하고 피드백을 받아 수정을 거쳐 교수님에게 최종 승인을 받으면 그때부터 작품 제작에 들어간다. 당시 졸전 주제는 '자연'과 '도시' 중 하나를 고르면 됐는데 나는 자연을 택했다. 가장 중요한 영감을 얻기 위해 며칠을 캠퍼스 뒤 관악산에 올라 돌아다녔지만 매번 허사였다. 그날은 마지막이라는 생각으로 쥐 잡듯 산속을 헤집는데 순간 떡처럼 뭉쳐진 거미줄과 둘둘 말린 곤충이 눈에 들어왔다.

방사형으로 촘촘하게 짜인 거미줄은 곤충들에게 사형대와 같다. 한번 붙들리면 옴짝달싹하지 못한 채 거미의 먹이가 된다. 거미는 제 몸집보다 큰 곤충을 잡기 위해 밤새도록 실을 뽑아내고 줄을 엮었을 것이다. 하지만 그보다 훨씬 덩치가 큰 동물에게 거미줄은 발짓 한 번이면 뭉개지는 한낱 먼지일 뿐이다. 이처럼 자연은 멀리서 보면 아름답지만 가까이에서 보면 치열한 적자생존의 전쟁터다.

그때부터 거미줄을 모티브 삼아 적자생존, 삶과 죽음을 콘셉트로 디자인 스케치를 해나갔다. 먼저 첫 번째 작품은 돌먼 슬리브 니트 탑 dolman sleeve knit top 스타일로 가슴 중앙에 금속판(메탈 플레이트)을 달고, 니트 조직을 방사형으로 찢어 거미줄을 연상케 하는 금속 지퍼(슬라이드 패스너)를 달았다. 지퍼를 여닫는 정도에 따라 전혀 다른 디자인이 되도록 한 것이 포인트다. 두 번째 작품은 검은색 가죽 소재로 몸에 달라붙는 전신 스키니 skinny 디자인인데, 세로줄은 척추와 다리뼈를 지지대로 하고 가로줄을 생선 뼈다귀 모양의 절개선으로 전부 찢어버렸다. 전체적으로 거미줄의 거칠고 차가운 이미지에 과감한 노출을 추가했다.

나에겐 자연의 냉혹한 적자생존을 재해석한 회심의 역작이었지만 사람들 눈엔 아니었던 모양이다. 자연을 택한 대다수 학생들은 풍요로움이나 따뜻함을 표현하기 위해 파스텔 톤을 사용했고, 차가운 메탈과 노출 디자인의 내 작품은 그들과 어울리지 않았다. 결국 타의에 의해 도시 파트로 옮겨졌다. 그때 나의 상실감은 말로 다 하지 못한다. 평생 흘릴 눈물을 다 쏟아냈다. 억울해서가 아니라 자연과 도시도 구분하지 못할 만큼 디자인에 재능이 없다는 자책으로 엄청난 좌절감을 느꼈기 때문이다.

졸업작품전 런웨이도 우여곡절이 많았다. 통상 학과 후배들이 모델을 해주고 그의 치수에 맞춰 옷을 제작하는데, 후배와 친분이 없던 나는 어렵게 2학년 학생을 소개받아 겨우 마감 시간을 지킬 수 있었다. 그런데 내가 만든 옷을 본 여학생이 노출이 너무 심해 도저히 런웨이에서 못 입겠다고 한 것이다. 결국 서로 한발씩 양보해 니트 탑만 런웨이를 하고, 전신 가죽 스키니는 벽에 걸어 전시만 했다. 나로선 굉장히 섭섭한 일이었지만 어쩔 도리가 없었다.

의류학과 졸전 경험은 나에게 세 가지 깨달음을 안겨줬다. 하나는 패션 디자이너를 직업으로 삼을 만큼의 재능이 나에겐 없다는 것이었고, 다른 하나는 그럼에도 불구하고 나는 패션을 누구보다 사랑한다는 것이었다. 마지막은 내가 패션을 위해 할 수 있는 다른 일을 찾아내야겠다는 깨달음이었다. 대학 시절 내가 할 수 있는 모든 최선을 다했기에 후회도 미련도 없이 디자이너의 꿈을 접을 수 있었다. 그러나 아는 만큼 보인다고, 패션에 대한 크나큰 열정이 결국에는 IT 기술을 패션에 융합한 아이패션에 이어 두드레스라는 패션 플랫폼 창업으로까지 이어졌다. 후일 한국패션디자이너연합회 초청으로 강단에 올랐을 때 지난날의 회상과 감격으로 눈물을 훔친 기억이 지금도 또렷하다.

내가 강단에서 학생들에게 자주 하는 말이 있다.

"아무리 작은 봉우리라도 정상에 올라봐야 한다. 그래야 다른 산들이 보인다."

대학 1학년 때는 비인기 학과인 섬유공학과에 입학한 것이 죽도록 싫었다. 미팅을 나가도 그냥 공대라고만 말하고 학과 이름은 절대 입 밖에 꺼내지 않을 정도였다. 그런데 패션에 눈을 뜨고 2년간 죽도록 디자인에 매달려보니 내가 섬유공학 전공자인 게 그렇게 좋을 수가 없었다. 문·이과 교차 지원이 없던 시절이라 단순히 문과 계열 경영학과와 비슷해 보여 산업공학과를 지망했던 건데, 아무 생각 없이 들어왔던 섬유공학이야말로 패션과 기술이 절묘하게 어우러지는 분야였다. 비록 디자이너의 꿈은 이루지 못했지만 그때 패션을 끝까지 파고들지 않았다면, 섬유공학과 교수라는 원래 본업은 물론 패션 플랫폼 CEO라는 본캐도 불가능했을 것이다.

에베레스트처럼 높고 험한 산의 정상에 올라야만 성공이 아니다. 야트막한 동네 뒷산이라도 정상에 서봐야만 볼 수 있는 풍경이 있다. 목표를 향해 열심히 달려가다가 그 끝이 비록 실패로 끝나더라도 그 과정에서만 경험하고 깨닫는 것들이 우리를 또 다른 성공으로 이끌어준다. 남다른 성공을 거머쥔 이들도 처음부터 결과를 알고 출발한 게 아니다. 실패할 줄 알면서도 끝까지 도전하는 과정에서 남들과 다른 배움과 경험을 얻었기에 남과 다른 선택을 하고 남과 다른 성취를 이룰 수 있던 것이다.

조그만 산이라도 산 아래에선 정상에 무엇이 있을지 알 수 없다. 산 중턱에서 보이는 것들도 수많은 나무와 풀뿐이다. 정상에 올라가야 주변의 높고 낮은 다른 산들이 보이고 전체 지형도 알 수 있다. 나와 다른 정상에 도전하는 사람이나 이미 정상에 올라선 사람도 먼발치에서나마 볼 수 있다. 그래야 다음에 내가 오를 산도 찾을 수 있다. "힘들게 올라갔는데 아무것도 없으면 어떡하지?"라는 불안 때문에 중도 포기하면 남는 건 후회와 미련뿐이다. 설사 정상에 아무것도 없더라도 직접 내 눈으로 확인하는 것과 남들에게 전해 듣는 것은 천지 차이다. 한 번 정상에 올라본 경험이 다른 산에 도전하는 원동력이 되기 때문이다. 오르던 산을 내려가 다른 산을 또 오른다 해도 그 길이 옳은지는 결국 올라봐야 안다. 진짜 그 산이 아니라는 확증이 없다면 작은 산이라도 올라보는 것이 맞다.

02

자기 분야에서 최초의 기록을
만드는 방법

세상에서 오직 나만이 해낼 수 있는 일

돌이켜보면 1987년 4학년 2학기 시절이 내 인생의 방향을 결정지은 운명적 순간이었다. 당시 의류학과 졸업전시회 준비와 함께 좌절에 빠진 나는 때마침 미국 국비 유학을 권하는 이재곤 교수님의 유혹에 넘어가 대학원 실험실에 들어갔다. 대학원에 입학할 생각은 없었지만 파슨스디자인스쿨 Parsons School of Design과 함께 세계적 패션 명문으로 꼽히는 뉴욕주립대학 FIT Fashion Institute of Technology 진학을 진지하게 고민 중이었다. 다음 해 5월로 예정된 유학일 전까지 대학원에 적만 두고 있자 싶었는데 그때 실험실에 있던 IBM PC가 눈에 들어왔다.

내가 처음 컴퓨터를 접한 건 1학년 전산기개론 수업을 들으면서다. 1984년 당시엔 컴퓨터가 지금처럼 대중적인 기기가 아니었고, C+ 학점이 말해주듯 교수님이 시키는 대로 몇 번 만져본 것이 전부였다. 이번엔 달랐다. 패션 디자인 실력은 좀 부족하지만 공대생답게 컴퓨터로 패션에 관한 뭔가를 해내면 의류학 전공자들과 차별화된 경쟁력을 만들 수 있을 것 같았다. 그때부터 구석에 밀어둔 전산기개론 교재를 다시 뒤적이고 컴퓨터 학원도 다니면서 컴퓨터 프로그래밍에 빠져들었다.

당시의 컴퓨터 프로그래밍은 포트란FORTRAN이나 GW-베이직GW-BASIC이라는 코딩 언어를 사용했다. 컴퓨터 그래픽 프로그램은 조금 복잡해도 명령어만 입력하면 모니터 위에 점도 찍고 선도 긋고 도형도 만들 수 있었다. 그렇게 베이직 언어에 제법 익숙해질 즈음 문득 의복 패턴을 자동으로 그려주는 프로그램을 만들어보면 어떨까 하는 생각이 떠올랐다.

그전까지 패턴은 일일이 도화지 위에 자를 대고 연필로 선을 그어 수작업으로 만드는 게 당연했다. 그런데 내가 만든 프로그램은 인체 치수만 입력하면 직선부터 곡선까지 컴퓨터가 패턴을 자동으로 그려준다. 티셔츠처럼 간단한 패턴은 물론이고 바지나 블라우스처럼 곡선이 많이 들어가는 옷도 컴퓨터가 알아서 비율을 계산해 자동으로 패턴을 그리도록 명령어를 설계했다.

학부 시절 의복 패턴 제도법을 임원자 교수님에게 배웠는데, 그는 1976년 국내 최초로 의복 패턴을 체계적으로 정리한 《의복구성학》(교문사) 교재를 집필한 것으로 유명하다. 프로그램을 짤 때 교수님 수업에서 배운 수작업 패턴 제도법을 활용했기에 내가 개발한 패턴 자동화 프로그램을 보여드렸다. 그때 교수님 첫마디가 "대단하네, 이런 게 가능해요?"였다. 이후 나는 임원자 교수님의 사랑을 듬뿍 받는 제자가 됐다.

 1987년 학과에 IBM PC XT 모델이 들어오기 전까지 교수와 학생들이 접할 수 있던 컴퓨터는 전산실의 VAX-11이나 IBM 중대형 컴퓨터가 전부였다. OMR 카드처럼 생긴 천공 카드 punch card에 포트란 같은 프로그램 언어를 한 줄씩 마킹한 후 별도의 리더기로 입력하는 방식이었다. 이런 방식으론 패턴 자동화 같은 프로그램을 짜는 건 불가했다. 또 당시엔 흑백 도트 dot식 프린터뿐이어서 의복 패턴 같은 도형 그래픽을 출력할 방법도 없었다. 말하자면 내가 개발한 패턴 자동화 프로그램이 국내 최초를 넘어 어쩌면 세계 최초일 수도 있는 것이다.

 디자인에서 잃었던 자신감을 되찾은 나는 1987년 말에 컴퓨터를 활용한 패턴 디자인 프로그래밍 연구를 주제로 섬유공학과 학사논문을 제출했다. 그리고 임원자 교수님의 추천으로 1988년 4월 한국의류학회 춘계학술대회에서 논문을 발표할 기회를 얻었다. 내가 알기론 그때까지 학사논문을 전국 규모 학회에서 구두 발표한 사례는 없었다. 당시 패션 디자인 분야에서 컴퓨터를 다룰 줄 아는 사람이 전무했고, 그 덕분에 나는 학력은 대졸이었지만 '국내 1호 컴퓨터 의상 디자인 전문가'라는 수식어를 얻게 됐다. 발표가 끝나자마자 전국의 의류학과 교수님들이 달려와 자신들이 개발한 패턴법을 프로그램으로 짜달라고 요청하던 모습이 눈에 선하다.

그리고 얼마 후 경원대(현 가천대) 의상학과에서 강의 요청이 들어왔다. 학회에서 발표한 논문 내용을 보고 국내 대학 중 처음으로 '컴퓨터의상디자인' 과목을 신설했으니 강의를 맡아달라는 거였다. 보통 대학 강단에 서는 건 아무리 빨라도 석사학위를 받고 박사과정 중에나 가능한데, 학사학위를 받은 지 몇 달도 안 돼 대학의 정식 수업을 맡는 건 이례적이었다. 1980년대 후반인 것을 고려하면 더욱 상식적이지 않다. 지금도 석사과정 1학년생이 대학 강단에 서는 경우는 한 명 있을까 말까 한다.

굳이 내게 기회가 왔던 이유를 꼽자면 당시 컴퓨터 의상 디자인이라는 새로운 분야에 대한 관심은 갈수록 커지는데 이를 뒷받침해줄 이론과 경험이 모두 부족했던 탓일 거다. 그렇게 나는 1988년 2학기부터 1992년 2학기까지 4년간 출강을 다녔다. 참고할 수업이나 자료가 없어 모든 강의 자료를 직접 만들었다. 파일을 만들고, 디렉토리 directory 폴더를 만들어 파일을 옮겼다가 지우는 것부터 베이직 BASIC 언어를 활용해 컴퓨터 그래픽을 만들고, 마지막으로 자신의 치수 데이터를 입력해 자동으로 패턴을 그리는 프로그램을 짜는 것까지 하나하나 가르쳤다. 지금이야 간단해 보이지만 당시엔 컴퓨터 자체가 낯설 때여서 하나라도 놓칠세라 모두가 눈을 반짝이며 수업을 들었다.

군 복무 전에 처음으로 맡게 된 강의는 기분이 참으로 묘했다. 수업이 3~4학년 대상 전공선택 과목이어서 첫해 강의실엔 나와 한두 살 차이뿐인 학생들이 대다수고 나이 많은 군필자 복학생도 있었다. 그래서 조교에게 내 나이를 절대 알려주지 말라고 신신당부하고, 학생들에게도 7살을 더한 나이로 속인 채 강의했다. 물론 얼마 못 가 들통났지만 말이다. 불과 몇 달 전까지 같은 대학생이었는데 별안간 교수님으로 불리니 그간의 설움을 보상받는 기분이랄까. 어쩌면 이때부터 교수가 되어야겠다는 생각을 했는지도 모르겠다.

강의와 동시에 컴퓨터 프로그래밍 공부도 착실히 해서 1990년 8월에는 '의류 공정에서의 CAD/CAM computer aided design/computer aided manufacturing 시스템 개발'을 주제로 석사학위를 받았다. CAD는 컴퓨터 그래픽 프로그램을 이용해 제품 스케치나 설계 도면을 디지털로 제작하는 것이고, CAM은 CAD로 생성한 도면대로 기계 장비가 실제 제품을 제조하도록 프로그래밍하는 것을 말한다. 간단히 말하면 컴퓨터 프로그래밍으로 패턴 메이킹부터 실제 재단까지 자동화하는 과정을 연구한 것이다.

CAD/CAM은 일러스트레이션, 패턴, 그레이딩 grading, 재단 등에 필요한 기술로 패션 전문가라면 반드시 알아야 할 분야다. 그러나 국내 패션 기업들이 CAD/CAM을 도입한 시기는 1990년대 중반 이후부터다. 1990년대부터 산업 전반에 도입된 전산화·자동화 흐름을 타고 패션 산업에도 CAD/CAM 열풍이 일었다. 당시에는 컴퓨터와 패션을 둘 다 잘 아는 사람이 극히 드물어서 누구보다 빠르게 패션 CAD/CAM 시스템을 개발하는 성과를 낼 수 있었다. 이를 계기로 나는 오직 나만이 할 수 있는 인생의 업을 비로소 찾았다. 바로 IT와 패션의 융합 분야에서 최고 전문가가 되는 것이다.

패션과 IT 융합의 전문가를 꿈꾸다

석사 시절부터 나는 우리 과에서 '컴퓨터 지존'으로 통했다. 우리 실험실 대학원생들은 틈날 때마다 바둑을 두곤 했는데 어느 날 실험실에 굴러다니던 바둑판이 감쪽같이 사라졌다. 다들 당황만 할 때 내가 즉석에서 바둑 프로그램을 만들었다. 복잡한 의복 패턴 제작도 프로그래밍했는데, 가로줄과 세로줄밖에 없는 바둑 프로그램은 내게 식은 죽 먹기였다. 컴퓨터공학이나 기계공학 전공자를 제외하면 컴퓨터를 켜고 끄는 방법조차 모르는 사람이 태반일 때라 다들 나를 신처럼 우러러봤다.

그즈음 강태진 석사학위 지도교수님이 고등학교 동창회장을 맡게 됐다. 대기업 회장 동문이 동창회 주소록 전산화에 써달라며 1,500만 원 상당의 최신 IBM PS2 컴퓨터와 삼색 리본이 달린 도트 컬러 프린터를 기증했고, 교수님은 제자인 나에게 그 작업을 맡겼다. 때마침 대학원 산업공학과 수업에서 데이터베이스 관리 시스템 DBMS: database management system 을 배운 직후여서 관련 소프트웨어 프로그램을 활용해 600명이 넘는 동문 주소록을 데이터베이스로 변환했다. 한 발 더 나가 우편 봉투에 주소를 자동으로 컬러 출력해주는 프로그램도 만들고, 지금의 엑셀처럼 동창회비 납부 내역을 관리하는 프로그램도 만들었다.

그날 이후로 교수님은 동창회에서 컴퓨터 전문가로 불렸고, 나는 교수님의 지시로 실험실 후배들에게 컴퓨터를 가르치는 전산조교가 됐다. 경원대 강의를 병행할 때라 피곤이 쌓였지만 신기하다는 눈빛으로 나를 따라 배우는 후배들을 보노라면 다시 에너지가 채워졌다.

대학생 시절 타올랐던 패션에 대한 맹목적 열정은 대학원에 다니며 IT 분야로 고스란히 옮겨갔다. 전공은 섬유공학이지만 수강하는 강의는 컴퓨터공학(그래픽, 운영체계, 마이크로프로세서 등), 기계공학(CAD/CAM, 로봇공학, 센서 등), 항공우주공학(유한요소해석), 산업공학(데이터베이스, 공장자동화 등), 화학공학(수치해석) 등 이공계 계열을 망라했다. 강의실에 들어가면 학생들은 물론 교수님조차 '얘가 왜 이 수업을 듣지?'라는 표정이 역력했다. 그때는 열정이 앞서서 컴퓨터 프로그래밍처럼 조금만 노력하면 타 전공도 금방 따라잡을 수 있을 줄 알았다. 그래도 명색이 서울대생인데 공부로는 안 질 자신이 있었다. 하지만 나만의 착각이었다.

석사과정 1학기 때 산업공학과 박진우 교수님의 시뮬레이션 smulation(모의실험) 특론 과목을 신청했는데 바로 퇴짜를 맞았다. 시뮬레이션은 제조나 물류처럼 시스템 효율화가 필요한 분야에 다양한 이론과 기법을 가상으로 적용해 최적의 시나리오를 찾아내는 방법론을 말한다. 설명만 읽었을 땐 재미있겠다고 생각했는데 교수님 말씀이 학부 때 시뮬레이션 수업을 들은 사람만 이해할 수 있는 내용이라며, 정 수업에 들어오고 싶으면 학부 수업부터 듣고 찾아오라고 했다.

또 학부 시절 이건우 교수님의 CAD/CAM 강의를 재미있게 들은 기억이 있어 기계공학부 석사과정에 로보틱스 robotics (로봇공학) 과목이 개설된 것을 보고 바로 신청했는데 예상보다 훨씬 전문적이었다. 인버스 키네마틱스 inverse kinematics (역기구학)라고 해서 로봇팔의 관절 변수를 계산해 원하는 자세와 동작을 취하게 하는 행렬의 수학을 배우는 수업이었다. 기계공학 전공자에게 로보틱스는 쉬운 과목에 속했지만, 나에겐 이른바 '넘사벽(넘을 수 없는 벽)'이어서 5주가 지나고도 수업 내용을 거의 이해하지 못했다. 아무리 교재를 봐도 도통 알 수가 없었다.

공부를 해도 모르는 건 처음이었다. 자신 있던 공부에서 처음으로 좌절을 경험한 나는 어렵게 중도 포기를 결심했다. 하지만 타이밍이 어긋나 지금 수업을 드롭하면 제때 졸업이 어려웠다. 학점 이수를 위해 필수로 제출해야 하는 과제는 당시 대우중공업이 학교에 기증한 6축 다관절 로봇팔 'NOVA-10' 모델을 활용해 팀 프로젝트로 특정 모션 프로그래밍을 수행하는 거였는데, 아무도 나와 팀을 짜려고 하지 않았다. 혼자 끙끙

대다가 지푸라기 잡는 심정으로 같이 수업을 듣는 아무나 붙들고 징징댔더니 그 친구가 싱긋 미소 지으며 이렇게 말하는 게 아닌가.

"야! 로봇 프로그램 언어는 명령어가 딱 네 가지밖에 없어. 업다운 $^{up\text{-}down}$(위아래), 로테이트 ^{rotate}(회전), 무브 ^{move}(이동), 그래스프 ^{grasp}(잡기). 이것만 알면 모든 위치 이동과 행동을 프로그래밍할 수 있다고!"

무척 복잡해 보이던 로봇 프로그래밍이 이렇게 단순 무식한 거였다니! 나도 모르게 품고 있던 IT에 대한 환상이 와르르 무너졌다. IT가 겉보기엔 화려하지만 사실 속을 들여다보면 숫자 0과 1의 조합일 뿐이다. 네 가지 언어로 로봇을 마음대로 움직일 수 있다는 걸 깨달은 순간부터 프로젝트는 순풍에 돛 단 듯 쉽게 풀렸다.

그리고 드디어 프로젝트 단독 시연 당일, 다른 팀들이 과일 따기나 커피 타기 같은 눈에 익은 모습을 보여줄 때 나는 로봇 팔이 바닥에 종이를 깔고 펜을 쥔 다음 의복 패턴을 자동으로 제도하는 장면을 선보였다. 일시에 모든 눈이 나를 향했고 교수님은 "섬유패션 분야에도 로봇이 훌륭하게 쓰이겠구나! 창의성 점수로 시험 성적과 무관하게 무조건 A 학점"이라고 선언해버렸다. 그동안의 거의 모든 퀴즈에서 꼴찌만 해오다가 결과적으로 A- 학점을 받은 나로선 하늘을 나는 듯한 기분이었다. 드디어 로봇공학을 학습한 최초의 섬유공학 전공자가 됐기 때문이다.

4차 산업혁명 시대 로봇이 화두인 오늘날에도 나는 전연 어렵게 생각하지 않는다. 겉으론 엄청 복잡하고 화려해 보이지만 로봇이 네 가지 명령만 수행하는 단순한 기계라는 걸 알고 있으니 말이다.

남들처럼 섬유공학 수업만 들었다면 편하게 좋은 학점을 받고 학위도 어렵지 않게 따냈을 것이다. 하지만 나는 학부는 물론 석·박사도 거의 모든 수업을 타 전공으로 채운 덕분에 학부로 치면 F와 동급인 평균 '비실비실(B/C) 학점'을 받았다. 덕분에 후일 교수 채용 면접에서 실력을 의심받는 곤란을 겪긴 했지만, 내가 배우고 싶은 것들을 원 없이 공부했으니 후회가 없다. 퇴짜 맞은 시뮬레이션 강의도 기어이 학부 수업을 듣고 대학원 특론 수업을 들었다. 그때로 다시 돌아간대도 나는 같은 선택을 할 것이다. 좋은 성적보다 더 중요한 것은 학생 신분을 최대한 활용해 내가 하고 싶은 분야를 찾는 것이라 믿기 때문이다.

결실은 생각보다 빨리 나타났다. 1992년 2월 박사과정을 수료하고 논문 작성만 남았을 때 병역특례로 산업통상자원부 산하 한국생산기술연구원 KITECH에 입사했다. 그곳 섬유기술센터에서 연구원으로 일한 지 2년 차에 접어들면서 당시 새롭게 떠오르던 인공지능에 빠져들었고, 원서를 구해 독학하며 2년간 '빡세게' 파고들었다. 특히 데이터베이스에서 진화한 지식베이스 knowledge base, 전문가 시스템 expert system, 인공신경망 artificial neural network 등을 열심히 공부했다. 새로운 학문에 대한 도전은 신나는 일이었고, 이로써 나는 인공지능을 학습한 최초의 섬유공학 전공자로 또 다시 변신했다.

구체적 성과도 있었다. 이른바 'CES Cezar Expert System(세자르 전문가 시스템)'라고 이름 붙인 5개 프로그램을 개발해낸 것이다. 세자르 Cezar는 나의 고유성을 드러낸 닉네임이고, 전문가 시스템 Expert System은 전문가 수준의 지식과 성능을 가진 인공지능 프로그램을 말한다. 혼자 공부해 터득한 인공지능 기술로 나만의 프로그램을 만들어냈다. 이를 테면 접착심지 전문가 시스템은 'CES_FI for Fusible Interlining', 의류 제조 전문가 시스템은 'CES_GM for Garment Manufacturing'이라고 명명했다. 이들 프로그램은 한국생산기술연구원 이름으로 삼성물산 등 대기업에 납품할 정도로 수준을 인정받았다. 섬유패션 분야에서 전문가 시스템을 기업 현장에 적용한 최초의 사례로 알고 있다.

그때만 해도 20대였으니까 미친 듯이 연구와 개발에 매달렸다. 일주일에 3시간만 잘 때도 있었다. 그 결과 1997년 2월, 5년간의 연구특례 군 복무를 마치며 동시에 인공지능을 주제로 한 박사논문을 완성했다. 인공신경망, 오류 역전파 알고리즘(인공신경망 학습 알고리즘), 퍼지 로직 fuzzy logic(부정확한 정보를 처리하는 수학 이론), 비전 시스템 computer vision system(3차원 시각 매체를 통해 유용한 정보를 생성하는 기술) 등 당시로선 첨단 기술을 이용해 섬유제품의 외관 품질 판정을 위한 12개의 인공신경망 엔진을 만들고 그 결과를 실었다. 이 인공신경망은 3개의 레이어에 91개의 뉴런, 178개의 연결로 구성되었으며, 12대의 PC를 밤낮으로 돌려 이를 학습하는 데 꼬박 3개월이 걸렸다. 30년이 지난 지금 오픈AI의 GPT-4o의 인공신경망은 알고리즘은 같지만, 규모 면에서는 약 120개의 레이어에 1,000억 개 이상의 뉴런, 1.8조 개의 연결로 구성되어 약 100억 배로 커졌다. IT 기술의 발전은 과거와 비교 자체가 의미가 없다.

그래도 당시 박사논문은 섬유패션 공학 분야에서 인공지능을 주제로 한 최초의 논문인 동시에, SCI $^{Science\ Citation\ Index}$(과학기술논문 인용색인) 저널에 실릴 만큼 세계적 인정도 받았다. 당시에는 논문 심사위원인 교수님들조차 인공지능을 아는 분이 거의 없어서, 개요 수준으로 질의응답만 받고 쉬이 졸업장을 받았다. 최초가 되는 과정은 어렵지만 그만큼 남들보다 빠르게 앞으로 나설 기회도 얻는다는 것을 알게 된 계기였다.

이렇듯 패션-IT 융합 전문가가 되기 위한 발판을 마련한 나는 다양한 상용화 사례를 만들어 산업 전반에 근본적인 변화를 이끌어내기로 다짐했다. 그 첫걸음이 바로 '아이패션'이다.

내가 중심이 되는 '아이패션' 시대를 열다

박사논문을 끝내고 교수가 되기로 마음먹은 나는 미국 대학 여러 곳에 지원서를 보냈다. 1997년 당시에는 책으로 제본된 논문을 지원서와 함께 우편으로 보내는 것이 정석이었다. 이메일을 사용할 수도 있으나 첨부파일 기능이 없어 선택의 여지가 없었다. 그러나 우편을 보내고 답변을 받기까지는 수개월이 걸렸고, 기다리는 것이 싫었던 나는 다른 방법을 찾았다. 그렇게 홈페이지라는 것을 알게 됐고, 곧바로 HTML *hyper text markup language*(Web페이지 표시를 위한 마크업 언어)을 공부해서 직접 영어로 된 '박창규 홈페이지'를 만들었다.

홈페이지에 내 이력*CV: curriculum vitae*을 올리고 논문을 내려받을 수 있게 했다. 그리고 오늘날 딥러닝의 핵심 알고리즘을 개발한 인공지능의 대가인 데이비드 럼멜하트*David E. Rumelhart* 스탠퍼드대학 교수에게 이메일을 보냈다. 이름만 익히 들었지 실제로는 일면식도 없는데 용기를 냈다. 메일 내용은 대략 "당신이 개발한 오류 역전파 알고리즘 덕분에 박사학위 논문을 완성할 수 있었다. 너무 감사하다. 내 홈페이지에서 논문을 내려받을 수 있게 해놨으니 한번 봐달라"였다. 퍼지 로직을 개발한 로트피 자데*Lotfi A. Zadeh* UC버클리대학 교수에게도 감사의 메일을 전송했다.

인공지능 분야에서 세계적 석학으로 꼽히는 둘에게 답장을 받으리라곤 상상도 하지 못했다. 자신들이 개발한 도구가 한국의 섬유패션 분야에 활용될 줄 몰랐다며 오히려 고맙다는 인사를 전해왔다. 특히 럼멜하트 교수는 자기 연구실에서 박사 후 연구원*Postdoctoral Researcher*을 해보지 않겠냐는 제안을 해오기도 했다. 만약 그때 럼멜하트 교수에게 갔다면 내 인생은 지금과 완전히 달라졌을지 모른다. 그러나 내 선택은 섬유패션을 주전공으로 할 수 있는 조지아공과대학이었다.

담당 교수였던 선더레산 자야라만 Sundaresan Jayaraman 교수는 섬유공학과 IT 융합 분야의 선구자로, 스마트 섬유와 웨어러블 wearable 컴퓨팅 분야 전문가로 손꼽힌다. 최고의 IT 패션 융합 전문가를 꿈꾸던 나에겐 둘도 없는 최고의 선택이었다. 조지아공과대학에서 연구한 지 1년쯤 지났을 때 섬유공학 분야에서 세계 최고 명문인 노스캐롤라이나주립대학으로부터 교수 제안을 받았지만, 한국의 섬유패션 산업을 세계적으로 키워보고 싶다는 욕심이 더 컸기에 과감히 거절하고 한국행을 택했다.

서른다섯 살이던 2000년 전남대를 거쳐 2003년 지금의 건국대에 자리를 잡았다. 그리고 다음 해인 2004년 산업통상자원부 국가기술표준원이 한국인의 치수 측정과 통계를 위한 '사이즈코리아' 사업을 추진하고자 세계에서 네 번째로 3D 바디 스캐너 body scanner 장비를 도입했고, 그렇게 확보한 3D 스캔 정보를 활용하기 위해 '3D 인체형상 시각화 소프트웨어' 연구개발을 맡아 진행했다. 당시의 연구 결과는 그간 쌓은 경험과 노하우를 만나 '아이패션 i-Fashion' 프로젝트로 이어졌다.

"버추얼 휴먼 virtual human (가상 인간 혹은 아바타)을 만들어서 옷을 입혀보면 어떨까?"

국내 최초로 생성된 3D 인체 정보를 비단 통계만이 아니라 산업 현장에 적용할 방법을 생각하다가 자연스럽게 내 전문 분야인 패션 쪽으로 아이디어가 기울었다. 나의 체형을 스캔

한 3차원 버추얼 휴먼을 이용해 내가 원하는 옷을 골라 입을 수 있는 서비스를 떠올린 것이다. 마치 아바타 놀이처럼 다양한 디자인과 색상의 옷을 가상으로 입혀 나에게 어울릴지 미리 가늠해볼 수 있다. 가상이니까 옷의 재질이나 무늬, 소매나 주머니를 마음대로 바꿀 수 있고, 몇 번씩 갈아입는 번거로움이나 몸에 맞춰 수선하는 불편함도 없다.

때마침 건국대에서 교수들 대상으로 대형 연구 프로젝트를 추진할 연구자를 모집했고, 아이디어를 계획서로 제출해 총 2억 원가량을 지원받았다. 정부 지원 프로젝트 합격률을 높이기 위해 학교에서 일종의 시드머니를 지원한 건데, 나는 그 돈을 시제품 제작과 비전 전시회 개최에 모두 투입했다. 그렇게 1년여에 걸쳐 3D 바디 스캐닝으로 버추얼 휴먼을 생성하고 가상으로 옷을 입어볼 수 있는 시스템을 개발했고, 성과발표회를 겸해 학교에서 개최한 전시회가 언론의 주목을 받으면서 정부 지원을 받게 됐다.

지식경제부(현 산업통상자원부)는 이듬해인 2006년부터 2011년까지 5년간 매년 10억 원씩 '아이패션 프로젝트'에 총 50억 원을 지원하기로 했고, 뒤이어 서울시가 5억 투자를 결정했다. 유한킴벌리, FnC코오롱, 제일모직, 신세계백화점 등 11개 패션 기업이 동참하며 프로젝트 자금은 73억 원으로 늘었다. 당시 규모가 큰 프로젝트는 스마트 섬유처럼 섬유소재 쪽이 대다수였고 패션 분야에서 100억에 가까운 지원금이 모인 건 이때가 처음이었다.

아이패션 프로젝트는 세계 최초로 IT 기술을 활용해 '개인 맞춤형 패션'이라는 새로운 시장을 개척하고 다양한 부가가치를 창출하는 것을 목표로 삼았다. 아이패션 i-Fashion은 'IT'와 'Fashion'의 융합을 일컫는 말로, IT 기술을 접목해 창출되는 새로운 패션 산업을 의미한다. 여기서 'i'는 세 가지 큰 뜻을 담고 있는데, 하나는 소비자인 '나 I am'를 중심에 둔 새로운 패션 패러다임을 만들겠다는 포부이고, 다른 하나는 'IT Information Technology', 즉 정보기술과 의류 산업의 융합을 통해 누구나 자유롭게 개성을 표현하는 시대를 열겠다는 의지이며, 마지막으로 '개인 Individual'들의 협업적 참여를 이루겠다는 철학의 표현이다.

당시는 인터넷이나 디지털을 표현할 때 이마트 e-mart, 이커머스 e-commerce, e편한세상처럼 알파벳 'e'를 사용할 때다. 지금이야 'i'라고 하면 아이폰 iPhone을 먼저 떠올리겠지만, 애플이 아이폰을 출시한 건 2007년 1월이고 아이패션은 그보다 두 해 앞선 2005년에 발표됐다. 지금도 검색해보면 정식 패션 용어로 사전에 등재되어 있다. 자랑을 좀 보태자면 며칠간 고심한 끝에 이름 지은 아이패션은 시대를 앞지른 네이밍이었다고 자부한다. 이후 아이패션학과도 생기고, 기업 공채에서 아이패션 전문가를 모집하는 공고문까지 올려 뿌듯했던 기억이 있다. 실제 현장에서 사용되는 새로운 일반명사를 만들었다는 것은 나의 오랜 자부심이다.

아이패션 프로젝트는 기술력과 국가 지원의 결합으로 승승

장구했다. 2006년 10월 내가 초대 센터장을 맡은 '아이패션 의류기술지원센터'가 출범한 데 이어, 2007년 8월 신세계백화점 본점에 아이패션 첫 매장이 문을 열었다. 협력 업체 중 한 곳인 FnC코오롱의 골프웨어 브랜드 엘로드 ^{Elord}에 아이패션 기술을 접목해 세계 최초의 디지털 의류 매장을 일주일간 운영했다. 지금으로 치면 팝업스토어인 셈이다.

당시 아이패션 기술을 접한 삼성전자는 전 세계에 5대밖에 없던 세계 최초의 82인치 터치스크린 2대를 우리에게 기증했다. 지금이야 별것 아니지만 당시는 총 3억 원 상당의 고가인 데다 세상에서 가장 큰 모니터였다. 터치스크린의 용도 개발이 절실했던 삼성전자는 의류 매장에 보급할 계획으로 기증한 것이고, 우리는 '가상거울 $^{Magic\ mirror}$'이란 서비스로 활용했다.

고객이 매장을 방문하면 3D 바디 스캐너로 인체 측정을 하고, 이렇게 확보한 데이터로 개인 아바타를 만들어 전자 카탈로그와 가상거울을 통해 여러 가지 옷을 입혀보면서 잘 어울리는지 확인한 후 구매를 결정하는 방식이다. 실제 옷을 입어보지 않고 가상거울 앞에 옷을 갖다 대면 착용한 모습을 보여준다. 세상에 처음 선보인 시스템으로 거의 모든 방송과 신문에서 이를 보도했다. 일본 공중파 방송 등 해외 언론에도 소개됐다.

2009년 10월에는 아이패션 단독으로 신세계백화점 본점에 3차원 의류 맞춤 서비스인 '버추얼 커스텀 메이드 $^{virtual\ custom\ made}$' 매장을 열었다. 매장에 설치된 3D 스캐너로 자신의 신체 치수를 측정한 고객이 옷 크기와 깃의 모양, 소매 길이와 단추, 원단 종류 등 총 10개 세부 디자인을 모니터에서 고르고 아바타에 직접 커스텀한 옷을 입혀본 후 구매를 결정하는 방식이다. 한 번 측정된 신체 치수는 암호화해 고객 전용 전자태그^{RFID} 칩에 기록해서 동일한 서비스를 제공하는 온·오프라인 매장 어디서나 다시 이용할 수 있게 했다.

이후 가속도가 붙으면서 무교동과 논현동에 위치한 FnC코오롱 엘로드 매장, 제일모직 캐주얼 브랜드 후부^{FUBU}의 명동·코엑스·부산 광복동 매장 등에 디지털 쇼룸을 오픈했다. 또 CJ홈쇼핑과 삼성패션몰 등에서 온라인 서비스도 시작했다. 이와 함께 손을 스캔해 제작한 맞춤 장갑^{GloveID}을 개발해 공군 조종사 장갑, 골프·야구·승마 장갑 등을 출시했다. 이들 장갑은 지금도 현장에서 사용되고 있다.

이처럼 뚜렷한 성과가 나오기 시작하자 산업부는 350억의 예산을 추가로 책정해 동대문에 '아이패션 비즈센터$^{i\text{-}Fashion\ Biz\ Center}$'를 조성했다. 서울시가 제공한 동대문 자투리땅에 한국산업단지공단이 10층 건물을 지어 올려 2011년 4월 오픈했다. 지금의 동대문패션비즈센터 건물이다.

03

고통이 없으면
유니크함도 없다

세계 대학과 글로벌 기업의 찬사를 이끌다

아이패션 프로젝트 당시 내걸었던 캐치프레이즈는 지금도 매력적이다. "매장에서 옷을 거울에 갖다 대기만 하면 입은 모습을 확인할 수 있어요. 온라인에서도 옷을 입어보고 맞춤 주문하세요."

디자인이나 브랜드, 마케팅 분야에선 선진국을 앞섰을지 모르나 한국은 아직 패션테크 분야에선 초보 수준이었다. 그런 한국이 최초로 선보인 기술에 세계적 관심이 모인 것은 어찌 보면 당연했다. 실제로 이 무렵 국내외 굴지의 기업과 대학이 아이패션 센터를 무수히 방문했고, 미팅과 강연 요청이 쇄도했다.

2008년 11월, 나는 미국 MIT 스마트 커스터마이제이션 그룹 Smart Customization Group의 초청으로 강단에 섰다. 강의 주제는 '아이패션: 개인화의 미래 i-Fashion: The Future of Personalization Today'로, 미래 기술을 선도하는 MIT가 한국이 이뤄낸 패션 기술 혁신에 이목을 집중한 순간이었다. 당시로선 대한민국 교수가 MIT에서 초청 강연을 하는 것은 상상할 수 없는 일이었다.

2010년 9월에는 유럽에서 가장 유명한 패션대학 중 하나인 영국 런던패션대학 LCF: London College of Fashion에 초청받았다. 당시 프란시스 코너 Frances Corner 총장(현 골드스미스대학 총장)이 직접 나에게 강의를 요청한 것도 모자라 모든 교원들이 내 강의를 듣도록 했다. 그때 나를 소개하던 총장의 목소리가 지금도 생생하다. "Here, Professor Chang Kyu PARK is from GREAT KOREA." 이를 직역하면 "위대한 대한민국에서 온 박창규 교수를 소개합니다" 정도가 될 것이다. 강연이 끝난 후 총장 부부와 부총장 부부, 대학원장 부부가 마련한 저녁 만찬에 초대됐는데 고풍스러운 궁전에서 극진한 대접을 받았다. 런던패션대학 총장단에게 이런 대접을 받은 한국 사람이 있나 싶을 정도로 최고의 호의였다.

2011년에는 프랑스 은행 BNP파리바 BNP Paribas의 주관으로 세 차례에 걸쳐 100명의 프랑스 CEO 참관단이 아이패션 센터를 방문했다. 세계 패션계를 지배하는 프랑스 대표단이 한국을 '대국 large country'이라고 치켜세우며 존경심을 표하는데 나도 모르게 어깨가 치솟았다. 프랑스 최대의 IT 기업이자 글로벌 소프트웨어 기업인 다쏘시스템 Dassault System의 버나드 샬레 Bernard Charlès 회장은 아이패션에 관한 설명을 듣고자 동남아 출장 중에 인천공항에 잠시 내려 나를 만나고 간 적도 있다. 다쏘시스템은 이후 '3차원 익스피리언스 3D Experience'를 미래 핵심 키워드로 선정했다.

2012년 4월에는 개인적으로 더 특별한 만남이 있었다. 세계 패션계에서 가장 영향력 있는 인물이자 1998년부터 지금까지 뉴욕주립대학 FIT 총장을 맡고 있는 조이스 브라운 Joyce F. Brown 과 일대일로 만난 것이다. 나에게는 스티브 잡스 같은 거물과의 만남이나 다름없었다. 김춘호 당시 한국뉴욕주립대학 총장(현 서울벤처대학원대학교 총장)과 동행한 만남에서 그에게 아이패션을 소개하고 한국에 FIT 캠퍼스 설립을 요청했는데, 이것이 오늘날 인천 송도에 자리한 한국뉴욕주립대학 FIT 캠퍼스의 시작이었다.

당시 나는 브라운 총장과의 독대에서 아이패션이라는 세계 최고의 IT 패션 융합 기술을 FIT에 전수할 테니, FIT는 글로벌 네트워크와 경험과 노하우를 한국에 전해달라는 빅딜을 청했다. 세계 각국에서 FIT 캠퍼스 설립 요청이 빗발쳐도 이탈리아 한 곳만 허가한 상황이었는데, 내 말을 곱씹던 브라운 총장이 매우 타당한 요청이라며 긍정적으로 검토하겠다고 답했다. 이후 지난한 행정 절차를 거쳐 드디어 2017년에 FIT 한국캠퍼스가 설립될 수 있었다.

아이패션은 상업적으로도 상당한 성과를 이뤘다. 2009년

2월 세계 최초로 상용화한 개인 맞춤 골프장갑을 들고 2009 일본골프전시회 Japan Golf Fair에 참가했다. 손을 3차원으로 스캔해 약 50개의 치수를 정밀계측한 후 자동으로 손에 딱 맞게 제작하는 맞춤 장갑 기술은 공군 파일럿 장갑과 골프선수 장갑으로 활용되며 'GloveID Glove+IDentification'란 이름으로 국내외 언론의 주목을 받았다.

이를 증명하듯 일본의 세계적 골프용품 업체 카스코 Kasco의 사장단이 우리 부스를 방문해 계약 절차를 진행했다. 당시 일본 경제가 전후 최대 하락 폭의 마이너스 성장률을 보일 때라 계약은 성사되지 못했지만, 한국 자체 브랜드가 메이드인재팬 made in Japan을 넘어섰다는 것만으로도 기록적인 성과였다. 이후 아이패션의 맞춤 장갑은 2010년 미국 최대 골프 유통사인 골프스미스 Golf Smith와의 계약으로 플로리다 마이애미 매장에서 판매됐다. 우리 기술력으로 만든 제품이 주류 시장에 상륙한 것이다.

2009년 9월에는 명품 브랜드와 어깨를 나란히 하기도 했다. SK텔레콤이 을지로 본사에 국내 최초로 최첨단 정보기술과 통신 서비스의 미래를 소개하는 모바일 체험관 티움T.um을 개관했는데, 여기에 최태원 회장의 지시로 아이패션이 전격 입점한 것이다. 약 10만 개에 달하는 신체 포인트를 측정해 아바타를 만든 후 어울리는 옷을 추천받거나 구매하는 아이패션 서비스를 이탈리아 명품 브랜드 프라다와 함께 제공했다. 한국 IT의 미래를 선보이는 자리에 아이패션이 당당히 함께한 것이다.

2012년 8월 탄생한 '디지털 무늬 전투복'도 아이패션의 기술력이 이룬 쾌거로 꼽을 만하다. 산업통상자원부와 국방부의 협력 지원으로 2010년부터 구형 얼룩무늬 전투복을 대신할 신형 전투복 개발에 착수했다. 당시 나는 '신형 전투복 사업'의 연구책임자를 맡아 3차원 인체 스캔 기술과 첨단 디지털 공정 기술을 활용해 차세대 전투복에 적합한 소재, 디자인, 치수 체계 등을 개발하고 규격화했다. 무려 22년 만에 우리 군의 전투복을 바꾼 것인데, 요즘도 거리에서 내가 개발한 전투복을 입은 장병들을 보면 마음이 뿌듯하다.

이처럼 세계적 주목과 잇단 상용화 성공으로 자신감을 얻은 나는 실제 시장 환경에서의 비즈니스 완성을 위해 2011년 6월 아이패션의 테스트 브랜드인 '아바타메이드 Avatarmade'를 론칭했다. 아바타메이드는 3차원 바디 스캐너를 이용한 가상코디 및 가상피팅과 디지털텍스타일프린팅 DTP: digital textile printing 을 통한 일대일 맞춤 패션 브랜드다. '아바타를 이용해 내가 원하는 것을 만든다'라는 뜻으로, 맞춤 제작을 의미하는 테일러메이드 tailor-made 와 커스텀메이드 custom-made 같은 용어를 참고해 내가 직접 네이밍했다.

그로부터 3개월 후인 2011년 9월, 아바타메이드는 모든 패션 디자이너에게 꿈의 무대인 세계적 패션쇼 '프레타포르테 파리 Prêt-à-Porter Paris'에 발을 내딛게 된다.

'아바타메이드'로 패션의 중심 파리에 서다

　세계 최초의 패션쇼는 1858년 유명 남성 쿠튀리에 couturier (여성복 디자이너)였던 찰스 프레데릭 워스 Charles Frederick Worth 가 프랑스 황후 외제니 드 몽티조 Eugénie de Montijo 를 고객으로 확보하기 위해 궁정에서 개최한 드레스 발표회가 시초로 알려져 있다. 이를 계기로 파리의상조합 소속의 쿠튀리에들이 계절에 앞서 미리 제작한 고급 맞춤복 haute couture 을 패션쇼 형식으로 발표하며 유행을 선도했고, 지금도 매년 1월과 7월 두 차례 파리에서 오트쿠튀르가 열린다. 크리스티앙 디오르 Christian Dior, 코코 샤넬 Coco Chanel, 지방시 Hubert de Givenchy 등이 오트쿠튀르에서 탄생한 대표적 디자이너들이다.

　오트쿠튀르와 함께 세계 양대 패션쇼로 꼽히는 프레타포르테는 1950년대 초 프랑스 파리에서 시작된 고급 기성복 패션쇼를 말한다. 참가 조건이 까다롭고 대중성보다 예술성을 중시하며 매년 디자인당 한두 벌씩만 수작업으로 제작하는 오트쿠튀르와 달리, 프레타포르테는 전 세계 수천 개의 브랜드가 참여하는 세계 최대 규모의 패션쇼로 자리 잡았다. 프레타포르테에서 인정받은 디자이너는 자신의 이름을 딴 브랜드로 패션 비즈니스를 주도하고 있는데, 대표적으로 캘빈 클라인 Calvin Klein, 조르조 아르마니 Giorgio Armani, 톰 포드 Tom Ford, 안나 수이 Anna Sui, 미우치아 프라다 Miuccia Prada 등이 있다.

　1994년부터는 신진 디자이너 발굴을 위한 패션 박람회 '후즈넥스트 Who's Next'를 함께 열고 있다. 2011년에는 선후가 역전돼 후즈넥스트가 프레타포르테를 인수하고 첫 행사를 개최했다. 프레타포르테는 글로벌 브랜드의 패션쇼로, 후즈넥스트는 세계 최대 규모의 패션 박람회로 진행된다. 국내 최초, 어쩌면 세계 최초의 디지털 패션 브랜드 아바타메이드는 2011년 9월 후즈넥스트에 당당히 이름을 올렸다.

전 세계 패션 디자이너들의 꿈의 무대에 하나부터 열까지 내 손으로 만든 아바타메이드 브랜드를 선보이다니, 20대에 모든 열정을 쏟았으나 포기했던 패션 디자이너의 꿈을 40대에 한꺼번에 되돌려 받은 느낌이었다. 그때의 감격은 이루 말로 할 수 없을 정도다. 단순히 참가에 그친 게 아니라 파리의 중심부 레알-마레 지구에 위치한 세계 최고의 로메오 쇼룸 Romeo showroom (리테일러 대상 편집 도매 매장)에 입점한 데 이어, 이탈리아 피렌체에 본사를 둔 럭셔리 패션 편집숍인 루이자비아로마 Luisaviaroma, 미국 젠필즈 Jen Fields, 홍콩 세이부 Seibu 백화점 등과 계약까지 맺어 더욱 감격스러웠다.

아바타메이드는 미리 만들어놓고 판매하는 기성복이 아니라 주문이 들어오면 그때부터 제작하는 개인 맞춤복이다. 다양한 디자인의 옷을 뽐내는 부스들과 달리 샘플 몇 개를 내걸고 우리만의 커스텀 방식을 열심히 홍보하는 것이 최선이었다. 그래서 사실상 반쯤은 포기하고 있었는데 입소문을 듣고 주최 측인 프레타포르테의 장피에르 모쇼 Jean-Pierre Mocho 회장이 우리 부스를 직접 찾아왔다. 그도 모자라 "패션인들의 꿈의

기술인 재고 제로를 대한민국에서 해냈다"며 아바타메이드를
'12개 유망 아이템 Focused Twelve'으로 선정하고 우리 부스를 앞
자리 프레스존으로 옮겨줬다. 후즈넥스트에 참가한 2,500개
브랜드 중 주목할 만한 단 12개의 브랜드로 우리를 꼽은 것이
다. 이는 한국 패션 브랜드 최초의 기록이다.

프레타포르테라는 기성복 박람회에서 유일하게 맞춤복 브
랜드가 12개 유망 아이템에 선정되자 파리 현지 뉴스에 소개
될 만큼 유명세를 탔다. 뒤이어 세계 각국의 바이어들이 몰려
들었고 현장에서 수출 계약까지 이뤄낼 수 있었다. 거래 규모
는 크지 않았지만 첫 출품에 세계적 주목을 받은 것만으로 한
국의 디지털 패션이 충분히 경쟁력이 있음을 확인할 수 있
었다.

실제로 2013/14 A/W(가을/겨울) 시즌에 독일 베를린에서
열린 세계적 패션 박람회 '브레드앤버터 Bread&Butter'에서도
미래 패션을 주도하는 톱5 브랜드로 선정되는 쾌거를 이뤘다.
이런 성과를 거둔 한국의 패션 브랜드가 지금까지 있나 싶다.
당시 영국 엘리자베스 2세 여왕의 손녀인 비어트리스 공주가
예고 없이 우리 부스를 찾아와 영국에서도 살 수 있냐고 물었
는데, 아직 영국에는 에이전트가 없다고 하자 아쉬워하며 돌
아갔던 기억이 있다. 이 사건은 영국 언론에 대서특필되기도
했다.

이러한 아이패션의 성과를 인정받아 영광스럽게도 2012년
9월 세계 3대 인명사전 중 하나인 영국 케임브리지 국제인명

센터 IBC: International Biographical Center 의 '세계 100대 공학자 Top 100 Engineers'에 선정됐다. IBC는 해마다 탁월한 업적을 이룬 100명의 공학자를 선정하는데, 섬유패션과 IT 기술의 융합 분야에서 전문성을 인정받아 이름을 올렸다. 직전 해에는 또 다른 세계 인명사전인 '마르퀴즈 후즈 후 Marquis Who's Who'에 등재되기도 했다.

연이은 성과에 당시의 나는 무엇이든 해낼 것 같은 자신감으로 가득 찼다. 너무나 간절히 원했던 아바타메이드의 정식 브랜드 론칭을 위해 국내 패션 기업과의 협업을 진행했다. 그러나 2012년 국회에서 열린 국정감사에서 아이패션 프로젝트가 특혜 시비에 휘말리면서 모든 사업이 올스톱됐다. 이듬해 아무 일도 없이 무혐의로 결론 났지만 프로젝트는 이미 물거품이 된 지 오래였다. 수년간 국비를 투입해 진행해온 프로젝트가 한순간 날아갔다. 세계 최초로 진행하는 사업에 모두 힘을 합쳐도 모자랄 판에 오히려 판을 뒤엎은 것은 국가적 손실이 아닐 수 없다. 아이패션 프로젝트를 시작한 해로부터 20년 가까운 시간이 흘렀지만 그때만큼 전 세계를 놀라게 한 패션 프로젝트는 없었다. 소비자가 자신의 아바타를 만들어 가상으로 맞춤복을 제작하는 상용화 시스템은 지금도 전무후무하다.

당시 너무 억울하고 분한 탓인지 귀에 악성 종양이 생겼다. 그때 고막을 제거해 지금도 오른쪽 귀가 안 들린다. 잘 안 들리니까 나도 모르게 말을 하다 보면 목소리가 커질 때가 왕왕 있다. 그 일을 겪은 후 정부 프로젝트 쪽으로는 눈길도 안 주고 강의와 연구에만 몰두했다.

그러다가 2016년쯤부터 섬유패션 분야에서 기존 제조업에 ICT를 접목해 경쟁력을 높이는 '인더스트리 4.0 $^{Industry\ 4.0}$' 물결이 일었고, 4차 산업혁명을 공부하는 과정에서 2018년 책까지 펴냈다. 이후 외부 강연마다 "지금은 시범사업이나 데모를 넘어 혁신적인 비즈니스가 필요한 때다. 그동안 축적해온 IT 융합의 경험과 철학으로 글로벌 무대에서 비즈니스를 펼쳐야 한다"고 목소리를 높였다.

그러나 수년간 앵무새처럼 떠들어도 관심만 보일 뿐 도전하는 기업이 없었다. 그래서 남들 등만 떠밀 게 아니라 내가 직접 해보자는 결심으로 2022년 8월 창업에 도전했다. 사람들 기억 속에서 잊힌 지 오래인 아이패션 대신 아바타메이드를 사명으로 정하고 2023년 두드레스 플랫폼을 론칭했다. 지금은 오히려 다행이라는 생각도 든다. 사업을 하다 보면 무수한 시행착오를 겪게 되는데, 그때의 뼈아픈 경험이 값진 양분이 되어 더 나은 선택을 돕고 있으니 말이다.

패션 용어 중에 아이코닉 ^{iconic}이란 말이 있다. '상징'을 뜻하는 아이콘 ^{icon}에서 파생한 단어로, 특정 분야에서 독보적인 영향력과 인지도를 가진 사람이나 물건을 '아이코닉하다'고 표현한다. 청순함의 대명사 오드리 헵번 $^{Audrey\ Hepburn}$, 섹스 심볼 매릴린 먼로 $^{Marilyn\ Monroe}$, 팝의 황제 마이클 잭슨 $^{Michael\ Jackson}$, 나이키의 스우시 ^{Swoosh} 로고, 애플의 한 입 베어 문 사과 로고 등이 아이코닉 사례로 꼽힌다. 이들의 공통점을 한마디로 정의하면 '대체 불가능함'이다. 그만의 독특한 이미지가 시그니처로 각인돼 모방할 수 없고 대신할 수도 없는 유니크함을 갖는다.

아이코닉은 비단 유명인이나 특정 브랜드에만 국한되지 않는다. 이를 테면 코튼 딜러 $^{cotton\ dealer}$ 처럼 이름은 낯설지만 원면 거래와 유통 분야에서 독보적인 영향력을 가진 직업도 아이코닉하고, 독일의 귀터만 ^{Gütermann} 처럼 사장된 분야로 여겨지는 재봉실의 명품화를 통해 새로운 부가가치를 창출하는 기업도 아이코닉하다. 남들이 꺼리는 변기 개발에 평생을 바쳐 막대한 부를 일군 일본의 위생도기업체 토토 ^{TOTO} 의 창업자 오쿠라 카즈치카 $^{Okura\ Kazuchika}$ 도 아이코닉하고, 잡초학이나 기생충학처럼 미개척 분야의 학문을 파고드는 사람도 아이코닉하다.

남들 눈치 보지 않고 내가 원하는 분야에서 독보적인 영향력을 발휘하는 사람, 따라 할 수 없는 독특함으로 자기만의 시그니처를 만들어가는 사람, 타인의 편견이나 부정적 시선에 아랑곳하지 않고 남들이 하지 않는 일에 도전하며 새로운 부를 축적하는 사람 모두가 아이코닉하다. 공대 시절 패션 디자이너에 도전하고, 대학원 시절 컴퓨터 의상 디자인 분야를 파고들고, 교수가 된 이후에도 아이패션과 두드레스 창업을 통해 개인 중심의 패션 패러다임을 개척해온 나도 아이코닉한 삶을 살고 있다고 자부한다.

중앙집중화 시절에는 정해진 규칙대로 똑같은 길을 걷는 것이 안전하고 효과적이었다. 그러나 개인이 중심이 되는 탈중앙화 시대에는 아이코닉의 유무가 개인의 가치를 결정짓는다. 남들과 구별되는 나만의 유니크함이 새로운 시대의 부를 축적하는 열쇠가 된다.

아이코닉한 삶을 원한다면 남의 눈치를 살피며 느끼는 '창피함'에 대한 정의부터 바꿔야 한다. 창피함은 단순히 남과 달라 느끼는 부끄러운 감정이 아니다. 체면이 깎이거나 망신당할까 두려워서 남들을 따라 하는 선택이 진짜 창피한 것이다. 비록 결과는 실패로 끝나더라도 내가 원하는 것을 선택하고 나의 최선을 다하는 것이 아이코닉한 삶을 위한 지름길이다.

더 잘하는 것보다 다르게 하는 것이 경쟁력이다

나에게 2018년은 평생 잊지 못할 해다. 1학기 개강과 동시에 4차 산업혁명을 키워드로 첫 번째 책《4차 산업혁명 시대, 콘텐츠가 왕이라면 컨텍스트는 신이다》를 펴내고, 2학기 개강에 맞춰 건국대 공대 교수로는 처음으로 교양대학 학장을 맡은 해이기 때문이다. 나에게는 부족하다 여겼던 우리 가족의 인문학 DNA가 진하게 발휘된 순간이 아닐까 싶다.

시작은 선물이었다. 2018년 3월 책이 나오고 총장에게 보고할 겸 한 권을 전했다. 며칠 후 해외 출장을 다녀온 총장이 집무실로 부르기에 갔더니 생각도 하지 못한 말을 꺼냈다.

"책이 두툼해서 걱정했는데 비행기 안에서 3시간 만에 다 읽었어요. 4차 산업혁명에 대한 남다른 통찰이 읽히더라고요. 시대가 달라지는 만큼 우리 학교도 교육 혁신이 시급한데 박 교수가 적임자란 생각이 들더군요. 교양대학 학장을 맡아보면 어때요?"

당시 18년간 교수로 재직하며 교외로만 돌았지, 교내에서는 1년 정도 학과장을 맡았던 게 보직의 전부였다. 이제 와 고백하건대 건국대에 교양대학이 따로 있는지 그날 총장에게 듣고 처음 알았다. 처음에는 보직에 대한 욕심도 없었고 교양교육에 대해서도 잘 몰랐기에 내 자리가 아니라 생각했다. 그런데 생각하면 할수록 더없는 기회라 여겨졌다. '글로만 설파할 게 아니라 강의실에서 직접 변화를 만들어보자. 내가 몸담은 건국대를 4차 산업혁명 시대의 최고 대학으로 만들어보자.' 전에 없던 성취욕과 애교심이 끓어올랐다.

건국대는 2016년 교양교육을 전담하는 상허교양대학을 신설하고, 그해 신입생부터 교양과목 최저 이수학점을 기존 15학점에서 23학점으로 확대했다. 상허常虛는 건국대 설립자인 독립운동가 유석창 박사의 호로, '항상 나라를 먼저 생각하고 민족을 위해 마음을 비운다'는 뜻의 상념건국常念建國, 허심위족虛心爲族에서 첫 글자를 따왔다.

전공 위주의 교육만으로는 창의적 미래 인재 양성이라는 교육 목표를 실현하기 어렵다는 문제의식에서 출발했지만, 다른 대학과 마찬가지로 기존 교양교육을 한데 모아놓은 정도였다.

그러나 모든 학생이 수강하는 기본교육이기에 여타 단과대와 비교해 강의 숫자와 교수 규모가 압도적으로 컸다. 그때부터 나의 고민은 기존 대학 교육의 틀에서 벗어나 건국대 교양대학만의 다양성과 자율성을 실현하는 방법에 대해서였다. 그렇게 해서 탄생한 것이 마이크로레슨 micro lesson과 상허스콜라리움 Sanghuh Scholarium이다.

모든 대학의 강의는 학기 초에 시작해 학기 말에 종료된다. 이수 학점과 수업 시간만 다를 뿐 16주라는 교육 기간은 정해져 있다. 학기 초에 시간표를 짜면 16주 동안 변경이 불가하다. 그러나 새로운 지식 습득에 필요한 시간은 상황별로 다르고 개인마다 다르다. 어떤 강의는 5주면 충분할 수 있고 어떤 학생은 10주면 모든 내용을 이해할 수 있다. 어떤 학생은 학기 초에 중요한 일이 있을 수 있고, 또 어떤 학생은 학기 후반에 취업 준비나 자격증 시험 등으로 바쁠 수 있다. 마이크로레슨은 학생 개개인의 컨텍스트를 반영한 새로운 교육 방식이다. 강의를 마이크로 단위로 잘게 쪼개서 교수와 학생이 주별 혹은 월별로 자유롭게 시간표를 설계할 수 있도록 하는 것이다.

당연히 반대가 빗발쳤다. 그 많은 교수와 학생이 제각각 시간표를 잘게 쪼개면 수강 신청은 어떻게 하고, 학점 이수는 무슨 방식으로 하며, 중간고사와 기말고사 시험은 언제 치러야 할지 등 교무처에서 반대할 이유가 100가지는 거뜬히 넘었다. 기존에 없는 교육 방식을 지원하는 시스템이 전무했다. 그럼에도 학장의 권한으로 밀어붙였다. 교양대학 교수들을 모아놓고 새로운 교육 방식에 대한 프레젠테이션도 하고, 국내외 마이크로레슨에 관한 스터디도 하고, 함께 머리를 맞대며 새로운 대안을 찾기도 했다. 처음에는 미온적 반응을 보이던 교양대학 센터장들과 교수들도 점차 공감하며 힘을 모아 어려움을 헤쳐나가기 시작했다.

그 결과 2019년 1학기부터 총 12개 과목을 기존 16주에서 4주로 단축하는 새로운 강의 시스템을 도입했다. '인공지능의 이해'나 '스타트업 기업법률실무' 등 비전공 학생들의 개념학습 과목을 위주로 3월부터 6월까지 4주 간격으로 순차에 따라 4개 반을 개설하고, 이 중 하나를 선택해 수강하도록 했다. 다른 수업도 1학점은 5주, 2학점은 10주 수업 등으로 세분화했다. 당시 찾아보기로는 국내외 통틀어 대학 내에 이런 방식의 마이크로레슨을 도입한 사례를 찾기 어려웠다. 지금도 전 세계에 유례가 없는 건국대만의 유일하고 독창적인 교양교육 시스템이다.

마이크로레슨이 교육 시간을 주도적으로 설계하는 것이라면, 스콜라리움은 배우고 싶은 분야와 선생을 스스로 선택하는 것이 핵심이다. 건국대 학생은 건국대 교수의 수업을 들어야 학점을 인정받는다는 상식을 바꾸고 싶었다. 학생이 배우고 싶은 선생은 학교 울타리 밖에도 얼마든지 있다는 생각으로 출발했다.

스콜라리움 Scholarium은 대학을 뜻하는 유니버시티 university의 어원인 '유니베르시타스 스콜라리움 universitas scholarium'에서 따온 말로, 자유로운 배움과 폭넓은 소통이라는 대학 본연의 가치를 되살리자는 의미로 지은 이름이다. 마이크로레슨과 마찬가지로 2019년 1학기에 신설해 초청 특강과 체험학습 활동 두 가지를 결합해 운영했다.

우선 매주 특강 방식을 도입해 국내외 명사, 오피니언 리더, 인플루언서 등 교수자를 학교 밖으로 확장했다. 시행 첫 학기에 바티칸 대법원 변호사, 음악평론가, 성악가, 로봇공학자, 드라마 PD, 프로파일러, 뇌과학자, 개그맨, 미술가 등 다양한 분야의 명사들이 강단에 올랐다. 이와 함께 체험학습 방식을 적용해 배우는 공간도 학교 밖으로 확대했다. 미술관, 과학관, 공연장 등 문화·예술·과학 분야의 체험활동을 4회 이상 자유롭게 진행하고 보고서를 제출하는 방식이었다. 첫 학기에 250명이 넘는 학생들이 수강할 만큼 인기가 높았다.

교양대학 학장으로서 나의 과제는 상허교양대학을 하버드대학처럼 세계 톱클래스의 교육 기관으로 만드는 것이었다. 아무리 유명한 교수를 모셔 와도 하버드를 앞설 순 없다. 그렇다면 방법은 하버드가 하지 않는 것을 우리가 선점해 그 분야 리더가 되는 것이다. 나는 그것을 마이크로레슨이나 스콜라리움처럼 기존의 대학 교육과 완전히 다른 프레임의 도입이라고 봤다. 기존 프레임에서 더 잘하려고 노력하는 대신 새로운 프레임의 주도권을 쥐는 것이 앞으로의 대학 경쟁력이라고 본 것이다.

아울러 외부 활동에도 적극적으로 나섰다. 건국대 교양대학 학장 최초로 전국교양대학협의회 모임에 참석하자마자 늘 그렇듯 또 손 들고 자원해 이사와 부회장 등 직책을 맡았다. 정년 퇴임까지 상허교양대학을 세계 1위에 올려놓겠다는 각오로 내 모든 노력을 쏟았다. 비록 내 의지와 다르게 재임 없이 2년 임기를 끝으로 자리에서 물러나야 했지만, 내 안의 인문학적 소양을 최대치로 끌어올려 교양교육 혁신에 몰입할 수 있었던 소중한 시간이었다. 공대 교수 최초로 교양대학 학장을 맡아 우리 대학에 새로운 변화의 불씨를 만들어낸 자랑스러운 경험이었다.

돌이켜 보면 나는 어린 시절부터 남들이 만든 규칙을 따르기보다 스스로 규칙을 만들고 그것을 모두와 함께 즐기는 세상을 꿈꿨다. 초등학교에 입학하자마자 매 학기 반장 선거에 출마해 리더가 되고자 했던 것도 그래서였다. 하지만 성적순으로 뽑을 때는 여학생들에게 밀려났고, 투표로 뽑을 때는 인기 많은 남학생에게 밀려 번번이 떨어졌다. 중학생이 돼서야 가까스로 부반장이 되고 3학년 때는 총학생회 부회장도 맡았지만, 반장과 회장을 보좌하는 '부副'라는 역할이 성에 차지 않았다.

고등학생이 되고 처음으로 드디어 '부' 자를 떼고 반장이 됐다. 이후 2년 연속으로 학년장을 맡게 된 나는 학교 가을 축제인 '봉랑제' 책임자가 되면서 그간 눌러 담기만 했던 열정을 마음껏 내뿜었다.

1982년은 프로 야구가 출범한 해로 봉황대기, 황금사자기,

청룡기 등 고교 야구대회의 인기가 절정이었고, 고교 축제도 지역의 최대 축제로 명성이 높을 때였다. 당시 축제는 음악제, 시화전, 미술전, 사진전, 보이스카우트전 등 다양한 행사로 치러졌는데, 내가 기획한 방향대로 하려면 학교가 지원해준 500만 원 예산은 턱없이 모자란 수준이었다. 그때 나는 기지를 발휘해 학교 주변 기업과 상점을 돌며 축제 티켓과 팸플릿에 광고를 실어주는 대가로 후원금을 모았다. 국내에 막 들어온 나이키 매장을 비롯해 떡볶이 가게, 문방구, 제과점, 자전거 가게 등에서 약 1,500만 원을 끌어모았다. 지금 생각해도 열일곱 소년이 이런 생각을 했다는 것이 신기하다.

축제의 꽃은 단연 음악제였다. 재학생들의 치열한 경연으로 선발된 록밴드와 당시 고등학생에게 인기 있던 가수를 초청한 덕분에 입소문이 뜨거웠다. 음악제가 열리는 대강당은 1,000명 정도 수용이 가능했기에 1부와 2부로 나눠 총 2,000장의 티켓을 발행했다. 출연진과 선생님, 후원사 관계자, 이웃 학교 학생회 임원 등에게 티켓을 주고 나니 절반이 남았다. 당시 재학생은 3,200명 남짓으로 4명당 1장씩 배부했다. 너도나도 티켓을 한 장이라도 더 얻으려고 난리가 벌어졌는데, 여유분 200장을 쥐고 있던 나는 티켓 발행자로서 강렬한 희열을 느꼈다.

그렇게 나는 봉랑제를 지역 최고의 행사로 치러냈고, 학교 앞 떡볶이 가게 낙서판에 내 이름이 적힐 정도로 인기 많은 남학생이 됐다. 그때 나는 깨달았다. 내가 만든 세상에서 사람들이 행복해할 때 나 역시 행복감을 느낀다는 것을 말이다.

후에 교수 채용 면접 때도 이런 기질이 작동했다. "특기란에 '오락 사회'라고 쓰셨네요. 참 특이한 분이네요." 마지막 면접에서 들은 이사장의 감탄사에 걸맞게 나는 임용 직후 열린 교수 야유회에서 사회를 맡아 분위기를 주도했다. 대학 시절 MT와 야유회 등에 가면 남들이 짜놓은 판을 즐기는 것보다 내가 사회를 맡아 이끄는 쪽을 즐겼다. 서울대 공대 총동창회 야유회에서도 두 번이나 오락 사회를 자처하기도 했다.

이런 나의 DNA가 최근 들어 더욱 꿈틀대고 있다. 스타트업을 통해 '두드레스 ^{doDRESS}'라는 새로운 Web 3.0 패션 세상을 만들고, '드레스 ^{DRESS}'라는 코인을 발행하며 나만의 아이코닉함을 만들어가고 있다. 초등학생 때로부터 40여 년의 시간이 흘렀지만 나의 DNA는 여전히 내가 만든 아이코닉한 세상에서 반장을 꿈꾸고 있다.

두드레스 네이밍에는 역사가 있다

두드레스에는 많은 이름이 등장한다. 모두 내가 작명한 것들이다. 나는 본능적으로 네이밍 ^{naming}하기를 좋아한다. 네이밍이 필요할 때면 내가 가진 인문학적 욕심이 작동하는데, 모두 공대생 티가 난다. 나의 네이밍에는 단어에 뜻을 담거나 의미를 표현하려는 일정한 패턴이 있다. 다소 유치해 보이기도 하지만 내 맘에는 든다.

회사명 아바타메이드 Avatarmade는 2011년 아이패션 i-Fashion 프로젝트 시절, 프랑스 파리에서 테스트 론칭한 독자 패션 브랜드에서 시작된 전략적 네이밍이다. 당시 개발된 기술 플랫폼과 브랜드 가치를 동시에 어필하기 위한 마케팅 전략의 일환으로, 소비자가 3D 아바타를 생성해 개인 맞춤형 디자인 의상을 가상으로 피팅하는 세계 최초 서비스의 핵심 가치를 브랜드명에 직접 반영했다. 테일러메이드, 커스텀메이드라는 기존 패션 산업의 고급화 전략을 디지털 영역으로 확장한 개념으로, '아바타를 활용한 맞춤형 패션 솔루션'이라는 명확한 가치 제안을 담고 있다.

특히 2009년 제임스 캐머런 James Cameron 감독의 〈아바타〉가 국내에서만 1,300만 관객을 돌파하며 3D 영상 기술의 혁신성을 각인시킨 시점에, 아바타라는 용어는 최첨단 기술과 시각적 혁신을 상징하는 강력한 브랜드 자산으로 기능했다. 이 영화가 아시아, 태평양, 유럽, 아메리카 등 전 세계 박스오피스 1위를 기록하며 3D 미디어 산업 전반의 활성화를 견인했다는 점에서, 당시의 네이밍 전략은 글로벌 기술 트렌드를 정확히 포착한 선견지명 있는 결정으로 평가할 수 있다.

2022년 창업 당시 이 브랜드명을 사명으로 채택한 것은 사업 모델의 본질적 연속성을 보여주는 전략적 선택이다. 현재도 '아바타를 활용한 개인 맞춤형 패션 경험 제공'이라는 핵심 가치 제안은 변하지 않았으며, 다만 기존의 3D 스캐닝, 모델링, 3D 디지털 패션, 디지털 프린팅 기술에 인공지능과 블록체인이 결합되어 기술적 성능이 대폭 향상되었다. 또한 당시 모바일 생태계가 미성숙했던 환경적 제약으로 구현이 어려웠던 비즈니스 모델들이 현재의 IT 인프라 환경에 힘입어 완전 상용화가 가능해진 것이 주요한 차이점이다.

두드레스의 핵심 인공지능 서비스 나르시스^{NARCIS}의 네이밍 전략은 더욱 정교한 브랜드 스토리텔링을 보여준다. 나르시시즘^{narcissism}을 연상시키는 이 브랜드명은 자기탐구와 자기만족이라는 패션 소비의 본질적 동기를 브랜드 정체성으로 활용한 사례다. 나르키소스^{Narcissus}가 물에 비친 자신의 모습에 매혹되어 죽은 자리에서 수선화가 피어났다는 그리스 로마 신화 이야기는 자기애를 상징하는 수선화^{narcissus}와 함께 브랜드의 상징적 의미 체계를 구축하는 문화적 자산으로 기능한다.

두드레스 플랫폼의 나르시스 서비스는 사용자가 업로드한 사진의 스타일을 분석하고 추천하는 'AI 스타일$^{AI\ Style}$' 서비스와 개인이 직접 디자인한 의상을 가상으로 착용해보는 'AI 트라이온$^{AI\ Try\text{-}on}$' 서비스를 통해 개인화된 패션 경험을 제공한다. 이는 브랜드명이 함의하는 '자기중심적 패션 경험'과 정확히 부합하는 서비스 구조다.

주목할 점은 나르시스가 새로운 네이밍이 아니라 26년의 역사를 지닌 가장 오래된 브랜드 자산이라는 사실이다. 1999년 미국에서 귀국한 후 2000년 전남대 교수로 부임하기 전 벤처 창업 시기에 개발한 3차원 패션 소프트웨어의 브랜드명이 나르시스였다. 당시 NARCIS는 'Next generation Apparel Related

CAD and Information System(차세대 의류 관련 CAD 정보 시스템)'의 약어로 정의되었으며, 체계적인 모듈 구조를 갖추고 있었다.

구체적으로 NARCIS는 3개 핵심 모듈로 구성되었다. 3D 아바타 생성 및 관리를 담당하는 NARCIS-PB *Parametric Body*, 3D 의상 제작 및 관리 기능의 NARCIS-DS *Drape Simulation*, 그리고 텍스타일 디자인 *textile design* 수행을 위한 NARCIS-VW *Virtual Wearing*가 그것이다. 이러한 기술적 구조는 현재 두드레스의 3D 패션 스타일러 *fashion styler* 시스템의 기본 알고리즘으로 계승되고 있으며, 수선화 이미지를 활용한 노란색 로고 디자인 역시 현재까지 재사용되고 있다. 나르시스는 회사 내 브랜드 포트폴리오에서 가장 긴 역사성을 갖는 핵심 자산으로 평가된다.

이후 NARCIS는 2004년 '아이버즈 *i-Virds*'라는 이름으로 업그레이드되어 상용 소프트웨어로 판매되었는데, 이때 i-Virds는 'Integrated Virtual fashion business solutions Including Realtime Drape Simulation(실시간 가상의복 시뮬레이션을 포함하는 통합 가상패션 비즈니스 솔루션)'의 약어이다.

메인 플랫폼 '두드레스 *doDRESS*'의 네이밍 전략 역시 상당한 역사적 깊이를 갖고 있다. 동사 '드레스 *dress*'에 동사 '두 *do*'를 결합한 이 브랜드명은 '의상으로 무언가를 행하다'라는 능동적 참여 개념을 핵심으로 한다. 이는 패션이 더 이상 브랜드 기업의 일방적 제공물이 아니라, 개인이 자신의 역량을 발휘하고 그에 따른 보상을 받는 참여형 생태계라는 Web 3.0 패션 크리에이터 협업 플랫폼의 철학을 명확히 드러낸다. 이는 개방형 참여 플랫폼의 본질을 직관적으로 전달하는 전략적 네이밍으로, 기술적 배경을 가진 창립자의 논리적 사고 체계를 반영한 결과로 해석할 수 있다.

토큰 이코노미 버전인 '드레스디오 DRESSdio'는 패션 생산 공간이라는 물리적 개념을 디지털 협업 공간으로 확장한 네이밍이다. 드레스 DRESS와 스튜디오 stuDIO의 조합으로, 패션 크리에이터들의 협업이 이루어지는 가상 공간이라는 Web 3.0 플랫폼의 핵심 가치를 브랜드명에 직접 반영했다.

두드레스와 드레스디오의 개념적 뿌리는 2005년부터 기획 착수된 '아이패션 i-Fashion' 프로젝트로 거슬러 올라간다. 패션 산업에 새로운 요소를 융합하려는 전략적 고민의 결과로 'i' 접두사를 선택한 것인데, 이는 2007년 아이폰 출시 이전 시점으로 상당한 선견지명을 보여준다. 당시 이커머스 e-commerce, 이러닝 e-learning 등 'e' 접두사가 디지털 전환의 표준 명명 방식이었던 상황에서 'i'를 선택한 것은 차별화된 브랜딩 전략이었다.

아이패션 i-Fashion의 'i'는 삼중 의미 구조를 갖는다. 첫째는 '나 I am'로서 사용자 중심성을 의미하고, 둘째는 'IT Information Technology'로서 정보기술과의 융합을 나타내며, 셋째는 '개인 Individual'으로서 개인들의 협업적 참여를 상징한다. 이러한 의미 구조는 현재 두드레스의 핵심 가치와 완전히 일치하는 일관된 브랜드 철학을 보여준다. 따라서 '아이패션'의 의미는 결국 '두드레스'와 같다.

아이패션 시기의 다양한 커스텀 패션 프로젝트들은 각각 고유한 네이밍 전략을 구사했다. FnC코오롱, 유한킴벌리, SKC&C와 공동 개발한 TOM T-shirts Ordering Machine 은 티셔츠 맞춤 제작 시스템으로, 사용자가 원하는 문양을 디자인하고 아바타에 가상 착용한 후 주문제작하는 통합 솔루션이었다. 이 시스템은 미국 마이애미에서 개최된 SPESA Sewn Products Equipment&Suppliers of the Americas 전시회에서 주목받으며 글로벌 시장에서의 기술적 우수성을 인정받았다.

2008년에는 제일모직 후부 브랜드와의 협업으로 '상상 패션 팩토리' 프로젝트를 진행했다. 후부 브랜드 티셔츠에 개인 맞춤 문양을 디자인하고 현장에서 즉석 프린팅하여 제공하는 시스템으로, 올림픽공원 야외 전시회에서 실증 서비스를 선보였다. 같은 해에 진행한, 3D 핸드 스캔 hand scan 기술을 통한 개인 맞춤 장갑 상용화 프로젝트에는 'GloveID'라는 이름을 붙였다. 여기서 ID는 'Identification'의 약어로 개인 맞춤화라는 핵심 가치를 명시적으로 드러냈다.

2009년 자체 테스트 브랜드로 론칭한 '엘리츠임 Elyts Ym'은 더욱 창의적인 네이밍 접근을 보여준다. 'My Style'을 역순 표기한 이 브랜드명은 기술적 사고방식의 창의적 적용 사례로, '오직 나만의 스타일 구현'이라는 개인화 철학을 언어유희를 통해 표현한 독특한 브랜딩 전략이다. 이는 결국 현재 두드레스가 추구하는 가치와 동일한 개념을 다른 방식으로 구현한 것이다.

2012년 이후 여러 요인으로 중단되었던 아이패션 프로젝트는 2017년 산업통상자원부의 정책적 지원을 받아 재개되었다. 블랙야크 Black Yak와의 협업으로 시작된 '미래패션공작소 My Fashion Lab' 프로젝트가 그것으로, 이 역시 개인 중심의 패션 혁신이라는 일관된 브랜드 철학을 계승한 네이밍이다.

이러한 역사적 전개를 통해 두드레스는 1999년부터 2005년까지의 시즌 1(기술 기반 구축), 2005년부터 2012년까지의 시즌 2(시장 검증 및 확장), 2017년부터 2021년까지의 시즌 3(정책 지원 기반 재도약)을 거쳐 현재의 완성된 형태로 발전했다. 25년 이상의 장기간에 걸친 이러한 브랜드 진화 과정은 '개인 중심의 패션 민주화'라는 핵심 가치를 일관되게 견지해온 브랜드 철학의 결과물이다.

결국 두드레스의 모든 네이밍 전략은 '누구나 원하는 패션을 실현할 수 있고, 개인의 참여와 기여도에 따라 정당한 보상을 받으며, 개인이 패션 생태계의 중심이 되는 세상'이라는 일관된 비전을 다양한 방식으로 표현한 것이다. 이는 최근 글로벌 패션 산업이 Web 3.0 기술을 통해 추구하는 개방형 협업 모델과 정확히 부합하는 선도적 비전으로 평가된다.

doDRESS